KB119011

선
비
의

아
내

조선 여성들의 내밀한 결혼 생활기

선비의 아내

초판 1쇄 발행 2014년 8월 11일 초판 3쇄 발행 2015년 12월 21일

지은이 류정월
펴낸이 연준혁

기획 설완식

출판 2분사
1부서 편집장 김남철
편집 신민희

펴낸곳 (주)위즈덤하우스 출판등록 2000년 5월 23일 제13-1071호
주소 경기도 고양시 일산동구 정발산로 43-20 센트럴프라자 6층
전화 031)936-4000 팩스 031)903-3893 홈페이지 www.wisdomhouse.co.kr

값 15,000원 © 류정월, 2014
SIBN 978-89-93119-78-7 03900

국립중앙도서관 출판시도서목록(CIP)

선비의 아내 : 조선 여성들의 내밀한 결혼 생활기 / 지은이: 류정
월. -- 고양 : 위즈덤하우스, 2014
 p. ; cm

참고문헌과 색인수록
SIBN 978-89-93119-78-7 03900 : ₩15000

조선 시대[朝鮮時代]
결혼 생활[結婚生活]

911.05-KDC5
951.902-DDC21   CIP2014021879

조선 여성들의 내밀한 결혼 생활기

선비의 아내

류정월 지음

역사의아침

가장 유복한 여성과 가장 불운한 여성, 그 사이

조선시대를 통틀어 가장 유복했던 부인은 누구일까? 나는 주저 없이 송씨 부인을 든다. 그녀는 영의정 송질宋軼의 딸이다. 남편 홍언필洪彦弼도, 아들 홍섬洪暹도 모두 영의정에 제수되었다. 그녀는 영의정의 딸로 태어나 영의정의 부인이 되었고 영의정을 낳았다. 왕비와 후궁들이 제한된 생활을 하고, 불안정한 정치판에서 노심초사하며 살았던 것에 비하면, 그녀의 삶은 자유로웠다. 송씨 부인은 평양 감사를 따라 세 번이나 평양에 가기도 했다.

> "부인께서는 평양 감영에 세 번 가보셨는데, 어느 때가 가장 즐거우셨습니까?"
> "처음과 마지막에 갔을 때는 중간에 갔을 때만 못했습니다."
> "인재忍齋(아들 홍섬의 호)는 효자이니, 어버이를 모시는 도리가 지

극하지 않을 리가 없습니다. 제 생각으로는 마지막으로 가셨을 때가 가장 좋으셨을 것 같습니다."

"그렇지 않소. 내가 처음 갔을 때는 어린 나이로 아버님을 따라 갔기 때문에 인간 세상의 고락苦樂에 대해 몰랐습니다. 마지막으로 갔을 때는 대부인이자 과부의 몸으로 가만히 앉아서 효도로 봉양하는 것을 누려야 했기에 도리어 지나치게 풍족함을 경계해야 했으므로, 두려워할 만했지 즐겁지 않았습니다. 중년에 갔을 때에는 남편을 따라 갔는데, 이미 고락의 일을 안 뒤였고, 또한 지나치게 풍족함을 경계할 일도 없었기에 가져다 쓰는 것이 절로 풍족했습니다."[1]

"평양(안) 감사도 제 싫으면 그만"이라는 말이 있듯, 평양 감사는 공직의 노른자위였다. 그 당시에 평양은 중국과의 무역을 좌우했으며, 돈과 사람이 모여드는 곳이었다. 평양 감사였다가 병조판서에 제수된 한 재상은 영전을 기뻐하기는커녕 아름다운 기생과 맛난 잔치를 맛볼 수 없다며 부아통을 터트리기도 했다.[2]

송씨 부인은 한 번 가기도 힘든 평양에 세 번이나, 그것도 평양 감사를 따라서 갔다. 처음 갔을 때 배를 감영에 심었고, 두 번째 갔을 때 배나무의 배를 따먹었으며, 세 번째 가서는 배나무를 베어 다리를 만

---

1) 심재, 《송천필담松泉筆談》 1권 153화.
2) 이희준, 《계서야담溪西野談》 177화.

들어 놓고 왔다고도 한다. 세상 사람들이 볼 때 부럽기 그지없는 삶이다.

귀하게 된 사람들 가운데에는 명이 짧은 사람도 많다. 그러나 홍언필의 부인은 77세를 넘겨 살았으며, 아들 홍섬이 80세에 상주 노릇을 했다. 《동각잡기東閣雜記》에서는 "부인의 이와 같은 복록은 고금에 없는 일이었다"라고 평한다.[3]

가장 불운한 부인이라면, 여러 명의 후보를 떠올릴 수 있다. 정들자마자 남편이 저세상으로 간 《자기록》의 저자 조씨 부인 역시 매우 불운하다. 남편을 쫓아 자결한 과부도 허다하다. 죽음보다 못한 삶을 산 여성들도 있다.

향랑은 선산善山에 사는 박자신朴自申이라는 사람의 딸이다. 어려서 모친을 잃고 계모가 들어왔는데, 고전소설에 나오는 것 같은 전형적인 악녀였다. 계모는 향랑을 학대하고 구타하고 욕했다. 향랑은 17세에 같은 동네에 사는 칠봉七奉이라는 사람에게 출가했다. 열다섯 살도 안 된 꼬마 신랑은 사납고 폭력적이었고, 향랑을 원수처럼 미워했다. '지아비가 나이가 어려서 부부 소중한 것을 몰라서 그렇구나.' 향랑은 고통을 참으며 지아비가 장성하길 기다렸다. 그러나 신랑은 갈수록 그녀에게 잔혹하게 굴었다.

그녀는 쫓겨나서 본가로 돌아갔다. 본래도 향랑을 박대하던 계모는 "시집살이도 못하고 쫓겨난 년"이라며 더욱 구박했다. 아버지(놀

---

3) 《동각잡기》 하권.

랍게도 아버지가 살아 있었다)는 향랑을 불쌍히 여기기는 해도 처를 제어하지 못했다.

결국 아버지는 향랑을 숙부의 집으로 보냈다. 숙부는 처음에는 향랑에게 친절했다. 그러나 숙부는 가난했고, 시간이 지날수록 군식구가 힘들었다. 그래서 향랑에게 조속히 개가改嫁하라고 조언했다. 향랑은 지아비가 불량하다고 해서 타인에게 몸을 허할 수 없다며 거절했다.

숙부의 집에서도 살 수 없게 된 향랑은 시가로 돌아가 다시 학대받는다. 하지만 집안 살림이 어려워 남편과 따로 살 거처를 마련할 수도 없었다. 절망한 향랑은 낙동강 어귀에 이른다. 나무하러 와 있던 이웃 소녀에게 자신의 기구한 사정을 말하고 자신의 죽음을 증빙하게 한다. 부모와 시부모가 다른 곳으로 가서 개가한 것이라고 오해하지 않도록. 그리고 강물에 몸을 던진다.

향랑은 가는 곳마다 정신적인 학대와 신체적 폭력을 당한다. 본가와 시댁에서, 남편과 친척에게 모두 버림받는다. 반면 송씨 부인은 여성들에게 여행이 쉽지 않던 그 시절 평양을 세 번이나 오르내리며 세인들의 부러움을 산다.

영의정의 딸이자, 부인이자, 어머니였던 여자와 누구의 딸도, 부인도, 어머니도 될 수 없었던 여자. 조선시대 여성의 삶은 그 사이 어딘가에 있다. 이 두 여성의 이야기는 가장 화려한 곳의 삶과 가장 어두운 곳의 삶, 가장 유복한 삶을 산 부인과 가장 불운한 삶을 산 부인을 대변한다. 그러나 이들이 마냥 행복하고 마냥 불쌍한 것은 아니다. 송씨 부인은 아들의 유배를 경험했다. 향랑이 죽고 난 뒤 유학자들은 앞 다투어 절개를 칭송하는 전傳을 지었다. 그 사연과 맥락을 조명하자면 단순하지만은 않다. 그럼에도 나는 조선시대 여성들을 그 사연과 맥락 속에서 되살려보고 싶었다.

이 시대의 여성들은 편지·일기·한시·여행기 등을 쓰기도 했으나, 그 수가 많지는 않다. 반면 양반 남성들이 주변 여성들을 위해 쓴 글은 많다. 자신의 부인, 딸, 어머니, 장모, 고모, 며느리를 위해 쓴 글들이다. 양반 여성의 삶은, 소수이기는 하지만 그들이 직접 쓴 글과 양반 남성의 글을 통해 그 사연과 맥락을 더듬을 수 있다. 그러나 향랑과 같은 특수한 경우를 제외하고, 평민이나 천민 여성의 삶을 되살리기는 어렵다. 그래서 이 책은 《선비의 아내》다. 조선시대 양반 여성의 삶에 대한 것이다.

조선시대 여성에 대해 쓴다는 것

이 책에서 다룬 여성 관련 자료들은 각각 설화·야담·행장·묘지명·일기·편지 등 다양한 문학 장르에 속한다. 허구적 장르와 사실적 장르가 뒤섞여 있다. 이 이질적 장르들의 만남이 조화롭기 어렵다는 것을 안다. 그러나 설화를 완전한 허구로, 일기를 완전한 사실로 볼 수는 없다. 사실에 바탕을 둔 설화, 미화된 일기도 있다. 차라리 슈퍼맨이 나타나 어디까지가 사실이고 어디까지가 허구인지를 명확하게 갈라주면 좋겠다. 그러나 그런 슈퍼맨은 이 세상에 없다.

이 책에서 나는 역사적 사실보다는 개연성에 대해 썼다. 현재를 살고 있는 내가 할 수 있는 최선은 개연성 있는 설명뿐이다. 이 개연성은 정해진 모습이 있어서 발견하는 것이 아니라 내가 구성하는 것이다. 고고학자가 미라를 발굴하듯 과거를 발굴하는 것이 아니라, 범인이 정해지지 않은 수사를 하듯 단서를 놓고 이런저런 추리를 하는 것이다. 탐정소설에서 진실은 하나다. 그러나 나의 작업에서 진실은 없거나 너무 많다. 그조차 진실인 척하는 개연성일 뿐이다.

물론 남성들이 여성에 대해 쓴 글에서도 특별한 여성들, 예컨대 아내나 어머니를 주의 깊게 관찰했을 것으로 보이는 부분이 있다. 그럼에도 남성들이 쓴 여성에 대한 글들은 한계가 있다. 여성들끼리 있을 때에야 할 수 있는 이야기가 있다. 이때 비로소 여성들은 자신의 몸에 대해서, 남성에 대해서 이야기한다. 남성들의 글을 통해서는 여성들의 은밀한 이야기도, 남성에 대한 여성의 생각도 알 수 없다. 이런 점에서 대부분의 조선시대 여성들은 침묵하고 있다.

침묵하는 그들을 말하게 하기 위해서 나는 몇 가지 방법을 이용했다. 조선시대 부인에 대한 많은 자료들을 전재全載하기보다는 현재적 관점에서 중요하다고 생각되는 부분을 추렸다. 추리고 해석하는 과정에는 현대사회에서 부인으로 살아가는 나의 경험들이 녹아들었다. 결혼식을 준비하면서 가졌던 의문들, 신혼집에서 처음 자고 일어났을 때의 낯섦, 집을 수리하는 인부들에게 들었던 당혹감, 사소한 일상을 챙기면서 경험했던 다사다난함 혹은 부조리함 등……. 텍스트의 행간을 읽어내기 위해 특수하면서도 보편적인 나의 경험을 염두에 둘 수밖에 없었다.

또 다른 방법은 텍스트에 나타난 저자의 직접적인 의도를 살짝 외면하는 것이었다. 조선시대 남성들은 대부분 여성의 일상을 온전히 기록하려는 의도를 가지고 글을 쓰지는 않았다. 오히려 여성이 지켜야 할 유가적 규범을 명시하기 위해 글을 썼다. 대표적으로 이덕무李德懋는 〈부의婦儀〉에서 여성의 소설 탐독이 가져오는 폐해를 이야기하면서 소설을 금지해야 한다거나, 여성의 놀이가 음란하니 놀이를 금지해야 한다고 썼다. 그는 종종 여성이 지켜야 할 규범을 강조하기 위해 현재 규범이 지켜지지 않는 모습을 비판한다. 나는 이덕무의 글을 읽으면서 여성이 향유했던 문화에 대한 구체적인 정보를 알게 되었다. 규범서를 풍물지로, 비판적 텍스트를 설명적 텍스트로 읽는 것이다 (거꾸로 읽는 것도 가능하다). 이렇게 작가의 의도를 해체하기도 했다.

이 책에서는 선비의 아내가 아니라 선비에 대해 이야기할 때도 있다. 여성을 이야기하기 위해서는 남성을 이야기해야 한다는 당위를 떠나, 그 경계가 불분명할 때가 비일비재하기 때문이다. 가령 여성이 가진 이상적인 남편상을 쓴 것은 여성뿐 아니라 남성에 대한 글로 볼 수 있으며, 남성이 가진 이상적인 부인상을 쓴 것은 남성만이 아니라 남성에 대한 글로도 볼 수 있는 것이다.

만일 현대 여성에 대해 쓰고자 한다면 여성들이 신는 구두의 종류, 색깔, 유행 등을 쓸 수도 있다. 또 여성들이 그런 구두를 신게 되는 이유를 남성의 섹슈얼리티와 관련지어 볼 수도 있다. 여성의 주체적 입장을 중심으로 생각한다면 당연히 여성이 가진 생각과 그들이 행한 선택에 대해 써야 한다. 그러나 많은 여성들이 남성이 만든 여성상에 무의식적으로 영향을 받는다. 이는 사회, 제도, 이데올로기에 대한 광범한 논의로 확대될 것이다. 나는 글의 흐름과 주제에 따라 두 가지 가운데 하나를 선택하곤 했다.

이 책을 다 쓰고 나서야 통감한 사실 하나가 있다. 선비의 아내에 대한 이야기는 선비에 대한 이야기와 함께 완결될 수 있다는 것. 이후의 과제로 남긴다.

이 책을 쓰는 데 꽤 오랜 시간이 걸렸다. 잘 풀리지 않는 곳이 많았다. 의문점을 풀기 위해 다른 사람들과 대화를 하기도 했다. 과문한 나에게 후배와 선배가 던지는 말 하나가 중요한 단서가 되기도 했다. 그들에게 감사한다. 마주 앉아 대화하지는 않았지만 조선시대 여성에 대한 연구로 먼저 족적을 남기신 선학들에게도 감사한다. 이 책은 치밀하고 광범위한 이 분야의 기존 논의에 갚을 수 없는 빚을 지고 있다. 마지막으로 선비의 아내의 삶을, 그 파편들을 읽어내는 경험을 가능하게 해준 나의 가족들에게 감사한다.

2014년 8월

류정월

| 차례 |

혼인이 이루어지기까지 1

이상적인 배우자 혹은 새 식구 구하기

첫 만남의 풍경

배우자와의 첫 만남은 삶에서 잊지 못할 장면 가운데 하나다. 배우자 뿐 아니라 연인이나 짝사랑 상대와의 첫 만남도 그렇다. 친구 사이에서는 첫 만남이 수다거리나 안주거리가 될 수도 있고, 자신에게는 비밀 일기의 한 장을 채울 추억이 될 수도 있다. 연예인의 스캔들을 다루는 기사에서도 첫 만남의 자초지종을 놓치지 않고 보고한다. 또한 드라마나 영화에서 이성간의 첫 만남은 장면의 반복이나 클로즈업으로 강조된다.

첫 만남에서 중요한 대목은 서로의 모습을 확인하는 순간이다. 나는 먼저 고전소설에 나타나는 이성간의 첫 만남에 대해 이야기하고 싶다. 고전소설은 이 극적인 상황을 자세히 서술한다.

14~15세 정도 되어 보이는 소녀가 부인 옆에 앉아 있었는데, 구름

처럼 고운 머릿결에는 푸른빛이 맺혀 있고 아리따운 뺨에는 붉은 빛이 어리어 있었다. 밝은 눈동자로 살짝 흘겨보는 모습은 흐르는 물결에 비친 가을 햇살과 같았으며, 어여쁨을 자아내는 아름다운 미소는 봄꽃이 새벽이슬을 머금은 듯했다. …… 그 소녀를 본 주생 은 넋이 구름 밖으로 날아가고 마음이 공중에 뜬 듯이 황홀하였다. 그래서 몇 번이나 미친 듯이 소리를 지르며 달려 들어갈 뻔했다.[1]

14~15세의 어린 소녀에게 넋이 나간 이 사람은 〈주생전周生傳〉의 주 인공 주회다. 주회는 계속해서 과거에 떨어지자 급제를 포기하고 재 물을 팔아 유람하던 중 선화를 만난다. 주회는 만나기로 했던 기생을 기다리다 한 승상의 집 안을 엿보게 되는데, 그 집 안에서 선화를 발 견한다. 여기에서는 주생의 눈에 보이는 선화의 물리적 모습이 머릿 결, 뺨, 눈동자, 미소의 순서로 자세히 나온다. 아마도 주생의 시선은 위에서부터 아래로 향하면서 상대의 모습을 음미하는가보다. 주생 은 소녀를 본 뒤 마음이 들뜨고 황홀해서 그녀가 있는 방 안으로 "미 친 듯이" 달려 들어가고 싶은 것을 간신히 참는다.

이렇게 선비가 곧 사랑의 상대가 될 아름다운 여성을 보고 급격한 심경의 변화를 겪는 일은 애정소설에서 종종 나온다. 또 다른 소설을 잠깐 살펴보자.

---

1) 권필, 〈주생전〉, 이상구 역주, 《17세기 애정전기소설》, 월인, 1999, 45쪽.

김생은 그녀를 바라보고 있다가 마음이 크게 흔들리어 스스로 억제할 수가 없었다. 말채찍을 재촉해 달려가 곁눈으로 흘끗흘끗 바라보니, 고운 치아와 아름다운 얼굴이 참으로 국색國色이었다. 김생은 말을 빙빙 돌려 그 주위를 맴돌면서 때로는 앞서기도 하고 때로는 뒤를 쫓으면서 정신을 가다듬고 그녀를 주시하였다. 그는 끝까지 그녀를 놓쳐서는 안 된다고 생각했다. 여자도 김생이 감정을 억제하지 못함을 알아채고, 부끄러운 나머지 눈썹을 내리깐 채 감히 바라보지 못했다.[2]

이 소설은 〈상사동기相思洞記〉의 일부로, 성균관 진사 김생이 공자의 사당을 나오다가 한 여인, 즉 회산군의 시녀인 영영을 만나는 부분이다. 김생은 말을 타고 영영의 주변을 빙빙 돌면서 잠시 잠깐 드러난 모습을 본다. 영영은 부끄러운 나머지 김생을 쳐다보지 못한다. 나중에 만나서 김생이 그때 일을 상기하자, 영영은 말은 보고 사람은 보지 못했다고 말한다.

이 두 가지 소설에서 남성들은 멀리 집 밖에서 혹은 말을 타고 가면서 여성들을 바라보는데, 이렇게 훔쳐보거나 힐끗 보는 상황에서도 그녀들의 아름다움을 대번에 알아차리고 첫눈에 반한다. 반면 여성들은 남성을 보지 못한다. 김생이 주위를 맴돌고 앞서거니 뒤서거니 하며 그녀의 미모를 간파하는 동안 영영은 "감히 바라보지 못했

2) 〈상사동기〉, 이상구 역주, 같은 책, 170쪽.

다." 영영은 김생이 타고 있는 말만 본다. 여성들이 남성을 응시하는 장면이 고전소설에는 많지 않다.

그 드문 경우 가운데 하나가 〈임씨삼대록林氏三大錄〉의 목지란이다. 목지란은 설사인 형제의 모습을 지켜본다. 목지란은 "흠모하는 마음이 불같이 타올라 침을 흘리며 숨을 죽이고 두 눈이 뚫어질 듯 쳐다보았다. ⋯⋯ 이 흉악한 여자는 가슴이 타들어가는 듯하여 엎드린 채 재미있게 보고 있었다." 그러다가 두 사람이 바깥채로 나가자 "지란은 허무하고 겸연쩍어 난간으로 내려가다가 몸이 둔하여 마룻바닥에 빠지면서 그와 함께 거꾸러져 옆으로 자빠졌다." 노골적으로 미남을 흠모하고 지켜보는 이 여인은 〈임씨삼대록〉 최고의 음녀이자 악녀 중 한 명이다. 그녀는 못생기고 뚱뚱하기까지 하다. 남성을 응시하는 여성은 예의가 없을 뿐 아니라, 음녀이자 악녀이다.

《용재총화慵齋叢話》는 그 유명한 어우동於于同에 대해 자세한 이야기를 전한다. 어우동은 예쁘장한 계집종 한 명과 공모하여 음행을 저질렀는데, 그녀들은 길가에 집을 얻고 오가는 남자들을 살펴보고는 마음에 드는 사람을 점찍었다. 계집종이 "이 사람은 나이가 젊고 저 사람은 코가 커서 주인께 바칠 만합니다"라고 말하면, 어우동은 "이 사람은 내가 맡고 저 사람은 너한테 주마"라며, "실없는 말로 희롱하여 지껄이지 않는 날이 없었다."³ 이렇게 남성을 보고, 남성에 대해 말하는 여자들은 음녀들이다.

───

3) 성현, 《용재총화》 5권.

물론 어우동이 자행한 음행은 한두 가지가 아니다. 그녀는 성종 때 승문원 지사였던 박윤창朴允昌의 딸로 태어나서 종실 명문인 태강수 이동李소에게 출가했으니, 세종대왕 형의 손주 며느리로 왕실의 종친이었다. 이런 신분으로 그녀는 팔촌 시아주버니, 육촌 시아주버니 등 근친뿐 아니라 노비와도 동침했다. 이렇게 강상綱常의 윤리를 뒤흔든 음녀에게 어울리는 행동이 바로 남성을 쳐다보고 품평하는 것이다. 반면 정숙한 여성들은 남성을 응시하지 않으며, 남성에 대해 말하지 않는다.

여성의 시각에서 사랑을 그린 〈운영전雲英傳〉에서 운영은 동료 자란에게 김 진사와의 러브 스토리를 털어놓는다. 그녀는 안평대군의 거처에 온 김 진사를 처음 본 소감을 이렇게 말한다.

> 이때 내 나이는 열일곱 살이었어. 낭군을 한 번 뵙고는 정신이 혼미하고 마음이 어지러웠네. 낭군 역시 나를 돌아보더니 웃음을 머금은 채 자주 눈길을 보내곤 하셨지.[4]

여기에서 운영이 바라본 낭군, 김 진사의 모습은 운영을 돌아보며 웃는 것으로 소략하게 묘사된다. 남성이 여성을 보는 장면은 고전 소설에서 자주 나타나며 길게 서술된다. 반면 여성이 남성을 보는 장면은 아예 없는 것은 아니지만, 출현 빈도나 서술의 양 모두 적다. 이성

---

4) 〈운영전〉, 이상구 역주, 앞의 책, 121쪽.

을 바라보는 남성의 시선과 여성의 시선은 양적으로 비대칭하게 나타난다. 그렇다면 질적으로는 어떠할까?

〈춘향전〉의 여러 판본 중 하나인 〈남원고사南原古詞〉에는 이도령과 춘향의 시선이 모두 나타나 있다. 〈남원고사〉에서 이도령은 그네 타던 춘향을 광한루로 불러내는 데 성공한다. 다른 대부분의 〈춘향전〉 판본에서는 이도령이 광한루에서 방자를 시켜 춘향을 불렀을 때 춘향이 냉큼 가지 않는다. 조신하지 못한 일이기 때문이다. 그래서 둘이 실제 만나는 것은 이도령이 춘향의 집을 방문할 때다. 이도령을 집에서 처음 대면하게 된 춘향은 이도령에게 자리 권하고 담배 권하기 바쁘다. 〈춘향전〉 가운데에서 춘향의 눈으로 이도령을 보고 품평하는 판본은 많지 않다. 〈남원고사〉에서 광한루에 온 춘향을 보고 이도령은 이렇게 말한다.

남 홀리게 생겼다. 남의 뼈를 뽑게 생겼구나. 남의 간장 녹이게 생겼다. 수려하고 찬란하여 내 눈을 어른어른하게 하고, 천연스레 아름다워 내 간장이 스는구나. 꽃 같은 얼굴과 달 같은 자태와 향기로운 모습으로 내 정신을 다 빼놓는구나. 버드나무처럼 흔들리는 자태는 연약하고 고와서 깁옷을 못 이기는구나. 그래, 성명은 무엇이라 하며 나이는 얼마나 하는고?[5]

---

5) 〈남원고사〉, 이윤석 · 최기숙, 《남원고사》, 서해문집, 2008, 62쪽.

이도령은 춘향을 보고 홀리게 생겼다느니, 뼈를 뽑게 생겼다느니, 간장을 녹이게 생겼다느니 하면서 자신의 감상을 직설적으로 이야기한다(지금으로 치면 성희롱감이다). 춘향을 보고 이도령이 느낀 이러한 반응은 모두 춘향의 얼굴이나 자태에서 비롯된다. 구체적으로 춘향이 어떻게 생겼는지 모르겠지만 그 얼굴이나 자태가 남자를 홀리게 생겼다는 것은 분명하다. 이도령이 본 이성으로서의 춘향은 성적인 색깔이 농후하다. 그렇다면 같은 시각, 춘향에게 이도령은 어떻게 비추어졌을까?

> 춘향이가 추파를 잠깐 들어 이 도령을 살펴보니, 이 또한 만고의 영걸이라. 미간이 넓고 입이 크며, 활달하고 도량이 크고, 언어를 수작하는 거동이 한나라 유비의 기상이요, 당나라 현종의 풍채로다. 온 나라에 이름을 떨칠 재상이 되어 나랏일을 돕고 백성을 편안하게 할 것이요, 기품 있는 풍채가 넉넉하고 의기가 당당해 이태백이 다시 태어난 것 같더라. 그 아름다운 외모는 두목지가 수레를 타고 양주를 지날 때 그의 얼굴을 보려고 기생들이 귤을 던지던 광경을 무색하게 할 지경이며, 적벽강 위에서 위엄을 보여 씩씩한 위나라 군사들의 간담을 서늘하게 하던 주랑周郞의 위풍당당함을 압도할지라.

이도령이 본 춘향에 대한 소감은 이도령이 직접 말한다. 그러나 이도령을 본 춘향의 소감은 서술자가 대신 말한다. 혹은 서술자가 춘향의 시각을 빌려서 이도령의 모습을 묘사한다고 봐도 좋다. 서술자의 목소리를 빌리건, 눈을 빌리건 춘향의 소감과 시선은 그 뒤로 숨는 다. 아무리 소설이더라도, 정숙한 여성이 남성을 앞에 놓고 응시하면 서 품평하는 일은 불가능하다.

춘향의 눈에 비친 이도령은 영웅호걸의 모습이다. 서술자는 유 비, 당현종, 이태백, 두목지, 주유 등 온갖 영웅호걸을 총동원한 모습 으로 춘향의 눈에 비친 이도령을 묘사한다. 이 장면만 놓고 보면 일 단 춘향과 이도령의 만남은 섹시한 여성과 영웅적 남성의 만남이라 고 할 수 있겠다. 그런데 섹시한 춘향의 모습에 비해 영웅적 이도령 의 모습은 구체적으로 잘 상상이 안 된다. 분명 이도령의 물리적 모 습에 대한 정보가 충분히 나열되어 있는데도 말이다. 물론 우리가 유 비, 당현종, 이태백, 두목지, 주유의 형상을 알지 못한다는 것도 이유 중 하나다. 그러나 이런 정황은 당대라고 해서 크게 다르지 않다. 사 진과 대중매체가 없던 조선시대에, 누가 유비의 얼굴을 정확하게 알 고 있었겠는가?

그렇다면 이도령의 영웅적 모습을 상상하기 어려운 것은 무슨 까 닭일까? 아마도 이도령을 보는 춘향의 시각이 춘향을 보는 이도령의 시각보다 복잡하기 때문이 아닐까 한다. 이도령은 춘향의 모습을 성 적 차원에서만 감상하는 반면 춘향(서술자)은 이도령의 모습을 매우 다양하고 복합적인 차원에서 감상한다. 이도령을 보는 춘향의 시선 에는 "나랏일을 돕고 백성을 편안하게" 할 것 같은 위대한 지도자의 모습, 적벽대전에서 주유와 같은 "위풍당당한 모습" 등이 한데 섞여 있다. 백성을 편안하게 할 것 같으면서도 장군처럼 위풍당당한 모습 이라니, 어떤 모습인지 알 듯 말 듯하다. 이 모습들이 만고의 영웅호걸로 귀착된다고 할 때, 적어도 그것은 이질적으로까지 보이는 요소들이 한데 결합된, 복합적인 전체임을 알 수 있다. 그러므로 춘향의 경우와는 달리 이도령의 모습에 대해서는 구체적으로 상상하기가 어렵다.

또 하나, 여기에서 이도령의 다양한 매력에 대해 나열하면서도, 성적 매력에 대해서는 한마디 언급이 없다는 것도 눈여겨볼 만하다. 이도령에게 춘향이 오로지 성적 차원에서만 보여졌다면, 춘향에게 이도령은 성적 차원만 제외하고 모든 차원에서 보여진다. 춘향이 가진 섹시한 매력에 비해, 이도령이 가진 호걸로서의 매력은 훨씬 공적이라는 느낌이 든다. 이상적인 여성은 개인적 기준으로 만들어지는 반면, 이상적인 남성은 공적 기준으로 만들어진다. 공적 영역이 없던 조선시대 여성을 공적 영역에서 평가할 수야 없었겠지만, 배우자로서의 남성이 오로지 공적 영역에서만 평가되는 것도 특기할 일이다.

〈주생전〉의 주생이나 〈상사동기〉의 김생이나 〈운영전〉의 김 진사나 〈춘향전〉의 이도령은 모두 선비들이다. 그렇다면 이 소설들을 선비의 아내에 대한 이야기로 읽어도 될까? 보통 선비들은 양반으로 양반댁 규수들과 혼인한다. 선화는 승상댁 딸이니 양반댁 규수이지만 영영이나 운영은 궁녀이기에 양반댁 규수로 보기는 좀 어렵다. 춘향의 신분은 판본마다 달라서 대비정속代婢定贖을 해서 기생이 아니라고 나오기도 하지만, 일단 어머니가 기생이니까 양반댁 규수는 아니다. 이 네 가지 고전소설의 러브 스토리 가운데 양반댁 규수의 해피엔딩 스토리는 없다. 유일하게 양반댁 규수인 선화는 임진왜란으로 주생과 백년가약을 맺는 데 실패한다. 양반댁 규수가 자유연애에 성공하는 이야기가 해피엔딩으로 끝날 수 없었던 현실적 한계가 있었고, 이는 허구적 상상력으로도 극복하기 어려웠다.

실제 만남이 이루어지기 어려운 것이었다고 해도 마음속에 만남을 꿈꾸기는 했을 터. 양반댁 규수들은 어떤 남성들과의 만남을 꿈꾸었을까? 어떤 남성들을 이상형으로 생각했을까?

미남에게 매혹되는 여성들

시대를 불문하고 미남자에게 매혹되는 일은 낯선 일이 아니었다. 《용재총화》에 나오는 이야기 한 편을 살펴보자.

> 윤尹 수령에게 여러 딸이 있었는데, 어느 날 문무 백관들이 위의威儀를 갖추고 조서詔書를 맞이하는 일이 생겼다. 남녀들이 물밀듯이 모여들어 구경하는데, 윤공의 딸들도 역시 화장을 하고 가보려 했다. 공이 딸들을 불러 세워서 다음과 같이 말한다.
>
> "너희들이 구경하는 것은 좋으나 내가 한마디 할 말이 있으니 들어봐라. 옛날에 어떤 임금이 8척이나 되는 나무를 뜰에 심어놓고 이것을 뽑을 사람을 모집하기를, '이 나무를 뽑으면 천금을 주겠노라' 하였더니, 조정의 모든 벼슬아치 중 힘센 사람들도 모두 뽑지 못하였다. 술사術師가 말하기를, '정녀貞女는 뽑을 수 있을 것입니다' 하여, 이때에 성중의 부녀자들을 뜰에 모았는데, 어떤 사람은 바라보고 달아나고 어떤 사람은 만져보고 물러가곤 하였다. 그런데 이때 한 여자가 스스로 '정절貞節이 있습니다' 하고 그 나무를

어루만졌는데 움직이기는 하였으나 넘어뜨리지는 못하였다. 여자가 하늘을 우러러 맹세하여 말하기를, '평생의 절조를 하늘이 아는 바인데 이와 같으니 죽는 것만 못합니다' 하더니, 울음을 그칠 줄 몰랐다. 술사가 '비록 숨길 행실은 없으나 반드시 그 외모를 사모하여 잊지 못하는 사람이 있을 것이오' 하니, 여자는 문득 깨닫고 말하기를, '그러합니다. 어느 날 문에 기대어 서 있을 때 한 선비가 화살을 허리에 차고 말을 타고 지나갔었는데, 눈은 가늘고 눈썹은 길어 아름다운 모습이 뛰어났기에, 저 선비의 아내 되는 사람은 참으로 복 있는 사람이리라고 생각한 일이 있을 뿐, 이밖에는 조금도 사사로운 정이라곤 없습니다' 하였다. 그때 술사가 '이것으로도 충분히 이 나무를 뽑지 못하는 이유가 됩니다' 하므로 그 여자는 다시 경건한 마음으로 맹세하고 나아가 드디어 나무를 뽑아낸 일이 있었다는데, 이제 너희들이 만약 훤칠한 선비를 보고도 잠자리 생각을 갖지 않을 수 있겠느냐."[6]

윤 수령의 딸들에게 외출할 빌미가 생겼다. 조서를 맞이하는 행차를 보려고 했던 것이다. 조서라면 일종의 서류인데, 서류를 받는 게 무슨 행차인가 싶다. 그러나 이는 문무 백관들이 제대로 차려입고 맞이하는 행사였고 구경거리가 드물던 당시에는 빠뜨릴 수 없는 장관이었다(구경하는 여성들에 대해서는 제7장에서 더 살펴본다). 윤 수령은 행

---

6) 성현, 《용재총화》 5권.

차를 볼 생각에 들떠 있는 딸들에게 일장 연설을 한다. 훤칠한 장부[7]를 만나서 그의 모습을 마음속에 담은 것만으로도 여성은 절개를 잃는 것과 다름없다고 한다. 절개란 정조를 지키는 꿋꿋한 태도를 말하거나, 그러한 태도를 가지는 여성의 품성을 이르는데, 정조를 지키는 것은 육체적 차원의 문제가 아니라 좀더 중요하게는 마음의 문제다. 윤 수령의 말을 들은 딸들은 결국 구경을 가지 않았다. 외출하게 되면 훤칠한 선비를 보게 될 테고 훤칠한 선비를 보게 되면 사모하게 될 테고 사모하게 되면 마음의 정절을 해치는 것이기 때문이다. 이 연결 고리가 나에게는 매우 허술한 것처럼 보이지만, 윤 수령의 딸들에게는 설득력이 있었던지 그녀들은 화려한 볼거리를 포기한다. 아버지와 딸들은 미남에게 매혹당하는 일반적인 경향과 그 불온한 파장에 대해서 암묵적으로 서로 동의한다.

〈완월회맹연〉에서도 여성들이 미남자에게 매혹당하는 장면이 잘 나타난다. 특히 대원수인 정잠이 안남을 정벌하러 가는 장면을 보면, 얼마나 많은 여자들이 미남자에게 빠져들었는지 알 수 있다. 상황은 이렇다. 대원수 정잠이 강을 건너고, 그 아들이자 제찰사 정인성이 뒤에 남아서 군사들의 도강渡江을 지켜보고 있다. 그리고 수많은 동네 부녀자들이 그들을 지켜본다.

———

7) 훤칠한 장부는 구체적으로 키가 8~9척이다. 옛날에는 도량형이 지금과 조금 달라서 1척이 23센티미터였으니 8척이면 184센티미터 정도 된다. 8척만 되더라도 상당히 큰 키였다.

오직 눈이 까마득해지고 심신이 황황하니 입술과 혀는 꿀 먹은 벙어리 같아서 아무도 말을 하지 못하고 봄 하늘 같은 햇빛을 쏘여 어질어질한 듯 헤아리지 못하였다. …… 영송迎送하는 주현州縣의 자사들과 함께 선비와 백성이 알현하고 바라보니 정신을 잃고 기가 막히고 몹시 놀라서 넋이 빠진 것 같을 뿐 아니라 여러 읍 현관의 내자內子와 대부大夫의 부녀들이 다투어 집을 잡아 대원수의 위의를 관망하며 제찰사의 신체를 바라보며 염치를 잊고 내외간의 법도를 일시에 벗어던졌다. 분 바른 얼굴을 가릴 겨를 없이 드러내며 가는 손가락을 바삐 움직여 소매를 들어 가리켰다. 입에 침이 마르며 목구멍에서 연기가 피어오르고 가슴에서 화염이 일어나는 듯 모두 흔들리는 마음을 금하지 못하였다.[8]

고전소설에서 서술자의 시각에서 남성의 물리적 모습을 묘사하는 것은 흔히 있는 일이다. 장가가는 날, 출전하는 날 등의 묘사가 대표적인 경우다. 장편소설에서는 한 명의 남성이 여러 번 혼인하고 여러 번 출전하기도 하는데 그때마다 작가는 지치지도 않는지 이런저런 미사여구를 동원해 반복적으로 그들의 모습을 묘사한다. 거꾸로 미사여구 얼마나 자주 동원되는지 살펴서 그 소설에서 인물의 중요도를 파악할 수 있을 정도다. 〈완월회맹연〉의 이 장면에서는 남성의 뛰어남을 묘사하는 미사여구 외에, 그것을 효과적으로 입증할 수 있

---

8) 〈완월회맹연〉 5권, 23쪽.

는 또 다른 방법을 사용하는데, 바로 영웅을 보는 여성들의 모습을 대신 묘사하는 것이다.

여기에서 양반 부인들은 얼굴을 가리지 않고 앞 다투어 손을 쳐들고 젊은 남성의 신체를 가리킨다. 그 모습에서 염치니 체면이니 하는 것을 찾을 수 없다. 이들은 "입에 침이 마르며 목구멍에서 연기가 피어오르고 가슴에서 화염이 일어나는 듯"한다. 부인들은 영웅의 모습에 신체적 변화를 느끼기도 한다. 심지어 정인성의 모습을 구경하던 열세 살의 민채란은 졸도를 했다가 한나절이 되어서야 깨어난다. 남성의 뛰어난 모습은, 그를 바라보는 뭇 여성들의 비이성적 심리 상태와 신체의 급격한 변화를 통해서 방증된다.

부인들이 집단적으로 일으킨 이런 미남 증후군은 고전소설에 자주 나오는 일종의 상사병과는 다르다. 두 경우 모두 상대에 대한 감정이 신체적 증상으로 드러나기는 한다. 상사병은 개인 대 개인의 관계에서 발병하는 것으로, 상대에 대한 주체 못할 그리움의 감정과 관련이 있다. 그러나 지금 정인성에 대해 부인들이 보인 태도는 마치 현대의 스타를 대하는 팬들과 흡사하게, 집단적이다. 상사병은 치료하는 데 시간이 오래 걸릴 수 있고, 시간이 지나도 다른 대상으로 감정이 전이되기 힘들지만, 이런 스타에 대한 매혹은 대상이 멀어지면 급격하게 사그라들 수도 있고, 다른 대상에게 전이될 수도 있다. 〈완월회맹연〉의 이 장면은 미남자에 대한 선망이 일시적 감정이기는 하지만 집단적인 것이었음을, 음녀이기 때문이 아니라 여성이기 때문에 공유하는 것이었음을 보여준다.

미남의 상징, 반악

그렇다면 윤 수령의 훈계에 등장하는 훤칠한 장부나 〈완월회맹연〉의 정인성 같은 미남자는 어떻게 생겼을까? 전통적으로 뛰어난 용모를 가진 남성은 반악潘岳이라는 인물과 비교되곤 한다. 정은궐의 〈성균관 유생들의 나날〉(2009, 파란미디어)에서도 정조가 이선준을 처음 만났을 때, "좌의정은 과분한 아들을 두었군. 반악이 다시 환생하였대도 너만 하겠는가?"라고 한다. 반악은 진晉나라 사람이었지만 천년 이상 동안 굳건하게 미남의 대명사로 남아 있던 인물이다. 〈구운몽〉의 양소유도 얼굴이 반악과 같았다고 한다. 〈세설신어世說新語〉를 보면 반악의 미모에 반한 부녀자들이, 할머니들까지도 합세하여 그가 타고 가는 수레에 과일을 던져서 집에 도착할 때쯤에는 수레에 과일이 가득 쌓였다고 한다.[9] 여담이지만 앞서 〈남원고사〉에서 이도령의 모습을 형용할 때 기생들이 수레에 귤을 던졌던 두목지와 닮았다고 하니, 반악을 두목지로 착각한 서술이 아니라면, 전통시대 중국 여성들의 애정 표현 방식은 매우 구체적이며 적극적이었다는 것을 알 수 있다.

잘생겼다고 해서 모두 반악에 비유되는 것은 아니다. 조선시대 유명한 미남자 가운데 한 명으로 거론되는 사람이 판윤 최연崔演(1503~1546)이다. 그는 23세에 과거에 급제했는데, 여러 대신들이 그를 아꼈다. 특히 중종은 밤마다 경연을 해서 그를 불렀는데, 내관이

---

9) 유의경, 유효표 주, 김장환 옮김, 《세상의 참신한 이야기: 세설신어》 2권, 신서원, 2009, 324쪽.

너무 자주 만난다고 아뢰자 "최연의 모습을 보고 싶어서 그러노라"[10]
라고 할 정도였다. 그렇다면 중종 역시 최연의 외모에 반한 것일까?

반악이 미남의 상징이기는 하지만 미남이라고 해서 아무나 반악에
비교하지는 않는다. 반악에 비견되기 위해서는 외모와 함께 글재주
또한 빼어나야 한다. "재모쌍전才貌雙全"이라는, 재주와 용모가 흠잡을
데가 없다는 말도 반악에게서 유래한다. 최연은 용모가 빼어날 뿐 아
니라 시문의 재주가 뛰어나서 교서·책문을 주로 담당했고, 어제시
御製詩에서도 항상 수석 또는 차석을 차지했다.[11] 그에 대해 소개할 때
에도 "문장에 능하고 용모도 또한 우아하여 반악과 같은 아름다움이
있었다"고 한다. 대신과 중종이 최연을 아낀 것은 그의 문장과 외모
가 모두 뛰어났기 때문이다. 이렇게 반악의 상징에는 내면의 자질과
외면의 자질이 서로 결합되어 있다. 이 두 가지가 시너지 효과를 일
으켰을 것은 분명하다.

그렇다면 반악은 어떻게 생겼을까? 누군가가 영화배우 장동건처
럼 생겼다는 말을 듣게 되면, 우리는 바로 구체적 형상을 떠올리고,
비교 대상이 되는 사람이 뛰어난 외모를 가졌음을 인정한다. 물론 그
누군가를 대상으로 장동건과 비유하는 것을 허용할 수 있는지는 개
인차가 있겠지만 일단 비유가 허용된다면 인물에 대한 상상과 평가
가 한 번에 가능하다. 반악처럼 잘생겼다는 것을 알기 위해 가장 좋

---

10) 《기문총화記聞叢話》 3권, 134화.
11) 《한국민족문화대백과사전》, 〈최연〉.

은 방법은 반악의 초상화를 확인하는 것일 텐데, 남아 있는 반악의 초상화를 보면 오히려 의문은 증폭된다. 회화 실력의 한계인지 미남의 기준이 달랐던 것인지 초상화 속의 반악은 백 번 양보해도 미남이라고 하기는 어렵다.

반악의 모습을 알기 위해서는 초상화보다는 미남에 대한 전통적 묘사를 살펴보는 게 오히려 나을 수 있다. 미남을 묘사하는 표현 가운데 하나는 얼굴이 '(관)옥같다' 혹은 '맑다'는 것인데 이는 단지 피부색이 하얗다기보다는 낯빛이 희고 빛난다는 의미에 더 가깝다. 또한 '풍채風采' 혹은 '풍의風儀'가 좋다, 준수하다, 옹골차다는 표현을 자주 볼 수 있다. 지금으로 치면 '몸매'에 대한 비유쯤 되는데, 얼핏 보기에는 몸매가 좋다거나 단단하다는 의미 같다.

그러나 이 모든 표현들은 단순한 빛깔이나 외관을 형용하는 것 이상의 아우라를 수반한다. '옥같다'는 것은 맑은 기상을, 풍채나 풍의가 좋다는 것은 행동거지가 우아하고 기품이 있다는 것을 포함한다. 풍채나 풍의는 겉으로 드러나는 모양에 대한 형용이지만 경박하지 않고 우아한 내면의 발로다. 이상적으로 생각되던 외모에는, 외모를 통해 유추할 수 있는 긍정적인 내면이 있어야 했다. 반악의 외모에 그가 가진 문인으로서의 재능을 드러내는 지점이 있었다는 것을 전제한다면, 그는 아마도 지적으로 생긴 미남자였을 것이라 추측할 수 있다.

또한 이 시대의 미남자는 수염이 아름다웠다는 언급도 옛 문헌에서 자주 볼 수 있다. 유구국琉球國의 사신이 본국으로 돌아가면서 조선에서 본 세 가지 특별한 일을 꼽았는데, 경회루慶會樓 돌기둥이 용의 문채文彩로 둘러져 매우 기이하고 웅장한 것, 성균관 사성 이숙문李淑文

이 한 섬의 술, 지금으로 치면 1.5리터로 오십 병 쯤을 마신 것과 함께 영의정 정창손鄭昌孫(1402~1487)의 수염이 배꼽까지 내려와 나부끼는 것을 꼽았다.[12] 그러나 수염은 역시 젊은이의 멋이라기보다는 "노성한 덕"이라고 할 수 있다.

옛날 종실宗室에 아름다운 수염이 한 자가 넘는 사람이 있었다. 성종成宗이 그의 모양을 좋아해서 불러서 보고는 후하게 선물을 하사했다. 이것을 보고 종친 한 사람이 희롱하여 말하기를, "전하께서 그대를 좋아하시지만 그 수염만은 몹시 싫어하시네"라고 했다. 그 사람은 이 말을 듣자 이내 수염을 깎아버렸다. 그런 뒤 어느 날 임금은 또 그를 불렀다. 그러나 이번에는 수염이 하나도 없는 보잘 것 없는 늙은이였다. 임금이 놀라서 까닭을 묻자, 그는 사실대로 고했다. 이에 임금은 웃으면서 혼잣말로, "이 사람이 몹시 복이 없군!" 하고는 다시 불러 보지 않으니 그 사람은 드디어 마음에 불쾌해하다가 병이 들어 죽었다.[13]

이 종친은 수염을 깎자 보잘 것 없는 늙은이가 된다. 수염이 만들어내는 위엄과 품위는 대단하다. 수염이 아름답기로 빠뜨릴 수 없는 인물 가운데 〈삼국지三國志〉의 관우가 있다. 관우는 키가 아홉 자이고

---

12) 서거정, 《필원잡기筆苑雜記》 2권.
13) 이수광, 《지봉유설芝峯類說》 16권, 〈해학諧謔〉.

수염의 길이가 두 자이며 얼굴은 무르익은 대춧빛이고 기름을 바른 듯한 입술, 붉은 봉황의 눈, 누에가 누운 듯한 눈썹을 가졌다. 특히 관우를 상징하는 것은 그의 아름다운 수염이다.

관우가 조조에게 일시적으로 항복했을 때의 일이다. 조조는 관우의 마음을 사로잡으려고 갖은 애를 썼다. 조조는 두 자나 되는 수염을 잘 보관하라고 관우에게 비단으로 수염 주머니를 만들어주기도 한다. 조조가 관우를 데리고 궁궐로 들어가 헌제를 찾아뵈었는데, 헌제가 보니 관우가 턱 아래에 긴 주머니를 달고 있었다.

> "그 주머니는 무엇이오?"
>
> 이상하게 여긴 헌제가 관우에게 물었다.
>
> "신의 수염이 길고 어지러워 승상께서 그걸 싸두라고 주머니를 만들어주셨습니다."
>
> "거참 재미난 일이오. 어디 한번 봅시다."
>
> 관우가 수염을 싼 주머니를 벗기니 배까지 드리운 검은 수염이 나왔다. 그것을 보고 헌제가 감탄해서 말했다.
>
> "참으로 수염이 아름답구려! 그대를 수염이 아름다운 귀인[美髯公, 미염공]이라 불러야겠소."

이렇듯 아름다운 수염은 남성들 사이에서 주로 찬미되는 듯하다. 정창손의 수염에 감탄한 유구국 사신, 종친의 수염을 보고 많은 물품을 하사한 성종, 관우에게 수염 주머니를 선물한 조조, 그것을 풀어보고 "미염공"이라고 부른 헌제는 모두 남성들이다. 아마도 수염은

그것을 기르고 다듬는 경험을 공유하는 사람들에게 평가의 대상이
될 수 있는지도 모르겠다.

　반면에 실제 여성들이 남성들에게 혹하는 경우는 조금 다르다. 문
밖 출입이 자유롭지 못했던 양반댁 규수들은 실제로 외모보다는 소
리에 끌려서 사랑에 빠지는 경우가 있었다. 소리는 매우 중요한 사랑
의 매개가 된다. 〈사기史記〉에는 탁문군卓文君이 사마상여司馬相如의 거문
고 소리에 반하여 밤중에 집을 빠져 나와 그의 아내가 되었다는 이야
기가 있다. 탁문군은 탁왕손의 딸로 청상과부가 되어 친정에 와 있다
가 사마상여의 거문고 소리를 듣게 된다. 탁문군이 듣고 있다는 사실
을 눈치 챈 사마상여는 〈봉구황〉을 연주한다. 〈봉구황〉은 수컷인 봉
이 암컷인 황을 구애한다는 내용이다. 사마상여는 거문고 소리에 유
혹의 메시지를 담는다.

　의도적인 유혹의 메시지가 아니라 하더라도 거문고 소리는 사랑을
고백하게 하는 계기가 되기도 한다. 조선 중기 우의정과 좌의정 등을
역임했던 심수경沈守慶(1516~1599)에게 그런 일이 있었다. 그는 거문고
를 잘 타는 것으로 유명했다. 그가 중종의 부마였던 한경록韓景祿의 집
에 세 들어 살았을 때의 일이다.

　가을 달이 뜬 한밤중에 연꽃이 핀 연못가에서 거문고를 타고 있었
　다. 나이는 어리나 자태가 고운 궁녀 하나가 안채에서 나왔다. 심
　수경이 그녀를 맞아 상석에 앉히니, 그녀가 말하였다.
　"저는 홀로 빈 방을 지키고 있었습니다. 안에서 당신의 풍채와 거
　동을 바라보면서 마음속으로 항상 사모하여 왔습니다. 오늘 전아

한 거문고 소리를 들으니 곡조와 운율이 매우 고상하였습니다. 그
래서 감히 체면을 무릅쓰고 나와 인사를 드리는 것입니다. 원컨대
한 곡 들려주소서.”

심수경은 두어 곡조를 연주한 뒤 거문고를 들고 나갔다. 그 뒤로는
다시는 그 집에 들어가지 않았다. 그녀는 상사병으로 끝내 죽고 말
았다.[14]

‘금기서화琴棋書畵’라는 단어가 있다. 거문고, 바둑, 서예, 그림 네 가
지를 가리키는 말이다. 선비치고 이 네 가지를 하지 않는 사람이 없
었다.[15] 이 네 가지는 선비들의 대표적인 취미 활동을 이르는 말이다.
궁녀는 심수경의 고상한 거문고 소리를 듣고는 체면을 무릅쓰고 인
사드리러 왔다고 한다. 남성의 능숙한 악기 소리에는 규수들의 마음
을 설레게 하는 무엇인가가 있다.

거문고 소리보다 좀더 흔하고 친숙한 것은 글 읽는 소리다. 그것은
다른 어떤 매개도 거치지 않은 육성肉聲, 즉 육체의 소리이기 때문이다.

정암 조광조趙光祖 선생은 총각 시절에 글공부에 힘써 책 읽는 소
리가 낭랑하였다. 이웃집 처녀가 그 소리를 듣고 사모하는 마음이
들어 담을 넘어서 방문을 열고 들어와 옆에 앉았다. 선생이 읽기를

---

14) 《기문총화》 3권, 66화.
15) 서신혜, 《조선의 승부사들》, 역사의아침, 2008, 216쪽.

그만두고 처녀에게 말하였다.

"밖에 나가 나뭇가지를 꺾어오시오."

처녀가 그의 말대로 하자, 선생이 그녀를 추궁하였다.

"나는 곧 양반 집안의 총각이요, 댁도 양반 집안의 처녀입니다. 담을 넘어 만나는 것이 만약 탄로 나면, 두 집안의 욕됨이 막심할 것이오. 만약 이것을 깨우치지 못하고 댁이 마음을 돌리지 않는다면 일어나 종아리를 맞는 것이 좋겠소."

처녀가 감격하여 울면서 말하였다.

"오로지 명하시는 대로 따르겠습니다."

선생은 처녀의 종아리를 때려서 돌려보냈다.

사모하는 마음으로 월장越牆의 모험을 감행한 처녀에게 총각이 회초리를 치는 이야기는 지금 우리에게는 충격적이다. 이 이야기의 주인공은 조광조이지만 판본에 따라서는 정인지鄭麟趾나 다른 누군가가 되기도 한다. 그 주인공은 모두 유교적 가치를 체화한 인물로 생각되는 사람들이다. 이 남성은 스스로를 "양반 집안의 총각"이라고 하지만 처녀에게 하는 태도는 총각이 아니라 엄부嚴父와 다름없다.

처녀들의 소리는 담을 넘어가면 안 되었지만 도령들의 글 읽는 소리는 들리지 않으면 오히려 이상한 것이었다. 옆집에 도령이 산다면 처녀는 그의 얼굴은 몰라도 목소리에는 익숙할 것이다. 그래서 규수가 도령에게 반하는 이야기는 소리가 매개가 된다. "목소리가 바뀌면 인생이 바뀐다"라는 주제의 책이 있을 정도로, 목소리는 중요한 처세의 기반이 되기도 한다. 남자의 경우에는 가느다란 목소리보다는 굵은 목소리가, 높은 목소리보다는 낮은 목소리가 선호된다. 이는 목소리의 주인공이 그런 목소리에 어울리는 신체를 가졌을 것이며, 신체 이상의 내면을 가졌을 것이라고 생각하기 때문이다. 하물며 노는 소리가 아닌 "낭랑한 글 읽는 소리"는 더욱 매력적이다.

이상적인 사윗감과 며느릿감

조선시대는 일반적으로 여성이 남편감을 고를 수 없었고 남성이 신붓감을 고를 수 없었다. 처부모가 사윗감을 고르고 시부모가 며느릿감을 고를 수밖에 없었다. 결혼 적령기의 선남선녀가 우연히 사랑을 나누는 이야기는 대부분 픽션으로 존재한다. 지금의 처녀·총각이야 자신의 입맛대로 학벌, 외모, 성격을 따지는데 그 시대 부모님들은 무엇을 기준으로 새 식구를 골랐을까? 다른 사람들이 훌륭하게 여길 만한 사람이면 사위 자리로 혹은 며느리 자리로 탐낼 수도 있겠다.

　조선시대 사람들은 어떤 인물을 훌륭하다고 생각했을까? 아마 지금 대한민국 사람들에게 누가 가장 훌륭하다고 생각하느냐 물으면 대답이 천차만별일 것이다. 그러나 조선시대만큼은 훌륭한 인물이라고 입을 모아 칭찬하는 사람들이 있었으니 충신, 열녀, 효자, 효부 등이 그 대표격이다. 이들은 충이나 열이나 효를 마음속에 간직하고 실천한 인물들이다. 그것은 학벌이나 외모나 연봉처럼 대번에 확인할 수 있는 요소가 아니다. 일종의 '내면의 아름다움'이다. 그렇다면 충신감은 최고의 신랑감이, 열부감은 최고의 신붓감이 될 수 있었을까? 꼭 그렇지만은 않았다.

판서 신임申銋(?~1725)은 지인지감知人之鑑이 있는 사람이었다. 지인지감은 사람을 잘 알아보는 능력을 말한다. 그에게는 외아들이 있었는데 일찍 죽었다. 홀로 된 며느리는 틈이 날 때마다 시아버지에게 손녀의 사윗감을 직접 골라주기를 청했다. 그는 청상이 되어 유복자 딸아이를 혼자 키운 처지였으니 좋은 사위를 얻고 싶은 욕심이 남달랐다. 신임이 어떤 신랑감을 구하느냐고 묻자 이렇게 답한다.

"수명은 팔십까지 해로하고, 지위는 대관大官에 이르며, 가세는 부유하고, 아들을 많이 낳을 사람입니다."[16]

이 부인의 소원은 '수부귀다남자壽富貴多男子'라는 말과 통하는데, 예로부터 좋은 관상이나 성공적인 인생을 이르는 말이다. 이 말은 보자기에 수로 놓이거나 병풍에 쓰이기도 했다. 사람마다 행복을 정의하는 것은 조금씩 다르겠지만, 조선시대 수부귀다남자는 모든 사람이 원하는 행복의 결정판이다. 그러나 정작 수부귀다남자의 로망을 이룰 수 있는 사람들은 많지 않았다. 그러기에 며느리가 바라는 이상적 사윗감에 대한 대답을 들은 신임은 웃으면서 "세상에 어찌 이것들을 겸비한 사람이 있겠느냐? 만약 네 소원에 부합하려면 창졸간에 얻기는 어렵겠구나"라고 한다.

그런데 신임이 어느 날 길을 지나다가 십여 세 쯤 되는 아이를 보았다. 그 아이는 머리는 쑥대같이 흐트러졌고 죽마를 타고 좌우로 뛰며 돌아다니고 있었다. 공이 가마를 멈추고 찬찬히 바라보니, 옷이

---

16) 이희준, 《계서야담》, 127화.

몸을 가리지 못했으나 눈과 입이 매우 컸으며[河目海口] 골격이 비범했다. 그 아이의 집안은 매우 가난했고 홀어머니밖에 없었다. 그럼에도 신임은 혼인을 결정한다. 며느리가 계집종을 통해 사윗감의 집안 사정과 생김새를 알아본다.

"집은 두어 칸 오두막집으로 풍우를 가리지 못하는데, 아궁이 아래는 이끼가 피고, 솥 가운데는 거미줄이 쳐 있습니다. 신랑 외모는 눈이 광주리같이 움푹하고 흐트러진 머리는 쑥대 같아 하나도 취할 데가 없습니다."

이 말을 들은 며느리는 "혼이 날아가고 간이 떨어질 지경에 이르지만" 이미 납채納采를 받는 날이 되고 보니 어쩔 수가 없었다.

그런데 이 사윗감은 유척기兪拓基로, "나이는 팔십을 누리었고, 지위는 영상에 이르렀으며, 아들은 넷을 두었다. 가세 또한 부유하였다"고 하니 신임의 지인지감이 대단하다는 것을 알 수 있다.

신임의 안목은 며느리나 여종의 안목과는 다르다. 며느리나 여종의 안목은 상식적인 판단에 근거하는 반면, 신임의 안목은 비상식적 판단에 근거하는 것처럼 보인다. 그러나 결국에는 이 비상식적인 것처럼 보이는 신임의 선택이 옳은 것이었음이 확인된다. 지인지감을 가진 사람들의 판단은 이상하지만 특별하다. 이들은 평범함 속에서 비범함을 보고, 돌 무더기에서 옥을 찾아낸다.

이 지인지감에는 어떤 법칙이 없다. 법칙이 있다면 배울 수 있을 텐데 지인지감은 그렇지 않다. 한눈에 보고 사람을 알아보는 이 능력은 누가 알려줄 수 있는 것도, 알려준다고 배울 수 있는 성질의 것도 아니다. 지인지감이 있는 사람이 선택한 사위에게는 일반인들의 눈에는 보이지 않는 자질이 있다.

앞 이야기의 뒤에는 유척기와 관련된 두 가지 일화가 더 나온다. 성욕이 매우 강해서 신부와 매일 동침을 했다는 것과 해주에서 먹을 나라에 바치는데 유척기가 그 가운데 백여 개를 골라 선취했다는 것이다. 유척기는 보통 사람과는 다른 성욕과 욕심을 가졌다. 그가 '기상'을 가졌음을 보여주는 부분이다.

이것들은 모두 눈에 보이지 않으며 그 정체를 설명하기에도 좀 곤란한, 신비스러운 분위기를 가진다. 유척기의 경우 바로 그런 자질이 '수부귀다남자'를 가능하게 했다고 볼 수 있다. 그러나 쑥대머리에다가 눈과 입이 큰 열세 살 남자아이를 보고 수부귀다남자의 '생명력'을 느낄 수 있는 사람은 아마도 판서 신임밖에는 없었을 것 같다. 지인지감을 통해 사위를 맞는 이야기들을 보면, 사위의 자질이 보통 사람이 알아보기에는 어렵고 신비로운 요소들을 포함하고 있다는 생각을 하게 한다.

지인지감이 있는 사람들의 능력은 일반적으로 과거 급제, 벼슬살이, 전쟁 발발 등 주로 공적인 영역에서 발휘된다. 그러나 이들이 능력을 사적으로 사용하는 경우도 있는데 우리가 본 것처럼 택서擇壻의 경우가 대표적이다. 그렇다면 왜 며느리를 고르는 일이 아니라 사위를 고르는 일에 지인지감이 발동하는 것일까? 사위를 고르는 일을 더 중요하게 생각해서일까? 그러나 조선시대에는 며느리를 고르는 일도 마찬가지로 중요하게 생각했다.

며느리를 고르기 위해 시험을 치른다는 내용의 설화가 있다. 물론 사위 시험을 치르는 설화도 있기는 하다. 사위가 통과해야 하는 시험은 "거짓말 내기"에서 이겨야 한다거나, "긴 이야기"를 해본다거나, "나무 꾀의 종류와 크기를 알아맞히기" 정도다. 시험에 소요되는 시간도 짧고 혹 사위를 구하지 못하더라도 별로 상관없어 보인다. 사위 고르기를 빙자한 장인의 유희인 경우가 많기 때문이다. 반면 며느리 고르기 설화는 사위 고르기 설화보다 긴 시간을 두고 진지하게 진행된다. 쌀 한 되, 좁쌀 한 되로 한 달을 보내야 하는, 부잣집 영감의 며느리 시험이 대표적이다. 대부분의 며느리 후보들은 주린 배를 움켜쥐고 굶주림과 싸우다가 결국 포기하고 만다.

그렇다면 시험을 통과한 아가씨는 누구일까? 다이어트 중이었던 아가씨였을까? 이 혹독한 시험에서 통과한 아가씨는 의외로 한 달치 식량을 바로 거덜 낼 것처럼 먹어댔다. 그러고는 말한다. "실컷 먹었으니 이제 일 좀 해볼까?" 그녀는 먼저 자기가 살 집 안팎을 깨끗하게 정리하고 청소한 다음, 동네로 내려와서는 바느질거리와 길쌈거리를 구해간다.

한 달이 지난 뒤 그녀는 몇 달 치의 식량을 비축할 수 있었다. 그녀는 소비하는 여성이 아니라 생산하는 여성이었다. 그러니까 부잣집 영감의 어처구니없어 보이는 며느리 시험은, 조금 먹는 여성을 구하는 시험이 아니라, 부지런함과 생산적 기술을 가진 여성을 얻기 위한 합리적인 시험이었던 셈이다.

이 부잣집의 며느릿감 고르기는 한 달간의 시험과 검증을 통해 이루어졌다. 만약 원하는 사람이 있다면 부잣집 영감의 며느리 선발 아이디어를 얼마든지 따라해볼 수 있다. 이는 며느릿감에게 필요한 자질이 일정한 과정을 거친다면 누구나 알 수 있는 것임을 전제한다.

부지런한지, 게으른지, 길쌈이나 바느질을 할 수 있는지, 아닌지는 조금만 관찰해 보아도 알 수 있다. 며느리에게 필요한 자질은 사위에게 필요한 자질처럼 숨겨져 있지 않으며, 신비한 것도 아니다.

남성과 여성이 만나 한 가정을 꾸리기는 하지만, 두 사람에게 요구되는 자질은 달랐다. 남성에 대해서는 전반적인 기운이나 분위기가 긍정적인가 여부가 중요하다면, 여성에 대해서는 실제적 능력이나 기술을 가지고 있는지 여부가 중요하다. 여성의 자질은 일반인도 조금만 관찰하면 알 수 있지만 남성의 자질은 지인지감이 아니고는 파악할 수 없는 부분도 있었다. 사위를 고르는 과정은 신비이지만, 며느리를 고르는 과정은 과학이다. 그래서인지 며느릿감을 잘못 고른 이야기보다 사윗감을 잘못 고른 이야기들이 더 많다.

그렇다면 왜 여성에게는 생활인의 자세를, 남성에게는 '기氣' 등의 아우라를 중요시한 것일까. 유희춘柳希春의 《미암일기眉巖日記》를 보면 그 이유를 짐작할 수 있다.

제 고향에는 두 집이 있습니다. 그 중 하나는 전일 남평관에게 말한 홀아비 이언눌李彦訥입니다. 그는 전 훈도 이림李琳의 아들이고 새로 급제한 언양의 형인데, 인물이 단정하고 가업家業이 풍족하며, 나이도 이제 40세이니 혼인하면 일생 근심 걱정 없이 지낼 수 있습니다. 또 한 사람은 저의 외현조 최유중의 자손 최응의 아들인데 인물이 명명하고 또 학기學氣가 있으며 산세産勢가 온족溫足하고 나이 이제 18세입니다. 이미 갖추어진 데 가서 앉기만 하면 평생의 걱정이 없다는 점에서는 언눌을 버릴 수 없으나, 재산이 그렇게 없지도 않고, 또 나이가 젊어 학문에 나아갈 가능성이 있는 것으로 봐서는 최생도 또한 버릴 수 없습니다.[17]

이종사촌 나사순이 유희춘에게 두 명의 사윗감을 추천했다. 이 사윗감 후보들에 대해서도 인물이 단정하다느니, 학기가 있다느니 하면서 추상적인 평가를 하는 것을 볼 수 있다. 이후 일기를 참고하면, 유희춘은 학기가 있는 최생 쪽으로 정혼하고 싶다는 의사를 표한다. 역시 관직자, 즉 벼슬아치가 될 수 있는 가능성에 점수를 더 준 것이었다.[18] 최생의 집안도 가난뱅이는 아니었지만 관직자가 될 수 있는 '미래'의 가능성은 '현재'의 유복함보다 더 중요한 것으로 생각되었다.

'학기'가 있다고 한 것으로 보아 사윗감 후보 2번 최생은 배움의 능력이 뛰어났다는 것을 알 수 있다. 그러나 총명함이 과거 급제의 필요충분조건은 아니다. 총명한데도 과거에 급제하지 못하는 경우가 허다했다. 과거에 급제할 가능성을 타진하기 위해 사람이 총명한지만을 살피는 것으로는 부족했다. 또한 과거급제를 했다 하더라도 벼슬을 제수 받으리라는 보장도 없다. 관직을 얻기 위해서는 총명함을 뛰어넘는 또 다른 자질이 필요하다. 경우에 따라서는 관복官福, 관운官運을 들먹일 수도 있을 것이고 무덤 터나 조상 덕이나 음덕陰德을 들먹일 수도 있을 것이며, 그 외에 다른 어떤 것을 들먹일 수도 있을 것이

---

17) 유희춘, 《미암일기》, 1568년 1월 19일.
18) 국사편찬위원회 엮음, 《혼인과 연애의 풍속도》, 두산동아, 2005, 118~119쪽.

다. 그 모호한 제3의 요소는 지금 당장 알 수 없는 미래의 일과 관련되어 있다. 사위가 될 남성에게 가능성을 볼 수밖에 없는 이유가 여기에 있다.

그렇다면 왜 며느리가 될 여성에게는 구체적인 생활인으로서의 자질을 요구하는 것일까? 며느리 시험 이야기에서 시아버지는 자신의 아들이 생각이 모자라거나 성격이 모질지 못해 재산을 잘 관리할 수 없을 것이라고 생각했다.

그렇다면 재산을 잘 관리할 수 있는 여성을 고르면 되지 왜 재산을 불릴 수 있는 여성을 고르는 것일까? 안방마님들은 전통적으로 곳간 열쇠를 관리하지 않는가? 그러나 이 이야기를 보면 며느리가 할 일은 치산治産, 즉 관리가 아니라 치부致富, 부를 쌓는 것이다. 아끼는 것은 버는 것만 못하니, 재테크의 최고봉은 수입을 늘리는 것일 수 있다.

이런 버거운 일이 오로지 선비의 아내 몫으로 맡겨지는 경우가 비일비재했다. 조선시대 선비들은 벼슬아치가 되지 않는 이상 대부분은 선비로서 삶을 마쳤다. 선비는 공부하는 학생이다. 과거를 준비하는 선비들은 현대의 고시생이다. 그러니 그 아내들은 남편들이 공부에 몰두하도록 내조해야 한다. 그녀들에게 필요한 것은 철저하게 생활인으로서의 자질이었다. 딸이나 손녀를 시집보낼 때에는 '계녀서戒女書'라는 글을 따로 적어주기도 하는데, 여기에서도 강조하는 것 가운데 하나가 바로 생활인으로서의 자세다.

가장 유명한 계녀서는 송시열宋時烈(1607~1689)이 장녀를 시집보낼 때 한글로 써준 것이다. 조선 후기 정치계와 학계를 호령했던 송시열이 쓴 글인 만큼 〈계녀서〉 역시 사변적일 것이라고 예상할 수도 있겠다.

그러나 그 〈계녀서〉는 자상하다 못해 시시콜콜하다. "쓸 데는 아끼지 말고, 무단한 일에는 조금도 허비 말고, 의복 음식을 보아가며 하고, 헛되게 돈을 낭비하지 말고 늘 나머지를 두어 질병에 약값을 하거나 상사喪事의 소용을 하거나 공사채에 자손을 위하여 전답을 장만함이 또 옳은 것이다" 등의 조언이 20가지 항목이나 된다.

한편 아내가 죽은 다음 사대부들은 아내의 일생을 행장行狀으로 기록하기도 한다. 한 논문에 따르면 3분의 2 정도의 행장에서 아내가 가정 경제를 시종일관 도맡아 했고 집안이 존재하는 것은 모두 아내 덕분이라고 했다.[19] 남편들은 가장의 어쩔 수 없는 책임 방기放棄에도 가정을 유지해준 부인의 생활력에 감사한다.

선비의 아내들은 남편이 과거 공부 중이라고 해서 가족계획을 세우거나 산아제한을 하지 않았다. 부인이 될 여성에게는 생활인으로서의 능력과 함께, 후사를 이을 수 있는 능력도 중요했다. 예를 들어 〈성균관 유생들의 나날〉에서 주인공 김윤희는 어느 날 곱상하고 우아한 이상한 방물장수를 만난다.

"사람 일은 한 치 앞을 모른다우. 나도 이렇게 방물장수가 될지 누가 알았겠수. 그러니 아가씨도 지금 이 순간은 아득해도 내일 당장 행복한 일이 생길지도 모르니, 내일 일은 내일로 맡겨 두시오."

그녀는 윤희에게 빗을 하나 주고 간다. 사실 이 방물장수는 소설에

19) 이지양, 〈조선조 후기 사대부가 기록한 아내의 일생〉, 《인간·환경·미래》 7호, 인제대학교인간환경미래연구원, 2011, 46쪽.

등장하는 남자 주인공 이선준의 어머니로, 좌의정 부인이었다. 아들이 맘에 들어하는 처녀를 한 번 보고 싶어서 방물장수로 분장한 것이다.

이런 정황은 비단 픽션에서만 나타나는 것은 아니다. 조선시대에는 혼담이 오고가면 '간선'이라 하여 신붓감을 미리 보는 풍속이 있었다. 중매를 통해 신붓감의 모습과 신부 집안 내력은 대강 알 수 있었지만, 신붓감의 인품과 관상은 직접 보지 않고서는 알 수 없는 일[20]이기 때문에 방물장수나 지나가는 사람처럼 꾸미고 신부가 될 사람을 살짝 보고 오는 것이다. 신랑 쪽 집안에서 위장을 하면서까지 신부를 보고자 했던 이유 가운데에는 그녀가 다남의 상을 가졌는지 궁금했기 때문인 것도 있다.

일제시대의 무라야마 지준村山智順은 상고로부터 1930년대 이르기까지 조선의 점복 습속을 조사해《조선의 점복과 예언》을 출판했다. 여기에는 부인상 보는 법이 있는데, '귀자를 얻을 상[得貴子相]'이나 '귀자를 많이 나을 상[多生貴子相]', '아들을 낳을 상[産子相]'이 중복되어 나온다. 이 가운데 아들을 낳을 상을 보면 "몸은 말랐으나 입술이 붉으면 아들이 있다. 인당이 평정하고 윤택하다", "여자는 혈색을 근본으로 한다. 이는 피부 안에는 혈액이 충만하고, 피부 밖에는 밝은 빛이 흐르는 것 같은 모양이 좋다. 또한 윤택이 나지 않으면 싱싱한 기운이 없다. 머리카락은 두터워야 한다" 등이 포함되어 있다.[21] 혈색이나

---

20) 정성희, 《조선의 섹슈얼리티(개정판)》, 가람기획, 2009, 37쪽.
21) 무라야마 지준, 김희경 옮김, 《조선의 점복과 예언》, 동문선, 1990, 220~221쪽.

머리카락의 두께 등 생물학적 조건들을 관찰하는 것으로 아들을 낳을 수 있을지 아닐지를 알 수 있다고 생각했다.

인류지대사인 혼인에서 여성의 생김새를 보고 다산의 가능성을 판단하기 위한 특별한 기술로 관상학이 동원되는 것은 흔히 있는 일이다. 관상학이나 지인지감은 모두 사람의 겉모습, 외형을 보고 내면을 알아차린다는 점에서 일견 유사해 보일 수 있다. 그러나 관상학이 습득하면 배울 수 있고 숙달할 수 있는 것이라면 지인지감은 선천적 능력이다. 관상학자는 일종의 기술자이지만 지인지감을 가진 사람은 일종의 초인능력자, 이인異人이다. 관상학의 핵심은 '세상의 모든 것은 그것이 가지는 특성과 역할에 관계 있는 필연적인 외형을 가진다'는 점이다. 이 점에 대한 동의가 있다면 외형을 통해 내면을 유추하는 게 가능하다. 그러나 지인지감을 가진 이인이 외형과 내면을 어떻게 관련짓는지에 대해서는 설명 자체가 불가능하다. 그냥 아는 것이기 때문이다.

시집을 가거나 오는 여성이 어떠해야 한다는 것은 매우 구체적일 뿐만 아니라 비교적 체계화되어 있다. 그것은 부인을 상보는 법으로 나타날 수도 있고 '계녀서'로 표현될 수도 있다. 부인의 상보는 법은 간선의 기술로 많은 사람들에게 알려진 것이었다. 송시열의 〈계녀서〉 같은 텍스트들 역시 조선시대에 다수 찾아볼 수 있다. 좋은 부인이 될 수 있는 여성에 대해서는 일반적으로 이야기될 수 있고 표현될 수 있다.

좋은 부인을 가려내는 방법은 공공연하게 소통될 수 있는 정보다. 반면 사위의 관상을 보는 법이나 장가가는 아들에게 주는 글은 적다.

때로는 일종의 '감'으로 사위를 고르기도 한다. 좋은 남편을 가리는 방법은 소통되기 힘들었다. 그것은 미래에 행운을 가져올 만한 아우라를 동반해야 했다. 그렇기에 그 방법을 알기는 힘들었고 소통하기는 더욱 어려웠다. 현재 여성이 남성을 응시하고, 남성에 대해 소통하고, 그 자질을 평가하는 것은 일종의 진보다.

2

서로
친해지기까지

우연을 필연으로 만들기

부부의 정이 돈독하면

현대의 부부와 조선시대 부부는 어떻게 달랐을까? 여러 가지로 달랐 겠지만 쉽게 생각해볼 수 있는 요소 가운데 하나는 양반 부부들의 경우 서로 다른 공간에 거주했다는 것이다. 남성은 사랑채에, 여성은 안채에 분리되어 있었으며, 남편이 이유 없이 안채로 들어오는 것은 손가락질 받을 만한 일이었다. 공간을 따로 쓴다면 이들은 서로 얼굴을 대면하고 의사소통을 할 기회가 많지 않았을 것이다.

그런데 어찌 보면 이는 현대 부부들과 많이 다르지 않다. 남편 혹은 부부가 모두 아침에 출근해서 저녁에 퇴근하기에 한 집에 살아도 얼굴 보기가 힘들다. 직장이 멀어서 주말 부부로 지내기도 하고, 외국에 나가 있어 오랫동안 얼굴을 못 보고 지내기도 한다. 물론 우리는 매체의 발달로 서로 대면하지 않고도 의사소통할 수는 있다.

그렇다면 조선시대 부부들은 어떠했을까? 분리된 공간에서, 별다

른 의사소통 수단도 없이 지내야 했던 이들은 과연 어느 정도로 친밀
했을까?

《태평한화골계전太平閑話滑稽傳》에서는 "단술은 많이 마셔도 취하지
않고 자기 아내를 사랑하는 것은 아무리 좋아해도 허물이 아니라"고
했다.[1] 그러나 《태평한화골계전》이 쓰인 시대만 해도 본격적인 유교
화가 진행되기 이전인 15세기로, 여성의 위상, 그로 인한 부부 관계
는 이후 시대와는 조금 달랐다.

조선 후기 소설 가운데 〈숙영낭자전〉이 있는데 여기서 숙영의 남
편은 과거를 보러 갔다가 두 번이나 되돌아온다. 부인이 그리워서다.
이들 부부는 지금 우리가 생각하는 것 이상으로 친밀한 부부다. 그런
데 이 경우는 소설적 허구라고 친다면, 실제 부부는 어떠했을까?

유교화가 진행되면서 조선시대 부부 담론은 친밀감을 권장하기보
다는 경계하는 방향으로 진행되었다. 조선사회의 성도덕은 "남녀칠
세부동석男女七歲不同席"이라는 말로 잘 표현된다. 이 말은 엄격한 내외
법內外法으로 발전하기에 이르렀다. 가령 부부간이라도 옷조차 섞이
지 않도록 옷괘나 시렁을 분명하게 구분해놓는 식이다. 송나라 석학
정자程子의 어머니 후부인候夫人은 항상 남편을 손님같이 받들었고, 여
영공呂榮公 부인은 60년을 남편과 살아오면서 한 번도 얼굴을 붉힌 일
이 없으며, 심지어 침석寢席 위에서도 장난기 어린 말투를 쓴 적이 없
었다. 이들은 이상적인 부인으로 칭송된다. 이상적인 부부는 친구가

---

1)《태평한화골계전》1권, 12화.

아니라 손님 같아야 한다. 심지어는 침석에서도.

이덕무는 《사소절士小節》에서 선비들은 잠자리에서도 조심해야 한다고 일렀다. 선비는 어두운 데서나 밝은 데서나 처신이 한결같아야 하는데, 그렇잖고 아내와 캄캄한 밤중에 함부로 행동하다가 밝은 아침에 갑자기 명령을 내리면 먹혀들지 않으니 조심하라는 것이다.[2] 그보다 훨씬 전에 이이李珥도 똑같은 말을 했다. 집안이 잘 되려면 부부가 평소에 서로 공경하면서 지내야 하는데, 요즘 선비들이 잠자리에서 흔히 정욕을 삼가지 않고 너무 친하게 굴다가 위신을 잃고 마는 일이 적지 않다는 것이다. 평소에 서로 스스럼없이 지내다가 하루아침에 갑자기 서로를 공경하기 어려우므로 모름지기 남편은 아내와 서로 경계하여 예법의 경지로 들어가는 것이 옳다는 것이다.[3] 부부 사이에는 위계가 필요하고, 그것을 바르게 세우기 위해서는 지나친 친밀함을 경계해야 한다는 가르침이다.

부부 사이의 친밀함을 경계하는 이유는 또 있었다. 심재沈梓가 쓴 《송천필담松泉筆談》에는 부부 관계와 공부의 정진에 대해 적고 있다. 일견 관련 없어 보이는 두 가지가 선학의 가르침 속에서는 긴밀한 연결 고리를 가진다.

남명 조식曺植이 배우는 이들에게 말했다.

―――

2) 정연식, 《일상으로 본 조선시대 이야기》 1권, 청년사, 2001, 166쪽.
3) 정연식, 같은 책, 166쪽.

"밤중에 공부함이 참으로 많으니 절대로 잠을 많이 자서는 안 된다. 평소에 거처함에 있어 처자와 섞여 지냄은 마땅치 않다. 자질이 비록 아름답다고 하더라도 예전의 관습에 빠지게 되면 끝내 참사람이 되지 못할 것이다."

내가 살펴보니 장자張子가 다음과 같이 말했다.

"밤에 말을 얻음이 있으니 밤기운[夜氣]이 길러낸 것이다."

주부자朱夫子(주희)는 다음과 같이 말했다.

"부부의 정의情誼가 돈독하면 사욕에 빠져들기 쉬우니, 이런 경우에 삼가는 마음이 없다면 스스럼없는 지경에서 사욕이 행해져서 남이 알지 못하는 상황에서 스스로를 속인다. 발단이 이루어짐의 엄중함을 알아서 은미한 즈음에서 경계하고 삼가며 두려워한다면 이에 공부가 내면으로부터 우러나오게 된다. 이를 가지고 부형을 섬기고 벗과 처우한다면 모두 조그만 힘을 써도 공이 있게 될 것이다."[4]

조식은 처자와 함께 지내면 밤중에 공부를 많이 할 수 없기 때문에 평소 함께 거처하는 것을 경계한다. 밤중에 공부가 잘 된다는 것은 장자 역시 주목한 바다. 주희는 부부의 정의가 돈독하면 사욕에 빠지지 쉽기에, 스스로 속이게 된다고 했다. 주희가 직접적으로 말한 것은 아니지만, 그 논리를 거꾸로 생각해보면, 부부 사이에는 정의가

---

4) 심재, 《송천필담》 1권, 203화.

너무 돈독하지 않아야 자기를 속이지 않게 되고, 거기에서 공부가 우러나오고, 이로 인해 다른 모든 중요한 일, 효와 우정이 가능해진다. 이 인용문들에서 부부의 돈독함과 학문의 돈독함은 반비례 하는 것으로 생각된다.

이덕무나 이이는 선비가 부인 앞에서 "위신을 세우기 위해서"라는 단서를 달고 있고, 《송천필담》에서는 "인격과 학문의 수양을 위해서"라는 단서를 달고 있지만, 공통점은 모두 부인을 대할 때 친밀함과 정情보다는 공경과 예의로 대하는 것을 규범으로 본다는 것이다.

그래서인지 때로 전통시대의 부인은 사랑하는 사람이라기보다는 필요한 사람처럼 보인다. 퇴계 이황李滉(1501~1570)은 장가가는 아들에게 주는 글에서, "너를 도울 사람을 삼가 맞이하여 우리 집안의 일을 계승하되 공경하는 마음으로 거느려 돌아가신 어머니의 뒤를 잇게 할지니, 너는 언제나 변함이 없어야 할 것이다"라고 했다. 가문에서 부인은 집안일을 계승하는 사람이다. 남편에게 부인은 자신을 도울 사람이다.

조금 다른 이야기이기는 하지만, 연암 박지원朴趾源(1737~1805)은 〈우정론〉에서 "아내는 잃어도 다시 구할 수 있지만 친구는 한 번 잃으면 결코 다시 구할 수 없는 법, 그것은 존재의 기반이 송두리째 무너지는 절대적 비극인 까닭이다"[5]라고 말한다. 〈우정론〉에 따르면 아내는 친구와 달리 다른 사람으로 교체할 수 있다. 우정의 중요성을 강

---

5) 고미숙, 《열하일기, 웃음과 역설의 유쾌한 시공간》, 그린비, 2004, 65쪽.

조하기 위해 단적인 비교를 든 것일 수 있겠지만, 이런 비교가 가능한 이유는 아내를 기능과 역할로 생각했기 때문이다. 그렇다고 퇴계와 연암을 비난해서는 안 된다. 퇴계는 자신의 며느리를 개가改嫁시킬 정도로 당대로서는 진보적인 여성관을 가지고 있었다. 연암 역시 열절을 지키는 어려움을 과부의 목소리로 토로하는 글을 쓸 정도로, 여성과 소수자들에 대한 관심을 가지고 있었다. 여성에 대한 그들의 생각은 문화적으로 조건 지워진 것이다.

조선시대 부인은 집안의 일을 위해, 남편의 일을 위해 필요한 사람이며 따라서 같은 기능과 역할을 하는 다른 사람으로 교체가 가능할 수 있다고 여겨지기도 했다. 기능과 역할을 위해 존재하는 부인은 남편에게 종속된 존재다. 이런 부부 관계에서는 의견을 나눈다기보다는 "명령을 내린다"는 표현이 적절해 보인다. 이덕무가 《사소절》에서 선비가 잠자리를 조심해야 하는 근거로, 밤중에 부인과 친하게 지내다가 아침에 "명"을 내리면 듣지 않기 때문이라고 한 것처럼.

남편과 부인이 구분되는 공간과 역할을 점유한다는 점에서 독립적이다. 그러나 부인을 하나의 역할이나 기능으로 생각하고, 남편에게 종속되는 것으로 생각하는 문화에서 부부 사이의 대화는 일방적인 소통이기도 했다. 친밀감이란 무엇보다도 사람들이 서로 평등한 상태에서 타자와 감정적으로 의사소통하는 것을 의미한다.[6] 친밀감을 위해서는 대화하는 주체들이 서로 대등해야 한다. 조선시대 부부들

---

6) 조셉 브리스토우, 이연정·공선희 옮김, 《섹슈얼리티》, 한나래, 2000, 202쪽.

은 다른 공간에서 거주하면서 대등하지 못했으며, 이들 사이에 중요한 것은 친밀감이라기보다는 공경과 예의였다. 그렇다면 조선시대에 부부간의 '사랑'이라고 할 만한 것은 없었을까?

머리카락으로 삼은 미투리, 원이 엄마 이야기

1998년 4월, 고성 이씨 문묘를 이장하던 중 관 속에서 학술적으로 귀한 자료가 나왔다. 이응태李應台의 의복도 나왔고, 미라도 거의 완전한 상태로 발견되었다. 사람들을 놀랍게 한 것은, 관 속에서 발견된 머리카락으로 삼은 미투리와 한글 편지다. 미투리는 이응태의 부인이 자기 머리카락으로 삼은 것이었고, 한글 편지 역시 부인이 썼다. 이 편지는 부부의 날 같은 때 대중매체에 자주 오르내린다.

> 원이 아버님께
>
> 당신 언제나 나에게 "둘이 머리 희어지도록 살다가 함께 죽자"고 하셨지요. 그런데 어찌 나를 두고 당신 먼저 가십니까? 나와 어린 아이는 누구의 말을 듣고 어떻게 살라고 다 버리고 당신 먼저 가십니까? 당신 나에게 마음 어떻게 가져왔고 또 나는 당신에게 어떻게 마음을 가져왔나요? 함께 누우면 언제나 나는 당신에게 말하곤 했지요. "여보, 다른 사람들도 우리처럼 서로 어여삐 여기고 사랑할까요? 남들도 정말 우리 같을까요?" 어찌 그런 일들 생각하지도 않고 나를 버리고 먼저 가시는가요?
>
> 당신 없이는 아무리 해도 나는 살 수 없어요. 빨리 당신께 가고 싶

어요. 나를 데려가주세요. 당신을 향한 마음 이승에서 잊을 수 없고, 서러운 뜻 한이 없습니다. 내 마음 어디에 두고 자식 데리고 당신을 그리워하며 살 수 있을까 생각합니다. 이내 편지보시고 내 꿈에 와서 말해주세요. 꿈속에서 당신 말을 자세히 듣고 싶어서 이렇게 써서 넣어 드립니다.

당신 내 뱃속의 자식 낳으면 보고 말할 것 있다 하고 그렇게 가시니 뱃속의 자식 낳으면 누구를 아버지라 하라는 거지요? 아무리 한들 내 마음 같으며 이런 슬픈 일이 하늘 아래 또 있겠습니까? 당신은 한갓 그곳에 계실 뿐이지만 아무리 내 마음 같이 서럽겠습니까? 한도 없고 끝도 없어 다 못쓰고 대강 적습니다. 이 편지 보시고 내 꿈에 와서 자세히 보여주고 또 말해 주세요. 나는 꿈속에 당신을 볼 수 있다고 믿습니다. 몰래 와서 보여주세요. 하고 싶은 말이 끝이 없어 이만 적습니다. (임세권 현대어로 옮김)

원이 엄마와 원이 아빠(이응태)는 다정한 부부였다. 함께 누워서 "여보, 다른 사람들도 우리처럼 서로 어여삐 여기고 사랑할까요? 남들도 정말 우리 같을까요?"라고 속삭이는 대목은 달콤한 멜로드라마를 보는 듯하다. 이 편지는 현대에 와서 조선시대 부부의 애절한 사랑을 대변하는 기호가 되었다. 이 부부는 시대를 초월해 부부 관계의 중요성을 강조하고 싶을 때나, 부부의 진실한 사랑 등의 메시지를 전달하고 싶을 때 자주 소환된다(부부의 날 신문에서 한 번쯤 기사로 보게 될 것이다). 그러나 나는 이 부부의 특별한 사랑은 조선시대에도 특별한 것이었다고 생각한다. "다른 사람들도 우리처럼 서로 어여삐 여기고 사랑할까요? 남들도 정말 우리 같을까요?"라는 물음이 가능한 것은 다른 부부들이 자신들 같지 않으리라는 전제가 있기 때문이다. 조선 시대 부부 사이에 사랑이 불가능했던 것은 아니다. 하지만 그 시대에 사랑하는 부부들도 알고 있었다. 자신들은 남들과 다를 수 있다고.

편지에 나타난 것처럼, 사랑하던 남편은 뱃속의 아이를 남겨 두고 죽는다. 원이 엄마의 슬픔과 절망이 편지에 생생하게 남겨진 것도 이미 보았다. 이들의 이야기를 조선시대판 〈사랑과 영혼〉이라고 부르기도 하는데 거기에는 또 다른 이유가 있다. 편지와 함께 미투리가 발견되었기 때문이다.

이 미투리에는 이상한 점이 있었다. 미투리는 일반적으로 삼으로 만들기에 황토색을 띤다. 그런데 이 미투리에는 검은 실처럼 보이는 것들이 엉켜 있었다. 디엔에이DNA 검사 결과 놀랍게도 이 미투리는 머리카락을 엮어 만든 것으로 판명되었다.

서정주가 〈귀촉도〉에서 "신이나 삼아줄 걸 슬픈 사연의/올올이 아로새긴 육날 메투리/은장도 푸른 날로 이냥 베어서/ 부질없는 이 머리털 엮어 드릴 걸"이라고 읊은 것은 시적 상상력만은 아니었다. 이 편지와 미투리를 소재로 한국에서는 소설 두 권과 다큐멘터리 한 편이 제작되고 무덤 자리엔 여인의 동상이 세워졌다. 뿐만 아니라 수많은 한국인과 일본인 관광객이 편지의 사본을 구입했다. 이 미투리는 세계적으로도 유명해졌는데, 《내셔널지오그래픽》(2007년 11월호)에 미투리 사진이 '사랑의 머리카락(Locks of Love)'이라는 제목으로 실렸기 때문이다.

이 부부의 사랑은 현대의 부부들과는 다르다. 현대인 중 누가 사랑하는 이를 위해 머리카락 베어 미투리를 삼아주겠는가? 이것은 조선시대의 문화를 염두에 두더라도 매우 특수한 경우였다. 《효경孝經》의 첫 장에, "신체와 터럭과 살갗은 부모에게서 받은 것이니, 이것을 손상시키지 않는 것이 효의 시작이다[身體髮膚受之父母, 不敢毀傷, 孝之始也]"라고 하지 않았는가. 어떤 경우든 머리카락을 자르는 것은 금기시되었다.

아이러니하게도 이런 조선시대에 자신의 효나 열을 위해 신체를 훼손하는 것이 빈번하게 장려되기도 했다. 《삼강행실도三綱行實圖》의 효의 사례들 가운데 손가락을 자르는 '단지斷指'와 허벅지 살을 베는 '할고割股'를 자주 볼 수 있다. 며느리가 병든 시어머니를 위해 다리 살을 베고, 아들이 아버지 병을 치료하기 위해 손가락을 자른다. 머리카락을 잘라 미투리를 삼는 것이 지극한 정성의 표현이 될 수 있는 것은 아마도 이런 분위기와 관계가 있지 않을까 한다.

유가적 맥락에서 손상시켜서는 안 되는 신체를 손상시키는 것은 당위를 넘어서는 일이다. 즉 당위보다 더 중요한 가치를 수호하고자 하는 일이다. 누군가를 위해 한 올 한 올 신을 삼는 행위 자체는 이미 정성을 담은 행위다. 게다가 자신의 신체 일부를 손상시키면서 만드는 신이니 그 정성이야 더할 나위가 없다.

신은 여러 가지를 상징한다. 발을 땅에 붙이고 걷게 하는 것이기에 현실감을 상징하기도 한다. 신을 잃어버리는 꿈은 현실적 판단력을 기르라는 경고이기도 하다. 전통적으로 그리스 신화에서 신은 인간 정체성의 지표이기도 하다. 테세우스가 아버지를 찾아갈 때 가죽신을 신고 가는데 이를 통해 그가 왕자라는 사실이 밝혀진다. 우리나라에서 짚신은 길을 가는 사람의 여정을 대신하기도 한다.

원이 엄마는 남편이 낫기를 기원하면서 이 미투리를 삼았다. 병상에 꼼짝 않고 누워 있는 남편에게 신은 바깥을 자유롭게 출입할 수 있는 건강의 상징이었을 것이다. 그는 이 신을 끝내 신어보지 못하고 죽는다.

머리카락으로 삼은 신과 그것을 신지 못한 채 맞은 죽음은 원이 엄마의 지극한 정성, 그럼에도 좌절된 소망을 보여준다. 나는 이들 부부의 사랑이 심금을 울리는 부분이 있다는 것에 동의한다. 그러나 이들 부부의 이야기를 마치 보편적 사랑의 모범인 것처럼 말하지 않았으면 좋겠다. 머리카락을 삼아 미투리를 만드는 이야기는 조선시대에도 단적인 정성의 표출이었지만, 현대인들에게는 엽기적인 일이다.

부부 사이에 사랑이 있다고 하더라도, 늘 절절할 수만은 없다. 나는 원이 엄마와 아빠의 사랑을 영원하거나 진실한 사랑이라고 보기 전에, 이들 관계를 문화의 맥락 속에서 봐야 한다고 생각한다. 안타깝게도 이들과 직접 관련된 자료는 많지 않다. 남아 있는 자료는 원이 엄마의 친정과 원이 아빠의 가계 정도다. 이때에는 조선시대 평균적인 삶의 모습들을 좀더 살펴보는 게 도움이 될 것이다.

원이 아빠 이응태는 서른한 살에 병마로 세상을 떠났다. 그는 몇 년 동안 결혼 생활을 했던 것일까? 그가 몇 살에 결혼했는지 정확하지는 않다.7 《주자가례朱子家禮》에 따르면 남자는 15세에서 30세가, 여자는 14세에서 20세가 결혼 적령기였다. 그들에게는 5~6세가 된 원

---

7) 안귀남, 《고성 이씨 이응태묘 출토 편지》, 문헌과해석사, 1999.

이라는 아이가 있었으니 적어도 원이 아빠는 24세 이전에는 결혼했을 것이다. 그는 적게는 6년, 많게는 10년 정도 결혼 생활을 했다고 추정할 수 있다. 그러나 이런 산술적 수치만으로 그 생활이 짧거나 길다고 이야기하기 어렵다.

조선시대 부부들은 우리가 아는 것처럼 서로 얼굴을 보지 못한 상태에서 결혼을 한다. 현대의 부부와 달리 이들이 정서적 유대를 이루기까지 긴 시간이 필요했다. 게다가 이성과 어떻게 사귀어야 하는지 진작부터 터득하고 있는 현대의 젊은이들과 달리 이들은 서로 어울려 본 경험이 없다. 조씨 부인이 쓴 《자기록》에서는 그 과정을 다음과 같이 서술한다.

> 결발結髮함이 육 년六年이나 사귐이 주년周年이니 성혼成婚 초부터
> 피차彼此 생소生疎하고 수습收拾함이 심하더니 이미 사오 년이 되
> 어 일가一家에 처處함이 날이 오래고 달이 포 됨에 서로 낯이 익고
> 마음이 친하여 경술庚戌부터 내 비로소 수치羞恥함이 덜하고 부자
> 서의함을 두지 않아 상화문답相和問答하였다.[8]

조씨 부인에 따르면 결혼 초에는 서로 낯가림이 심했는데 한 집에서 오래 살다보니 낯이 익고 마음이 친하여 혼인한 지 4~5년이 지나 경술년(1790)부터 부끄럽지 않게 서로 문답을 했다고 했다. 안타깝게

---

8) 풍양 조씨, 《자기록》, 172쪽.

도 조씨 부인의 남편은 다음 해인 1791년, 저세상으로 떠난다. 결혼 10년 만에 남편이 죽은 원이 엄마의 사연 역시 안타깝지만 조씨 부인에 비하면 그나마 다행스럽다고까지 하겠다.

여기에서 주목할 것은 이들 부부가 부끄럽지 않게 대화할 정도로 친해지는 데 4~5년이 걸렸다고 진술한 대목이다. 조씨 부인과 그 남편이 유달리 사교성이 없거나 숫기가 없어서 결혼 후 4~5년의 시간을 서먹하게 보냈던 것은 아닌 듯싶다. 연애 경험은커녕 이성과 대화한 경험도 많지 않은(혹은 거의 없는) 10대의 남성과 여성이 정서적 유대를 가지기 위해서는 시간이 필요하다. 게다가 양반 부부는 사랑방과 안채로 생활공간이 나뉘어 있고, 남성들은 툭하면 교우 관계를 위해, 스승을 만나기 위해, 본가에 들르기 위해 집을 떠났다. 조선시대 부부간의 서찰이 많이 남아 있는 이유도 이들이 떨어져 산 시간이 많았기 때문이다.[9] 원이 엄마 아빠 역시 결혼 생활 10년 가운데 상당 시간을 낯을 트고 말을 트는 데 보냈을 것이다. 친해진 이후로도 같은 공간에 거주하지 않았을 가능성도 있다. 조선시대 부부 생활 10년은 현대인의 부부 생활 10년과는 다른 시간의 밀도를 가질 수밖에 없다.

---

9) 1443년 세종대왕이 한글을 창제한 이후 조선 시대 말기 경인 19세기까지 작성된 한글편지는 현재 약 2,500통이 전한다. 이중 부부간에 주고받은 것은 약 1,000여 통 가량이다.

삼의당 부부의 첫날밤 대화

처음 만난 부부들은 어떤 모습이었을까? 무슨 이야기를 하면서 서먹함을 견뎠을까?

김삼의당金三宜堂(1769~1823)이 남긴 첫날밤 부부의 대화를 보자. 그녀는 1769년, 전라도 남원 누봉방樓鳳坊에서 태어나 1786년, 18세에 같은 해 같은 날 출생이며 같은 마을에 살던 담락당 하립河砬과 혼인했다. 이들 부부는 나이도 같고, 가문이나 글재주가 서로 비슷하여 주위에서 '천정배필'이라는 말을 들을 정도였다. 신부인 김삼의당은 이날 두 사람 사이에 오간 시와 대화를 기록해놓았다. 이 기록은 《삼의당전서三宜堂全書》에 전해진다.[10]

이들은 혼례를 마치고 신방에 오붓하게 들어앉게 되자 시를 주고받는다. 서로의 특별한 인연을 확인하는 시다. 신랑이 "좋은 아내, 좋은 며느리가 되어주오"라고 하자 신부는 죽을 때까지 당신을 공경하고 순종하겠다고 답한다. 신랑이 말꼬리를 잡듯 "내가 잘못한대도 순종하겠단 말이오?"라고 되묻자 신부는 "제가 서방님을 어기지 않겠다 말씀드린다고, 서방님의 잘못도 따르겠다는 말이겠습니까?"하고 당돌하게 말한다. 이어서 신랑은 신부에게 어떤 시를 좋아하는지, 왜 하필 임금에 대한 충성을 논하는 시를 좋아하는지를 묻는다. 이들

---

10) 박무영은 이들 사이에 오간 시를 통해 초야 풍경을 생생하게 해석하고 있다. 박무영, 〈시골 색시의 환상과 욕망〉, 박무영 · 김경미 · 조혜란, 《조선의 여성들》, 돌베개, 2004. 210~218쪽. 삼의당 부부의 삶과 이들의 첫날밤에 대해서는 이 글을 참고한다.

은 결국 효와 입신양명에 대해 토론하다가 시를 짓는 것으로 첫날밤의 끝을 맺는다.

이들의 첫날밤 대화를 보편적인 것이라고 보기는 힘들다. 신부가 시를 짓는다는 것도 그렇고, 신랑의 말에 꼬박꼬박 똘똘한 대답을 한다는 것도 그렇다. 무엇보다 이렇게 긴 대화를 나눌 수 있었다는 게 그렇다.

정언황丁彦璜(1597~1672)의 첫날밤 이야기는 이와는 조금 다르다.

> 정언황이 혼례를 치르는 자리에서 부인 될 사람을 보니 생김새가 아름답지 못하여 한스럽게 여겼다. 신방에 들어가서는 말을 시켜서 그 사람됨을 시험하고자 하였다. 그래서 먼저 이름을 물으니, 부인이 옷깃을 여미며 즉시 이름을 대는 것이었다. 그러자 정언황이 말하였다.
>
> "처녀는 혼인한 자리에서는 부끄러워 감히 말을 하지 않는 것이 상례요. 무슨 부인이 처음 묻자마다 바로 이름을 댄단 말이오?"
>
> 부인이 고개를 숙이고 손을 거두어 모은 채 조용히 아뢰었다.
>
> "사람들은 객주 집에서 만나도 서로 통성명을 하옵니다. 하물며 아낙네가 장차 평생을 맡기려고 맞이한 서방님께서 물으시는데 감히 대답을 하지 않겠사옵니까?"
>
> 듣고 보니 말의 조리가 바르고 행동거지가 부드럽고 차분하였다. 이때부터 부부간의 정이 두터워졌다.[11]

이 이야기는 외모의 아름다움보다는 내면의 아름다움이 더 아름답다는 고전적 메시지를 전달한다. 메시지의 진위는 차치하고, 우리는 이 이야기에서 첫날밤 대화의 수위를 알 수 있다. 신랑이 이름을 물어보자 신부가 이름을 답하는데 이를 두고 탓을 한다. 여기에서 조선시대에는 일반적으로 부부가 첫날밤에 통성명부터 시작한다는 것, 신랑이 몇 번이나 물어야 신부의 이름을 들을 수 있다는 것을 짐작할 수 있다. 이러한 대화가 첫날밤 대화로 일반적이었으리라는 것 또한 추정이지만 처음 만나는 남성과 여성의 무난한 시작은 시대를 막론하고 왠지 그러했을 것 같다. 물론 이들은 혼인 단자를 통해 서로의 이름 정도야 알고 있다. 그렇다고 대뜸 옷고름부터 풀 수는 없지 않은가.

김삼의당 부부에게 긴 대화가 가능했던 것은 이들이 동년, 동일 생일에 동향이었기 때문이었을 듯하다. 이런 공통점이 이들을 한층 가깝게 만들었을 것이다. 게다가 한 동리에 살았기에 몇 번 얼굴도 보았을지 모른다. 이들은 좋아하는 시를 묻고, 효와 입신양명에 대해 논한다. 현대의 전형적인 소개팅 대화 같기도 하다. 서로 취향을 확인하고 진로 등의 관심사에 대해 의견을 나누는 수순이다. 대화의 내용뿐 아니라 방식 역시 그렇다. 처음 만난 남녀가 한껏 자신을 포장하면서 문답을 하는 것 같다. 아니, 남녀의 문답이 아니라 스승과 제자의 문답 같기도 하다. 현대 신혼부부가 할 법한 대화와는 천양지차 天壤之差의 거리가 있다.

처음 만나 이름을 물어보는 부부. 조선시대 신혼부부에게는 무엇

─

11) 《기문총화》4권, 431화.

보다도 정서적 유대를 다지기 위한 시간이 필요했다. 그들은 결혼은 했지만 연애는 해본 적 없는 사람들이다. 결혼하고 나서야 연애가 가능한 대상을, 엄밀하게는 서로에게 아직 이방인에 불과한 사람을 이제 막 만난 것이다.

남편이 아내에게 준 것들

친해지려는 사람들과 친한 사람들 사이에는 선물이 오간다. 조선시대에도 남편이 부인에게 선물을 주곤 했다. 그 품목은 오늘날과 좀 다르다. 가장 자주 볼 수 있는 것이 분과 바늘이다. 곽주郭澍는 홍의장군으로 유명한 곽재우郭再祐의 증조카다. 그는 부인 진주 하씨에게 많은 편지를 보냈다. 부인의 묘가 발견되면서 그가 보낸 편지도 세상에 알려졌다. 이 편지 모음집인 《현풍곽씨언간》에서 그는 "서울 갔던 사람이 바늘 하나, 분 한 통도 못 사고 왔사옵니다. 거기(서울)에서 오래 있어 군색하여 버선을 다 팔아 (그 돈을) 쓰고 왔으니 이런 사정을 어찌 아시겠습니까?"[12]라고 썼다. 바늘과 분은, 외지에 간 남편이 사올 것으로 기대되는 대표적인 품목이었다. 이보다 백 년 전쯤에 살았던 나신걸羅臣傑도 이 선물을 보낸다. 그는 함경도 경성에 가서 군역 근무를 했는데, 이때 부인 신창 맹씨는 충청도 회덕에 살고 있었다. 그는 집에 다녀가지 못해 안타깝다며 부인에게 분과 바늘을 보냈다. 분과

---

12) 백두현, 《현풍곽씨언간주해》, 언간 131, 태학사, 2003.

바늘은 지금 우리에게는 매우 사소한 것이지만 조선시대에는 부인에게 보내는 스테디셀러 선물이었다.

조선시대의 바늘은 굵기와 길이에 따라 용도가 달랐다. 6~7센티미터의 바늘은 이불용으로, 중간 크기의 바늘은 바느질용으로, 3센티미터 정도의 짧고 가는 것은 수를 놓거나 버선을 감치는 데 사용했다. 이규경李圭景의 《오주연문장전산고伍洲衍文長箋散稿》에 의하면 당시 우리나라의 바늘은 중국에서 수입했다고 한다.[13] 이런 다양한 크기의 바늘 전부를 수입에 의존했는지 여부는 알 수 없지만 지금 우리가 생각하는 것보다 훨씬 귀한 물건으로 여겨졌음을 알 수 있다.

한편 조선시대의 일반 집에서는 분을 만들어 썼다. 쌀과 분꽃씨 등을 갈아서 만드는 것으로 이를 백분이라고 했는데, 재료도 구하기 쉽고 제조 방법도 간단했다. 그런데 이 백분은 피부에 바를 때 부착력이 나빴다. 백분 화장을 하려면 분을 바르기 전에 먼저 안면의 솜털을 족집게로 뽑거나, 실 면도를 해서 솜털을 제거했다. 그 다음 분을 사용할 만큼 접시에 덜고 적당량의 물을 부어 액체 상태로 곱게 반죽하여 얼굴에 펴 발랐다. 이렇게 바른 백분이 건조하는 데는 약 20분가량 시간이 걸리는데, 그 동안 반듯이 누워 있어야만 했다.[14] 번거로운 작업이다. 그래서 일반 여성들은 그냥 백분 가루를 톡톡 바르거나, 백분을 갠 물로 세수를 했다.

---

13) 《한국민족문화대백과사전》, 〈바늘〉.
14) 《한국민족문화대백과사전》, 〈분〉.

분에 납이 가미된 것을 연분鉛粉이라고 하는데, 신라시대에도 있었다고 한다. 연분은 부착력도 좋고 물에도 잘 개졌다. 오래 사용하면 모공도 넓어지고 피부색도 퍼렇게 되지만, 아마도 남편들이 일부러 구해서 선물하는 것이라면 연분이었을 가능성이 크다. 이런 선물들은 나신걸의 부인 신창 맹씨의 목관에서 미라, 복식 등과 함께 출토되었다.[15] 맹씨가 남편의 선물과 편지를 평소에 고이 간직해왔음을 알 수 있는 자료다.

이렇게 귀하게 구한 것이 아니라도 조선시대 남편들은 부인에게 훌륭한 선물을 할 수 있는 능력을 갖추고 있었는데 바로 시재詩才다. 많은 남성들이 시재를 갖추고 있기는 했지만 부인을 위해 그 재주를 발휘하는 일은 드물었다. 18세기 문인 어유봉魚有鳳(1672~1744) 같은 이는 그 드문 사람들 중 한 명이다.

> 노랗게 국화가 핀 아름다운 계절 가을날에
> 당신이 인간 세상 내려온 것 좋은 인연이라오
> 기쁜 일 슬픈 일 다 겪고 함께 백발이 되었으니
> 조강지처 당신 다시 볼 날 몇 해나 남았겠소?[16]

---

15) 백두현, 〈조선시대 한글 편지에 나타난 부부의 정〉, 《동아일보》 2012년 6월 2일자.
16) 어유봉, 《기원집杞園集》 권8, 〈구월파일만음증내九月八日漫吟贈內〉.

어유봉이 일흔 살이 넘은 어느 해 중양절, 부인에게 준 시다. 그가 이 시를 지은 것이 일흔 살 무렵이니 부인 남양 홍씨와 함께 산 세월 이 50년을 넘겼다.[17] 부인을 인간 세상에 내려온 사람이라고 하니, 부 인의 아름다움과 덕성에 대해 이보다 우아한 칭찬은 없을 듯하다. 그 는 부인과의 인연이 좋았다는 것, 기쁨과 슬픔을 함께 겪고 늙었다는 것, 앞으로 부인을 볼 날이 얼마 남지 않았다는 것을 쓴다. 이 시에서 예상한 대로 어유봉은 73세에 세상을 떠났다. 인연과 세월에 대한 담 담한 통찰은, 이들이 함께 한 시간으로 인해 깊은 울림을 가진다. 이 시는 부인에게도 잊지 못할 선물이었을 것이다.

조선시대 남성들은 과거나 출장길에 선물을 사오기도 했고, 부인 의 생일날 선물을 주기도 했다. 당연할 수도 있지만, 당시의 남편들 이 부인을 위해 마련한 것 가운데에는 선물이라는 이름을 붙이기 어 려운 경우도 많다. 곽주가 부인의 출산에 임박해서 부인을 위해 준비 한 물품들이 그렇다. 하씨 부인은 아기를 낳으러 친정에 갔다.[18] 백두 현이 계산한 바에 따르면, 이때 곽주가 쓴 편지 한 편에 '즉시'라는 말 이 총 아홉 번이나 사용되었다고 한다. 그의 초조한 마음을 단적으로 보여주는 표현이다.

17) 이종묵, 《부부》, 문학동네, 2011, 193쪽.
18) 백두현, 《한글 편지로 본 조선시대 선비의 삶》, 역락, 2011, 78쪽.

자네 기별은 기다리다가 못하여 사람을 보내네. 이 달이 다 저물되 지금껏 기척이 없으니 달을 잘못 헤아리지 않았는가. 행여 아무라 하여도 즉시즉시 사람을 보내소. 아무 때에 와도 즉시 갈 것이니 부디부디 즉시즉시 사람을 보내소. 비록 쉽게 낳을지라도 사람은 (보내서) 부디 내게 알리시오. 매일 기다리되 기별이 없으니 민망하네. …… 나는 지금 편히 있으되 자네로 인해 한 때도 마음 놓은 적이 없으니 무슨 원수 이런고 하네. 아무쪼록 편히 계시다가 산기가 시작하거든 즉시즉시 사람을 보내소. 기다리고 있네. 바빠 이만.[19]

오늘 기별이 올까 내일 기별이 올까 기다리다가 불시에 언상이가 다 닿으니 내가 놀란 뜻을 자네가 어찌 다 알까. 부디 시작하여서 사람을 보내더라도 즉시즉시 보내소. 기다리고 있네. 종이에 싼 약은 내가 가서 달여 쓸 것이니 내가 가지 않거든 자시지 마소. 꿀과 참기름도 반 종지씩 한 곳에 달여서 아이가 돈 후에 자시게 하소. 염소도 종이에 싼 약과 함께 갔거니와 염소도 내가 간 후에 자시게 하소. 진실로 이 달이면 오늘 내일 안에 낳을 것이니 시작하면 부디부디 즉시즉시 사람을 보내소.[20]

그는 곧 해산해야 하는 아내를 위해 여러 가지를 보낸다. 종이에

___

19) 백두현, 〈곽씨언간 28〉, 같은 책, 80~81쪽.
20) 백두현, 〈곽씨언간 29〉, 같은 책, 82~83쪽.

싼 약과 꿀과 참기름, 중탕하여 곤 염소 등이다. 한약과 염소는 출산 후 허한 몸을 보호할 약이다. 백두현은 "꿀과 참기름은 미끄러운 성질을 지녀서 몸을 윤활하게 하여 순환을 도울 것이라 믿었던 것"[21]이라면서 꿀과 참기름을 보내는 것을 당시의 출산 습속으로 보았다. 곽주는 아내의 출산을 돕기 위해 이런 사소한 물품들을 보내는 데서 그치지 않는다. 그는 한약을 보내며 "내가 가서 달여 쓸 것이니"라고 말한다. 한약의 반은 달이는 이의 정성이다. 그가 직접 약을 달이지는 않을 수 있지만, 적어도 약을 달이는 종을 지켜보며 이것저것 사소한 지침을 내릴 것이다.

곽주는 부인의 출산에 왜 이렇게 안달하면서 온갖 물품을 준비하는 것일까? 조선시대에 출산은 매우 위험한 일이었다. 출산 중 혹은 출산 후 사망하는 여성들이 많았다. 그렇다면 곽주는 부인에 대해 걱정하고 염려하는 것뿐일까? 아니면 이 염려는 태어날 자식만을 위한 것일까? 이런 의문들이 계속 든다. 상황과 사람을, 부인에 대한 태도와 자식에 대한 태도를 구분하는 것은 어렵기도 하지만 불필요한 일이기도 하다. 우리가 사랑이라고 부르는 것은 그런 복합적인 요소들이 결합된 정서일 테니까. 곽주가 출산할 아내를 위해 준비한 것들은 사소하지만 정성이 담긴 것이라는 사실만을 강조하자.

첫날밤 어색한 대화를 나누던 김삼의당 부부도 이후 좋은 관계를 유지한다. 하립은 부인이 거처하는 집의 벽에 글씨와 그림을 가득히

---

21) 백두현, 같은 책, 84쪽.

붙이고 뜰에는 꽃을 심어 '삼의당'이라고 했다. 삼의당이라는 이름은 이 거처에서 유래한 당호堂號다. 부인의 거처를 꾸미는 남편에 대한 기록은 흔치 않다. 이 역시 남편의 관심의 소산이다. 그 최고봉 가운데 하나는 퇴계가 부인에게 준 것에서 찾을 수 있다. 이를 위해서는 퇴계의 불운했던 결혼 생활에 대해 조금 알아야 한다.

퇴계 이황의 결혼 생활

> 저는 두 번 장가들었는데 한 번은 불행이 심한 경우를 만났지요.
> 그러나 이러한 처지에도 마음가짐을 감히 박하게 하지 않고 힘껏
> 잘 지내려고 노력한 지가 무려 수십 년이 되었습니다. 그 사이에
> 마음이 괴롭고 생각이 산란하여 그 번민을 견디기 어려운 때도 있
> 었습니다만 어떻게 마음대로 하자고 큰 인륜을 소홀히 하여 홀어
> 머니께 걱정을 끼칠 수가 있었겠습니까?[22]

이 편지는 퇴계가 후학인 이함형李咸亨에게 보낸 것이다. 이함형 내외는 금슬이 좋지 않아 서로 상면相面하지 않는 지경에까지 이르렀다

---

22) 함영대, 〈인륜의 시작 만복의 근원-결혼과 가정에 대한 퇴계의 생각〉, 《문헌과 해석》 44호, 문헌과해석사, 2008, 가을, 91쪽. 퇴계의 결혼에 대한 생각과 그가 후처를 얻기까지의 과정에 대해서는 이 글을 참조했다.

고 한다. 퇴계는 그 사실을 알고 그가 하직하고 물러날 즈음에 편지를 써서 봉투에 넣고 겉봉에는 "길을 가다가 가만히 열어보라[道次密啓看]"는 다섯 자를 써서 주었다. 편지를 보고 이함형은 깊이 회개하고 깨달아 부부의 도리를 다하기 시작했다고 한다.[23] 그렇다면 제자를 깨우친 퇴계의 결혼 생활은 어떤 것이었을까?

퇴계는 21세에 결혼하고 7년 만에 상처한다. 두 번째 부인은 3년 뒤인 30세에 얻는데, 이 권씨 부인은 정신적으로 문제가 있었다. 권씨는 갑자사화의 피해를 고스란히 당했던 집안의 후예였다. 그녀의 조부인 권주權柱는 갑자사화 때 사약을 받았으며, 조모는 사약이 내려졌다는 기별을 받고 자결했다. 아버지 권질權礩도 거제도로 귀양을 가게 되었다.

이후 아버지가 풀려나 권씨 부인의 집안은 안정이 되는가 싶더니 신사년(1521) 무옥으로 또 풍파를 겪었다. 숙부가 죽고 아버지가 다시 귀양을 가고, 숙모는 관비로 끌려갔다. 권씨 부인은 어린 나이에 참극을 목격하고 그 충격으로 정신이 혼미해지더니 영영 회복되지 않았다고 한다. 퇴계가 "불행이 심한 경우를 만났다"는 것은 부인과 그 가족의 불행을 일컫는 것일 수도 있지만, 결국은 불행한 부인으로 인한 퇴계 자신의 불행을 일컫는 것이리라.

전해오는 말로는 퇴계 선생이 당시 고향인 예안에 귀양 와 있던 권씨 부인의 아버지 권질의 간곡한 부탁을 받고 권씨 부인과 결혼을 하

---

23) 함영대, 같은 글, 87쪽.

게 되었다고 한다. 권질은 상처한 퇴계 선생에게 과년한 딸이 정신이 혼미해서 아직 시집도 못 가고 있는 형편을 말하고는 맡아줄 것을 부탁했고, 퇴계 선생도 승낙했다. 퇴계는 당시 서른 살로 앞길이 구만 리 같은 학자였다. 그런 그가 정신 장애가 있는 여성을 후처로 삼았다.

이 이야기는 과연 사실일까? 나는 꽤나 그럴 듯한 이야기라고 본다. 아무리 전통 혼례가 간접적으로 혼담이 오가는 방식이라 하더라도, 혼인 당사자의 치명적 결함에 대해서는 숨기기 어려웠다. 신부가 치명적 결함이 있다는 것을 안 상태에서 혼례가 이루어졌다면 이런 혼례에는 피치 못할 사정이 있었을 것이고 그 사정은 아마도 신부 아버지의 간곡한 부탁 정도가 아닐까. 간곡한 부탁이라고 하더라도 반드시 들어주어야 하는 것은 아니다. 물론 퇴계는 그 부탁을 수락했다. 아무리 퇴계라고 하더라도 쉬운 결정은 아니었을 것이다.

정신 장애 여성을 부인으로 맞을 것을 부탁하고, 또 그것을 수락해 혼인을 하는 것이 어떻게 가능할까? 퇴계의 인격에 대한 권질의 믿음과 그런 믿음을 저버리지 않는 퇴계의 인품이 그것을 가능하게 했을 것이다. 나는 이 결혼에는 그 외에 또 다른 것, 현대와는 다른 혼인관이 관여했다고 본다. 조선시대에 부인은 남성에게 역할로서 기억되며, 남성에게 종속된 존재다. 그리고 이들은 서로에게 친밀한 의사소통의 대상이기보다는 공경과 예의의 대상이 되는 것이 중요했다.

퇴계에게 왜 바보 부인을 맞았느냐고 물어보는 구전 설화가 있다. 퇴계는 이렇게 답한다.

"그 사람을 데리고 살 사람이 없기 때문입니다. 사람 구실을 하게 만들어야지요."[24]

이런 이야기가 생성될 수 있는 배경에는 부부 사이의 불평등이 작용하고 있다. 저명한 유학자에게 부인은 가르침을 전하는 또 다른 대상이 될 수도 있다는 것이다.

퇴계 선생은 권씨 부인과 17년 동안 결혼 생활을 했다. 이 결혼 생활에 대해서는 또 다른 이야깃거리가 있다. 퇴계 부인이 얼마나 침선 솜씨가 없었는지 보여주는 이야기들이다. 퇴계는 빗자루 같은 버선을 신고 다녔다고 하기도 하고, 하얀 도포에 빨간색 천으로 기운 옷을 입고 다녔다고 하기도 한다. 이런 이야기들은 퇴계의 인품을 증명하는 것으로 귀결된다. 그는 빗자루 같은 버선과 얼룩덜룩한 옷을 군소리 없이 입고 다녔다. 그가 항상 불평 없이 그런 버선을 신거나 옷을 입자 심지어는 제자들과 동료들 사이에서 퇴계 패션이 유행했다고까지 한다.

실제로 퇴계가 바보 부인을 박대하지 않았다는 것은 그녀에 대한 사후 예로 증빙된다. 후처가 죽자 퇴계는 전처 소생의 아들에게 적모복嫡母服을 입게 했으며 시묘도 시켰다. 그리고 자신은 권씨 부인의 묘소 건너편 바위 곁에 양진암을 지어 1년 넘게 머무르면서[25] 부인의 묘를 지켰다.

나를 감동시킨 것은 이런 사후의 예도 있지만, 권씨 생전 그들 부부에 대한 에피소드다. 정신 장애를 가진 아내가 한번은 제사상에서

---

24) 강재철·홍성남·최인학 엮음, 《퇴계선생설화》, 노스보스, 2011, 468쪽.
25) 함영대, 앞의 글, 96쪽.

떨어진 배를 얼른 치마 속에 감추다가 손윗동서에게 들켰다. 퇴계는 아내 대신 형수에게 사죄한 후 아내를 방으로 불러 연유를 물었다. 배가 먹고 싶어 그랬다고 하자 퇴계는 그 배를 꺼내게 한 후 손수 깎아주었다고 한다.

여기에는 실수에 대한 훈계도, 제례祭禮에 대한 설명도 없었다. 퇴계는 제사라는 엄숙한 순간에도 일차적 욕구에만 충실한 부인을 그 자체로 인정했다. 이런 것이 퇴계가 부인에게 보낼 수 있는 예의와 공경이 아니었을까? 이 이야기 역시 퇴계의 인품을 보여주기 위한 허구일 수 있다. 만약 그렇다면 부인에 대한 배려를 통해 퇴계의 인품을 보여주는 방식을 이렇게 효과적으로 구사한 그 누군가에게 대신 존경을 보낸다.

부인이 남편에게 준 것들

남편이 부인을 위해 준 것들을 몇 가지 부류로 묶어 정리하기는 어려운 일이다. 그러나 이는 부인이 남편을 위해 준 것들을 분류하는 것보다는 쉬운 일이다. 가령 조선시대 부인들의 일상사 가운데 가장 중요한 일은 봉제사와 접빈객이다. 물론 궁극적으로 봉제사, 접빈객을 잘하면 복도 받고 집안의 번성을 누릴 수 있다고 믿었으니 그 일들의 효과는 여성 자신들에게도 영향을 미치는 것이었다. 그러나 제사의 주체는 남성들이었고, 제사의 대상은 남성 가문의 조상들이다. 손님의 대부분은 남편의 친인척과 지인들이다. 이 두 가지 중요한 일들은 일차적으로는 모두 여성 자신을 위한 것이기보다는 남편과 가족을 위한 일들이었다. 여성들의 일상은 남편과 가족들을 위해 구성된다. 여성들이 가족을 위해 한 일상적인 일의 목록은 매우 길다.

부인이 심주沁州(강화도)에 거하고 계실 때에 매번 봄여름이 바뀌게 되는 때가 되면 항아리에 곡식이 비었다. 그런데 이웃 마을에서 어려움을 호소하면서 명아주나 콩잎도 먹지 못해 집집마다 입도 축이지 못하고 있다고 말하고는 하였다. 부인은 방법을 마련하여 바느질한 것을 팔고 베 짤 일을 받아서는 식량을 살 비용을 충당하여 주셨다.

집 앞 뒤에 있는 메마른 밭을 한나절 가는데 이웃에서 소를 빌려와 남의 손을 빌어 보리를 심었고, 곡식이 큰지 작은지를 분별하고 품질이 좋은지 그렇지 않은지를 구분하여 사람을 고용하여 방아를 찧게 하셨다. 그것으로 가묘家廟에 제사를 올리고 선비들을 대접하셨으며, 푸른 이삭을 볶고 갈아 소금을 넣어 죽을 쑤어서는 여러 아들들과 부리는 사람들의 입에 풀칠을 하게 하셨다.

나이가 많고 적음에 따라 다른 것을 먹였고, 존귀하고 비천함에 따라 달리 봉양했다. 밀을 갈아서 수제비를 만들고 밀기울을 체에 걸러 누룩을 만드셨으며, 술지게미는 방망이로 두들겨서 돼지를 먹이고 짚고갱이를 가져다가는 돼지 우리 위에 얹으셨다.

남쪽 담 아래에 작은 밭두둑을 만들어서는 시간 날 때마다 손수 북돋우셨으니, 새벽이슬에 치마가 젖으셨다. 새로이 채소가 나면 무국을 끓이고 우거지를 데치며 오이로 김치를 담고 미나리를 삶아서 나물을 하셨으며 양하蘘荷를 쪄서 밥에 싸셨다.

비가 제법 촉촉이 적셔주어서 뽕나무 가지가 푸르게 뻗으면, 새 물로 맑게 갠 창 아래에서 누에 씨를 씻으셨다. 누에가 두 번 자고 나면 어린 종에게 명命을 내려 산 위에서 뽕잎을 따오도록 하셨고, 고치가 만들어지면 고치를 켜서 길쌈을 하셨다. 종이를 펼쳐서 나방을 놀게 하고, 누에알받이 종이를 내려서 처마에 거셨다.

쑥대를 베어서 굴대를 만들고 겨를 불살라서 바디에 발랐으며, 독을 씻어서 장을 넣어두어 입구에 구더기가 생기는 것을 막으셨다.

종을 포구浦口로 내보내어 방게를 캐고 조개를 줍도록 하셨으며, 산에 가서 땔나무를 베어 저물녘에 돌아오게 하셨다.

유월 중순에 바다에 배가 막 뜨면 홍어와 민어, 조기는 말린 고기를 만드셨고, 늪에서는 그물을 펼쳐 숭어와 납자루를 잡아서 깨끗하게 회를 치거나 구우셨다.

가을에 벼를 수확하면 새로 술을 빚고 술이 술통 위로 익으면 깨끗하게 담아서 병을 막으셨다. 술지게미에 식초를 섞고, 들기름으로 식초를 덮으셨다. 고사리에 푸성귀를 삶아서 고깃국을 끓이고, 가지를 따고 박을 쪼개셨다.

뒷동산에 밤이 떨어지면 비탈길을 따라가면서 광주리에 담았고, 밤송이가 잘 익으면 나무를 흔들어 떨어뜨려서 흙 속에 감추거나 주머니 속에 담아서 바람에 말리게 하셨다. 서리 내린 후에 감을 따서 껍질을 벗겨낸 것을 '건乾'이라고 하는데, 다 벗겨 껍질은 버리고 쌀가루를 넣어 죽을 끓이고 찐 경단을 함께 놓으셨다.

닭 세 마리는 아들들이 날개가 같은 방향으로 가게 하여 제기에 담아 사당에 올리고 신에게 제사를 지냈다. 젖먹이 돼지는 우리에

모아 놓고 길러서 일 년 중에 새끼 돼지를 암퇘지로 잘 키워내어
서는 읍내에 가서 팔아 세금을 납부하셨다.[26]

이것은 신작申綽(1760~1828)이 쓴 어머니 연일 정씨에 대한 기록이
다. 남편의 눈에 비친 부인이 아니라 아들의 눈에 비친 어머니의 모
습이기는 하지만 시골에서 양반 여성들이 했던 일의 종류를 시간, 날
씨, 대상에 따라 자세하게 알 수 있다. 남성들은 이 여성의 일상적 노
동, 즉 바느질, 길쌈, 음식 장만 등 거의 모든 노동 결과물들의 수혜자
들이다. 부인은 "가묘에 제사를 올리고 선비들을 대접하셨으며 ……
여러 아들들과 부리는 사람들의 입에 풀칠을 하게 하셨다." 그리고
이런 상황은 특수한 상황, 예컨대 전쟁 등으로 인해 남편이 부재중일
때에는 더욱 극단화된다.

남편과 헤어져서 병자호란을 겪어야 했던 남평 조씨의 《병자일기》
를 보면, 남평 조씨는 서울에서부터 충청도 여기저기로 피난을 떠난
다. 《병자일기》는 병자호란이 일어나 급히 피난길에 오른 1636년 12
월부터 시작된다. 남평 조씨의 남편 남이웅南以雄은 1636년 병자호란
때 남한산성까지 왕을 호종했고, 이듬해 소현세자가 볼모로 심양瀋陽
에 잡혀갈 때 우빈객으로 세자를 극진히 호위했다. 그는 공로를 인정
받아 후에 춘성부원군에 봉해지기도 했다. 남편이 왕을 호종하고 세

26) 신작, 〈선비유사〉, 《석천유고》 2권, 《한국문집총간》 279호, 517쪽. 김경미, 〈19세기 여성의 노동과
경제생활〉, 한국고전여성학회 2013년 동계 학술대회 자료집, 5쪽, 재인용.

자를 호위하는 동안 부인 조씨는 남편 없이 피난 생활을 해야 했다. 그녀는 피난 생활 중에도 한 달에 평균 세 번 제사를 챙기고, 노비들과 함께 네 차례씩 김을 매어 농사를 짓고, 하루에도 몇 번씩 오는 손님을 치르면서 가정을 경영한다. 이 일기를 통해 전란 중 양반 여성의 가정 경영 활동과, 그 활동에서 보인 슈퍼우먼의 면모를 짐작할 수 있다.

그녀의 일기는 곁에 없는 남편에 대한 진한 그리움과 걱정으로 시작한다. "일가들이나 무사하고 영감이 평안히 다녀나 오시기만 주야 원일 뿐이요, 그런 짐이나 내 농에 넣은 것, 그 중에 겉옷과 겹옷 합쳐 육십여 가지나 잃었지마는, 곡식이나 그 밖의 것은 생각도 없다."[27] 또한 그녀는 피난 중에 첩의 자식이 태어나는 걸 본다. 남평 조씨는 네 명이나 아이를 낳았지만 모두 죽었다. 자식 없는 사람으로 질투심이 날 만도 한 상황이다. 그러나 그녀는 첩의 자식에게서 영감의 얼굴을 떠올리며, 영감을 닮은 곳이 많다고 새삼스러워 한다. 그날 밤 꿈에는 남편이 빈번하게 등장하고, 다음 날 일과는 그 꿈을 해몽하면서 시작한다.

앞서 말한 것처럼 이 일기는 병자호란 때 여성들이 어떻게 가정을 경영했는가를 보여주는 사료로 사용되기도 한다. 그만큼 남평 조씨가 피난지에서의 소소한 일상들과 농사짓는 과정을 구체적으로 기록했기 때문이다. 그러나 남편이 심양에서 한양으로 돌아온 뒤 재회하

27) 남평 조씨, 《병자일기》, 1637년 4월 6일. 박경신, 전형대 역주, 《역주 병자일기》, 예전사, 1991.

고나서의 일기는 대부분 남편의 하루 족적을 기록하는 데 할애된다.

> 7월 23일. 맑았다. 내의원에 들르셨다. 사돈댁에 가 술을 조금 잡숫
> 고 오셨다. 이참의李參議가 와서 모두들 여섯 잔씩 잡숫고 그날 밤
> 에 뒤를 보러 나오시다가 마루에서 떨어져 낙상도 하시고 얼굴도
> 다치시고 하여 이질로 자주 뒷간에 다니신다.

> 12월 8일. 흐리고 추웠다. 대궐에 새벽 문안하신 후에 청파靑坡 목
> 승지睦承旨를 문병 가셨다가 약주 잡수시고 오셔서 주무시더니 흉
> 복통胸腹痛으로 곽란癨亂이 되어 대변을 보시고 서너 번을 토하시
> 고 밤을 새우셨다.

> 1월 18일. 아침에 눈이 오다가 늦게 개었다. 형조刑曹에 좌기坐起하
> 셨다.

일반적으로 일기에서 주어는 생략되는데 대부분의 주어가 '나'이
기 때문이다. 그러나 이 일기에서 생략된 주어는 모두 '영감'이다. 전
쟁에서, 적국에서 살아 돌아온 남편을 다시 만나게 된 남평 조씨에게
는 이제 남편과 자신의 경계마저 무화된 느낌이다. 심지어는 어느 날
누구와 어디서 무슨 일로 술을 몇 잔씩 마셨는지 모두 쓰고 있어서
이 일기는 쓴 사람으로 치면 남평 조씨 일기이지만, 내용으로 치면
남이웅의 일기다.
《병자일기》는 병자호란이라는 당대의 비극을 배경으로 하고 있지

만 전란 중 헤어진 남편은 무사히 돌아오고 해피엔딩으로 끝이 난다. 이 행복감 때문인지 남평 조씨는 남편을 자아의 일부로 인식하는 듯하다.

남편이 부인에게 준 것이 과연 상황 때문인지, 사랑 때문인지, 부인 때문인지, 자식 때문인지 모르는 애매한 것이라면 자식도 없는 조씨 부인의 경우 남편에게 준 것들은 비교적 누구를 위한 것인지 명확해 보인다. 또 조씨 부인이 남편에게 준 것들은 너무나 광범하고 근원적인 것들이어서 부인 자신이라고 해도 좋을 정도다.

부부, 전생에서부터 맺어진 인연

지금까지 여러 부부의 모습을 살펴보았다. 과연 부부가 된다는 것은 어떤 것일까? 〈소금장수와 이와 멧돼지〉 설화에는 그에 대한 단초가 나온다. 《한국구비문학대계》에 나오는 설화의 내용을 요약하면 다음과 같다.

한 부잣집 딸과 부잣집 아들이 결혼해서 부잣집 부부가 되어 호위호식하며 잘살고 있었다. 그런데 어느 날 이 부인이 어디 간다는 말도 없이 갑자기 사라졌다. 남편은 부인을 찾아 방방곡곡 안 가본 곳이 없다.

하루는 우연히 깊은 산골을 찾았다가 부인이 숯 굽는 총각과 사는 것을 보았다. 남편은 기가 막혔다. 손에 물 한 번 묻히지 않고 자신과 아무 문제없이 잘살던 부인이 갑자기 이런 궁벽한 곳에서 천한 총각과 고생을 하면서 살고 있으니 말이다. 부인은 남편을 보더니 놀라는

기색도 없다. 그냥 오셨냐고 하고, 밥이나 드시라고 할 뿐이었다. 그
는 다시 만난 부인 앞에서 화도 못 내고, 이유를 묻지도 못하고 그 집
을 나왔다.

집으로 돌아오던 길에 절에 머물렀는데, 거기에는 나이 지긋한 도
사님이 계셨다. 이 도사는 남편을 보더니 궁금한 게 있을 거라며 이
남자의 사연을 아는 척한다. 그러고는 그의 전생 이야기를 해준다.

전생에 부잣집 남자는 소금장수였고, 부인은 이였으며 숯 굽는 총
각은 멧돼지였다. 하루는 소금장수가 이를 잡는데, 몸에서 큰 이가
한 마리 나왔다. 소금장수는 이를 죽일 수 없어 그냥 떨쳐냈다. 그 이
는 죽지 않고 지나가는 멧돼지에게 붙어서 멧돼지의 피를 빨며 살다
가 죽었다.

이후에 소금장수는 부잣집 아들로, 이는 부잣집 딸로, 멧돼지는 숯
굽는 총각으로 환생했다. 이가 소금장수의 피를 빨며 살았던 것처럼
부잣집 딸과 부잣집 아들은 결혼해서 살게 된다. 그러나 이들의 인연
은 잠시뿐이었다. 이가 멧돼지에게 붙어서 생을 마친 것처럼, 부인은
숯 굽는 총각을 찾아가서 나머지 생을 산 것이다.

〈소금장수와 이와 멧돼지〉 이야기는 부부의 인연에 대해 이야기한
다. 소금장수와 그의 피를 먹고 살던 이가 현생에 부부가 되는 것처
럼, 이와 멧돼지가 현생에 부부가 되는 것처럼, 부부란 끈질긴 인연을
가진 사람들이다. 그 인연은 전생의 관계에서 비롯되기에 질기고, 길
고, 특별하다.

어떤 판본을 보면 부잣집 남자가 아니라 정승집 자제가 남편으로
등장하기도 한다. 가장 행복하거나 완벽할 것 같은 결혼을 상정하기

위한 설정이다. 그런데도 부인은 집을 나가서 숯 굽는 총각과 살게 된다. 부인의 행동은 남편의 실수나, 생활의 불만에서 비롯된 것이 아니다. 아무리 돈이 많아도 인연이 닿지 않으면 부부로서 살 수 없다. 이 이야기는 부부 관계를 계속해나가는 데 가장 중요한 것은 돈도 명예도 아닌 인연이라는 메시지를 전달한다.

〈호랑이 눈썹〉 또한 부부의 인연에 대한 이야기다. 한 머슴살이 총각이 있었는데 힘도 잘 쓰고 성실했다. 그래서 주인집에서 그를 사위로 삼았다. 그런데 이 사위는 하는 일마다 잘 안 되었다. 결국은 죽으려고 산에 갔다가 흰 범을 만났다. 흰 범에게 자기를 잡아먹으라고 하자 범이 눈썹을 하나 주면서 그 눈썹으로 사람들을 자세히 보라고 했다. 눈썹을 가지고 내려와서 자기 아내를 보니, 그녀는 전생에 암탉이었다. 또 눈썹으로 어떤 옹기장수 내외를 보니 여자는 사람이고 남편은 수탉이었다. 그래서 서로 아내를 바꾸어 잘살았다는 이야기로 끝난다.

이 이야기도 부부 관계에서 인연이 중요하다는 메시지를 전한다. 그런 메시지는 성실한 머슴이 주인집의 사위가 되고 오히려 하는 일마다 망했다는 설정에서도 잘 드러난다. 성실한 데다 장인의 위세까지 업었으면 이전보다 잘 풀려야 하는 게 당연하다. 그렇지 못하니 뭔가 문제가 생긴 것이다.

이 설화는 문제의 원인을 부부 관계에서 찾는다. 전생에 사람이 아니라 암탉이었던 부인과 만난 것이다. 암탉과 사람이 만나서 부부로 사니 뭔가 틀어질 수밖에 없다는 논리다. 사람과 암탉이 만나니 둘이 소통이 안 되는 것은 당연하지만 문제는 그 이상이다. 하는 일마다 망한다. 이 설화는 인연이 없어도 부부가 될 수 있다, 다만 그때에는 죽고 싶을 만큼 문제가 생긴다고 말한다.

이 설화들을 보면, 부부 관계에서 인연은 매우 중요해서 인연이 아닌 사람들이 만나면 결국은 살 수 없게 된다. 이 설화들은 관계가 파탄 난 부부들에게 희망을 줄 수는 없어도 작은 위로가 될 수는 있다. 이 설화의 문제적 상황이 부부 관계의 끊어짐에 놓여 있기 때문이다. 이들 이야기들은 공통적으로 부부 관계가 파탄 나고 그것의 이유를 찾는 방향으로 전개된다. 함께 살 수 없게 된 것은, 누군가의 잘못 때문이 아니라 애초에 둘이 부부로서 인연이 아니었기 때문이다. 부부의 인연은 전생에서 비롯된 것이기에, 현생에서는 어쩔 수 없다. 돈이 부족하면 돈을 좀더 벌면 되고, 명예가 부족하면 명예를 좀더 쌓으면 된다. 물론 이것도 쉽지는 않겠지만 전생의 인연을 바꾸는 일에 비하면 그나마 해볼 만하다.

〈소금장수와 이와 멧돼지〉에서 남편이 부인과 헤어지지 않기 위해서는, 다시 전생으로 돌아가 소금장수가 되어, 이를 발견하고도 내치지 않고 몸 안에 키우는 것으로 시나리오를 바꿔야 한다. 〈호랑이 눈썹〉의 머슴은 전생에 사람이 아니라 장닭으로 살았어야 한다. 불가능한 일이다. 이 설화들이 파탄난 부부들에게 위로가 된다면 그것은 이들을 체념하게 하기 때문이다. 아무리 애를 써도 자신의 힘으로는 할 수 없는 일이라는 사실이 명확해지면 사람들은 오히려 평온해진다.

또 다른 전생의 부부 인연에 대한 이야기도 있다. 한 부부가 우연히 어떤 집에 머물게 되었는데, 그날 밤 남편은 주인집 아들과 자신의 아내가 사통하는 것을 보았다. 다음 날 빨리 그 집을 떠나고자 했지만 아내는 주저할 뿐이었다. 결국 그는 아내를 버리고 길을 떠났다. 이 남편은 나중에 중이 되어 득도를 하게 되는데, 그때서야 사통한 총각과 아내가 전생에 한 쌍의 노루 부부였다는 것을 알게 된다. 이 이야기에서도 부인의 외도는 남편의 탓이 아니다. 누구의 탓도 아니다. 단지 전생의 인연을 가진 사람이 따로 있었을 뿐이다.

그런데 이 이야기들의 주인공은 왜 하나같이 남성들일까? 갑자기 사라진 부인을 찾아 떠나는 것도, 죽으러 갔다가 호랑이 눈썹을 구하게 되는 것도, 주인집 아들과 사통한 부인을 버리고 득도하게 되는 것도 모두 남성들이다. 가령 부인이 주인공으로 다른 여성과 사통한 남편을 찾아가는 이야기라면 어떨까? 그럴 경우 이야기에서 이들 부부 관계는 지속될 가능성이 크다. 전통적으로 남성의 외도는 여성의 외도보다 가벼운 것으로 생각되고, 실제로 그 처벌은 가벼웠다. 남성의 외도보다 여성의 외도가 돌이킬 수 없는 부부 관계의 파탄을 보여주기에 더 적합한 상황 설정이다. 외도한 부인을 둔 남성이 주인공일 경우, 이들 부부가 헤어지는 상황이 더 현실감 있게 느껴지는 것이다.

이 설화는 부부의 인연은 전생부터 정해진 질긴 운명이라는 것, 인간의 현재 노력 여하에 따라 달라지기 힘든 것이라는 메시지를 전달한다. 그렇게 보면 부부의 인연은 특수하고도 소중하다. 이 설화는 헤어지는 부부들에게는 위로가 되기도 한다. 부부의 파경은 부인이나 남편 누군가의 잘못이 아니다. 두 사람이 단지 인연이 아니었을 뿐이다.

우리는 이 '인연'이 실재하는 것이 아니라 인간의 고안물임을 알고 있다. 인연은 필요에 의해 만들어진 것이다. 이 설화는 앞서 언급한 부부 관계의 소중함을 강조하거나 파경의 충격을 완화하는 데 훌륭하게 기능한다. 잘 지내고 있는 부부들에게는 긍지가, 이미 파경을 맞은 부부들에게는 위로가 된다. 이 설화는 또 다른 기능을 할 수도 있다. 행복하지도 않으면서 관계를 끝내지도 못하는 고만고만한 세상의 많은 부부들이 불공정한 부부 관계를 지속하도록 하는 기능 말이다.

전통적으로 부인이 남편에게 주는 것들은 근본적이고 본질적이어서 자기 자신이라고까지 말할 수 있다. 남편이 부인에게 주는 것들과는 다르다. 부부 관계의 비대칭 혹은 불평등은 여전히 남아 있다. 인연이 있어야 부부가 될 수 있다는 생각은 비대칭이고 불평등한 관계조차도 특수하고 소중한 인연에서 비롯된 것처럼 생각하게 한다. 부부 인연론은 부부 관계를 유지하는 공신功臣이라고 할 만하다.

그러나 정작 부부 관계를 특별하게 만들어주는 것은 인연에 대한 믿음보다는 인연에 대한 회의와 인연의 불확실성에 대한 인정이다. 즉 관계의 불안정성을 안정적으로 만들고, 불확실성을 줄이고자 하는 구체적인 시도들이 아닐까 한다. 곽주가 "즉시"를 연발하는 편지를 쓴 것처럼, 어유봉이 부인의 생일을 축하하는 시를 한 편 쓴 것처럼, 퇴계가 부인이 먹고 싶어한 배를 깎아준 것처럼, 남평 조씨가 남편의 공백을 메우려 하면서 고군분투한 것처럼.

연애로 시작하건, 결혼으로 시작하건, 부부 관계란 항상 좋기만 한 것은 아니다. 현대의 많은 부부들은 사랑과 미움, 연애 감정과 분노의 감정, 따뜻함과 냉정함을 오가며 살아간다. 다투다가 정드는 부부도 있고, 있던 정도 떨어지는 부부도 있다. 부부로서 사는 긴 시간 동안 이들은 동일한 관계를 유지하지 않는다. 이는 조선시대에도 마찬가지였다. 긴 시간 동안 관계는 변하게 마련이다. 그 대표적인 변수 중 하나가 '첩'이다.

3

한평생 해로하기까지

첩을 질투하는 부인들의 형상

공경하는 아내, 사랑하는 첩

한 사대부가의 자제가 있었다. 그는 일찍 결혼하여 1남 3녀를 두었다. 그러나 부인과는 백년해로를 할 수 없었다. 부인이 죽었을 때 그는 평안도 관찰사였는데 고을에 우거寓居하고 있던 글재주 뛰어난 선비에게 부탁해서 묘지명을 썼다. 묘지명을 쓰려면 고인에 대해 알고 있어야 한다. 그러나 사대부가 여성들의 행적은 집 밖에서 오르내리지 않는 것이 미덕이었다. 상처한 그는 묘지명을 쓰려고 대기하고 있는 선비 앞에서 아내의 행적을 이렇게 읊었다.

저의 처는 향리에서 생장하다가 나이 19세에 저에게 시집을 왔습니다. 저의 처에게 무슨 특기할 만한 아름다움이 있기야 했겠습니까마는, 부도婦道를 제대로 행하면서 집안일을 질서 있게 다스린다는 것만은 대강 알고 있었습니다. 그리고 저의 모친께서 일찍이 저에게 "나를 잘 섬기고 있으니, 너를 실망시키지는 않을 것이다"
하셨으므로, 그런 사실만을 알고 있었을 따름이었습니다.[1]

그의 이야기는 계속된다. 그는 부인과 함께 서울에서 벼슬살이를
하던 중 임진왜란이 일어났다는 말을 듣고 어머니의 안위가 걱정되
어 혼자 청주로 간다. 그러나 곧 서울도 함락되어 서울에 있던 부인
과 소식이 끊어지게 된다. 그와 부인은 졸지에 이산가족이 된 것이
다. 부인은 딸아이를 데리고 남편을 찾아 남행한다. 그들은 다행히
제천에서 상봉할 수 있었다. 그는 "처가 그동안 어렵고 힘든 먼 길
을 찾아오면서 겪은 고초는 차마 형언할 수가 없습니다"라고 하면서
"제 처는 뿔뿔이 흩어진 난리 통에서도 미혹되지 않고 올바른 길을
좇아 스스로 보전할 수가 있었는데, 제 처가 이렇게까지 할 수 있으
리라고는 저 역시 당초에 생각하지 못했습니다. 그래서 제가 아내를
더욱 중히 여기면서 공대恭待하리라고 마음먹고 있었는데, 1년도 채
되기 전인 지금 그만 세상을 떠나고 말았습니다"라고 말한다.

부인을 떠나보내고 애통해하는 이 선비의 이름은 이시발李時發
(1569~1626)이다. 그가 묘지명을 부탁한 이는 최립崔岦으로, 조선 중기
에 문명文名이 있었다. 이시발은 죽은 아내 민씨에 대한 정을 못 잊어
부인의 행적을 이야기하면서 눈시울을 적신다. 그가 부인에 대해 특

━

1) 최립, 《간이집簡易集》제9권, 〈평안도 관찰사平安道觀察使 이공李公의 처 정부인貞夫人 민씨閔氏
의 묘지명墓誌銘〉, 한국고전종합데이터베이스.

기特記하고 싶은 부분은 전란의 어려움에 침착하게 대처했다는 것이다. 그때 처는 20대의 젊은 아낙이었다. 그런 부인이, 어린 딸아이까지 데리고 서울에서부터 제천까지 멀고 험한 길을 잘 찾아왔다. 게다가 험한 일 당하지 않고 자기 몸을 보존할 수 있었다. 남편도 놀란다. 이시발은 처에 대해서 회상하면서 처가 겪은 역경에 대해 주로 언급한다. 이 부인은 평범한 외모를 가졌지만 강한 정신력을 소유한 여자다.

이시발에게는 첩도 있었다. 그는 후사를 잇기 위해 반년이나 애태우다 첩을 얻었다고 했다. 이시발은 첩이 죽자 직접 제문을 썼다.

> 정인이 된 뒤 자네의 행실을 보니, 과연 총명하고 영특한 재주와 단정하고 정숙한 자질이 보통 규수에 비할 바가 아니었네. 부모를 공경하고 지아비에게 정성을 다하며 형제간에 우애 있는 것은 모두 다 천성에서 우러나온 것이었네. 문사에 해박한 것, 거문고와 바둑에 능한 것, 자수나 서화에 뛰어난 것들은 그 밖의 일이라 할 수 있었지. 그러니 내가 자네에게 각별한 정을 쏟은 것은 그 훌륭한 재색 때문만은 아니었다네.[2]

처에 대해 이야기할 때와 첩에 대해 이야기할 때, 이시발의 입장은 조금 다르다. 처에 대해서 이야기할 때에는 별로 아름답지는 않았지

---

2) 이시발, 〈제측실문〉,《벽오유고碧梧遺稿》권5,《한국문집총간》74, 472쪽. 황수연, 〈조선후기 첩과 아내-은폐된 갈등과 전략적 화해〉,《한국고전여성연구》12, 한국고전여성학회, 2006, 353쪽 재인용.

만 부도_{婦道}를 행했다고 했다. 첩 역시 부모를 공경하고 지아비에게 정성을 다했다고 하는 것으로 보아 부도를 갖춘 여자다. 흔히 첩은 부도가 없는 것처럼 생각되지만 그렇지 않다. 그러면 처와 첩이 가진 자질 중 다른 점은 무엇일까?

이시발이 첩을 회상할 때에는 첩이 가진 재주에 대해 언급한다. 그녀는 문사·거문고·바둑·자수·서화에 두루 뛰어났다. 아마도 이시백과 함께 시간을 보내기 위해 필요한 것들이 아니었을까. 처에게 "특기할 아름다움"은 없었지만, 첩은 "훌륭한 재색"을 갖추었다고도 쓴다. 이 첩은 뛰어난 재주와 미모를 겸비한 여인이다. 이시발은 전쟁의 곤경을 헤쳐 온 여인으로 부인을 기억하며, 일상의 시간을 함께 보낸 여인으로 첩을 기억한다. 그는 결국 처에게는 공경을, 첩에게는 애정을 보여준다.

현대를 사는 부부들에게 서로에 대한 공경과 애정은 선택 사항이 아니다. 현대인들에게 사랑은 "온전함에 대한 동경"이다. 사랑을 하는 사람은 상대가 자신을 온전한 인간으로 받아들일 때 비로소 자신도 온전한 인간이 된다고 믿는다.[3] 경우에 따라 애정보다는 공경을, 공경보다는 애정을 우선시할 수도 있지만 우리는 공경과 애정 모두를 배우자에게 기대한다. 그런데 전통 부부 관계에서 공경과 애정은 서로 다른 여성들에게 배분되기도 했다. 당신의 남편이나 애인이 당신에게 공경과 애정 가운데 받고 싶은 것을 선택하라고 하면 어떠할

---

3) 크리스티안 슐트, 장혜경 옮김, 《낭만적이고 전략적인 사랑의 코드》, 푸른숲, 2008, 21쪽.

까? 현대 여성들은 그런 질문조차 용납하기 어렵다. 아래의 글을 보면 조선시대에도 정처正妻라고 해서 남편들의 공경 혹은 존경에 만족했던 것만은 아니다.

어떤 선비 하나가 창기를 몹시 사랑하였다. 아내는 그에게 "선비가 아내를 박대하고 창기에게나 빠져 있으니, 이게 무슨 까닭입니까?" 하고 물었다. 그는 "부인으로 말하면 서로 공경하고 서로 별다른 뜻이 있으므로 존귀하여 함부로 욕정을 풀 수 없으나, 창기에 이르러서는 정에 맡겨 욕심을 마음대로 할 수 있을 뿐 아니라 음탕한 재주에 있어서도 온갖 재미를 다 볼 수 있으니, 그런 연고로 자연히 공경하게 되면 성글어지고, 허물없이 되면 친하게 되는 것이 자연의 이치가 아니겠소" 하고 대답했다. 부인은 벌컥 화를 내면서 "내가 언제 존경해달랬소? 내가 언제 특별 대우 해달랬소?" 하면서 덤벼들어 어지러이 남편을 때렸다.[4]

기생과 첩에 빠진 남성들

이시발은 처에게 공경을, 첩에게 애정을 주면서 삶의 균형을 잘 유지했는지도 모르겠다. 그러나 그 균형과 조절은 쉽지만은 않은 일이다. 첩에게 빠진 남성들을 살펴보자.

---

4) 《태평한화골계전》 2권, 239화.

부수찬 성낙成洛은 한 기생을 첩으로 두었는데, 질투가 심한 아내를 속이기 위해 매번 궁중 숙직을 핑계로 댔다. 정작 숙직 날이 다가오면 성낙은 첩 때문에 숙직을 기피하게 되었고, 그러다 보니 옥당 하번下番인 윤국형尹國馨만 늘 숙직을 도맡아 하게 되어 집에 들어가지 못했다.

윤국형은 성낙이 궁중에 사은謝恩(임금을 뵙는 일)차 들어오면 빠져나가려고 생각하고 기회를 노렸다. 하루는 윤국형에게 아전이 전하기를, 내일 성낙이 사은차 궁에 들어온다는 소문이 있다고 했다. 그래서 아전에게 말을 준비해 숨어 있으라 했다. 그러나 다음 날 아침 성낙이 들어온다고 연락했다가 낮에 다시 병이 나서 들어오지 못한다고 했다. 윤국형이 실망하고 있는데, 보니까 성낙이 이미 사은차 궁중에 들어와 있었다. 그는 윤국형이 빠져나갈까 해서 속인 것이었다. 성낙을 본 윤국형이 재빨리 빠져나가는데, 성낙이 뛰어나와 붙잡았다. 그러는 동안 성낙이 임금을 만날 시간이 되어 들어가고, 윤국형은 얼른 나와 말을 탔다. 그러니 할 수 없이 성낙이 궁중에 남아 숙직을 했다.

성낙은 기생첩을 만나기 위해 아내에게는 숙직을 핑계대고, 정작 숙직은 하지도 않는다. 홀로 숙직을 도맡아야 했던 윤국형은 고달플 수밖에 없었다. 성낙이 임금을 뵈러 들어온다는 소식을 접하자 윤국형은 궁을 빠져나갈 만반의 준비를 한다. 성낙 역시 윤국형이 그러리라는 것을 알고 병을 핑계 삼아 조정에 들어오지 못한다고 거짓말을 퍼뜨린다. 그 모든 계책에도 불구하고 성낙은 안타깝게도 윤국형을 만나게 되고, 결국 숙직을 하게 된다.

성낙은 부인과 동료에게 거짓말을 하고, 궁중을 빠져나가기 위해 동료와 몸싸움을 한다. 양반의 체면이 이렇게까지 구겨진 것은 모두 기생첩 때문이다. 그가 기생첩에게 가진 강렬한 감정은 그녀에게 한 말이나 행동이 아니라 그녀를 만나기 위해 무릅쓰는 이 소소한 역경들을 통해 짐작해볼 수 있다.

남자들은 왜 첩에게 빠지는 것일까?《태평한화골계전》에는 계집종을 범하는 이야기가 자주 나온다. 한 텍스트에서는 계집종이 이런 말을 한다. "마님께서는 살찌고 기름져서 흰 떡 같은데, 어찌해서 추하디 추한 계집종을 훔치려 하십니까?" "흰 떡에는 김치가 잘 어울리기 때문이다." 그래서 계집종을 "갓김치"라고 하는 게 당시의 은어가 되었다.[5] 이 음식의 비유는 남성 외도의 주요한 원인이 성적 욕구라는 것, 그것도 다양한 방식으로 작용하는 성적 욕구라는 것을 보여준다. 조선시대의 첩은 단순한 외도의 대상과는 다르다. 그러나 첩과의 관계에도 역시 성적 욕구가 작용한다.

> 어떤 선비가 첩을 두고자 해서, 아내를 구슬렸다.
> "사람들이 말하기를, 첩이 많은 사람은 그 아내가 존귀하다고 하오. 내가 첩을 두려는 것은 당신을 소홀히 하려는 것이 아니라, 실제로는 당신을 높여주려는 것이오. 장차 당신의 수고를 대신하게 하고 당신의 일을 맡아 하게 하려는 것이니, 음식이나 의복을 첩이 모두 맡아서 하고, 실 짜고 베 짜고 하는 일을 첩이 모두 맡아 할

---

5) 같은 책, 137화.

것이오. 당신은 턱짓과 손가락으로 그것을 부리기만 하면 될 것이니, 어찌 편안하고 높지 않겠소?"

아내가 발끈해서 말했다.

"나는 편안하고 싶지도 않고 또한 높아지고 싶지도 않소. 무릇 음식은 남녀 관계와 같은 것이오. '일찍 많이 마신 사람은 늦게 먹는 밥의 맛을 모른다'는 말은 무슨 말이겠소?"[6]

남편은 아내에게 음식, 의복, 길쌈 모두 첩이 하면 좋지 않겠느냐고 구슬리지만, 뭐라고 하든 "성적인 욕망"이 핵심임을 아내는 안다. 남편이 첩을 얻게 되면 아내는 배고프지 않는데 먹는 밥이 된다.

성적 욕망이 첩을 얻는 이유 가운데 하나겠지만 유일한 이유는 아니다. 이시발은 앞서 이렇게 썼다. "내가 자네에게 각별한 정을 쏟은 것은 그 훌륭한 재색 때문만은 아니었다네." 그의 첩은 성적 매력뿐 아니라 재주도 있고, 부덕도 있었다. 이시발의 경우도 그렇지만, 조선시대 남성들이 부인이 아닌 여성에게 애정을 바친 이유는 간단하지 않다.

송인수는 부안 기생을 사랑하였으나, 그녀와 정을 통하지는 않았다. 따스한 정을 주며 다만 가마에 태워서 따라다니게 하였을 뿐이다. 그러다 임기가 차서 여산에서 전별하게 되자 송인수가 말하였다.

___

6) 같은 책, 239화.

"이 사람의 교묘하고 슬기로움[巧慧]을 사랑하여 일 년간 같이 지내면서 난한 데 이르지 않은 것은 기실 그녀가 자결할까 두려워서였다네."

그러자 그 기생이 곧 앞산에 있는 무덤들을 가리키며 말하였다.

"과연 그러하옵니다. 저 겹겹이 쌓여 있는 무덤 속에 있는 사람들은 모두 제 지아비들이옵니다."7

송인수는 기생이 자신과 헤어질 때 자살할까 두려워 1년이나 따르게 해두고는 정을 통하지 않았다. 그는 기생이 가질 이별의 고통을 배려하면서 자신의 성적 욕망을 억누른다. 욕망의 해소보다는 기생에 대한 걱정이 먼저다.

그녀는 사랑받을 만한 자질을 가졌다. "교묘하고[巧] 슬기[慧]"로웠다. 기생의 교묘함과 슬기로움은 말솜씨에서도 엿보인다. 기생은 "겹겹이 쌓여 있는 무덤 속에 있는 사람들이 모두 제 지아비들"이라고 말한다. 즉 자신과 정을 통한 사람들이 겹겹이 누워 있는 무덤만큼이나 많지만, 자신은 여전히 (자결하지 않고) 잘 살고 있다는 것이다. 송인수가 기생을 걱정하여 정을 통하지 않았던 것은 괜한 짓이었다. 편찬자는 기생이 송인수에게 원망하는 말이라고 했지만 내가 보기에는 송인수의 어리석음을 비웃는 말 같다. 정을 통했다면, 자결할 만큼 슬픈 것은 내가 아니라 당신이었을 것이라는.

———

7) 《기문총화》 1권, 65화.

송인수는 기생의 아름다움에 매료되었지만, 정욕을 해소하기 위해 그녀와 정을 통하지는 않고, 그녀가 이별 후 안정적으로 지낼 수 있도록 배려하는 것이 중요하다고 생각한다(그의 착각이었지만). 이렇듯 양반 남성들이 성적 아름다움을 가진 여성들을 모두 첩으로 맞은 것도, 성적 아름다움이 있다고 해서 모두 잠자리를 같이 했던 것도 아니다. 송인수의 경우처럼, 성적 욕구와는 별개로 기생이나 첩에게 매혹될 수 있다.

서울을 다시 찾은 뒤 임금의 부름 때문에 잠시도 대궐을 떠날 수 없었던 이덕형李德馨은 애첩을 대궐문 밖 조그만 집에 두고 음식 시중을 들게 하였다. 어느 무더운 날, 그는 오랫동안 정무를 보다가 집으로 돌아왔다. 갈증이 심하여 미처 말로 못하고 손을 쑥 내미니 애첩은 두말 않고 시원한 꿀물을 이덕형 앞에 내놓았다. 그는 심한 갈증에 주는 대로 받아 마시고 보니 그것은 꿀로 만든 냉차였다. 이덕형은 한참 동안 애첩을 쳐다보더니 "나는 이제 너와 헤어져야겠다. 너는 지금부터 가고 싶은 데로 가거라"하고는 밖으로 나가버렸다.

소박을 맞은 애첩은 슬픔에 겨워 울다가 다음 날 이항복李恒福을 찾아가 억울한 사정을 호소했다. 이 말을 들은 이항복도 이상히 생각하며 이덕형을 만나 그 이유를 물어보았다. 이덕형은 빙그레 웃으면서 말하였다.

"그 애의 영리함은 참으로 사람의 정신을 흐리게 할 정도로 민첩하다네. 아직 나라의 전란이 평정되지 못하고 사직이 불안한 이때,

고위 관리가 다른 곳에 정신을 판다면 나랏일이 낭패가 되지 않겠는가? 그 영특한 것을 옆에 둔다면 내 정신이 혹할 것 같아서 나의 모든 사생활을 끊어버리고 오로지 나라를 위해 전심전력하기 위함이었네."

그제야 이항복은 머리를 끄덕이며 탄복하여 마지않았다.[8]

이덕형은 첩에게 미혹되어 나랏일에 소홀할까 싶어 첩을 버린다. 역시 위인은 위인이다. 그의 첩은 미혹될까 두려울 정도로 매력적인 존재다. 그 매력은 단지 성적인 아름다움에서 발휘되는 것은 아니다. 이덕형이 첩을 버린 이유는 "영리함" 때문이다. 더운 날 시원한 냉차를 만들어 놓은 준비성, 손짓 한 번에 물을 대령하는 센스, 남자의 갈증을 빨리 해소시키고자 하는 배려 같은 것이 그 세부적인 요소다. 이덕형의 첩은 남자에게 너무 잘해서 하루아침에 갈 곳을 잃는다. 첩이 너무 매력적인 것도 죄다.

기생과 첩은 정욕을 억제할 만큼, 미혹될 것을 경계할 만큼 사랑스러운 여성들이기도 하다. 이들은 단순히 성적 매력만을 가진 존재가 아니다. 선비들의 처보다 덜 슬기로운 것도, 덜 영리한 것도 아니다. 조선시대 남성들이 처에게는 공경을, 첩에게는 애정을 할당하면서 균형을 맞춘다는 것이 현실적으로는 불가능했을지도 모른다. 그렇기에 처와 첩을 구분하는 지점은 다른 데 있다.

---

8) 서유영, 《금계필담錦溪筆談》 29화.

어떤 서리가 진상할 사과를 훔쳐 먹고 곤장 팔십 대를 맞았다. 본 마누라에게는 부끄럽지 않으나 새로 맞은 첩에게는 부끄럽다고 하였다. 그 이유는 "본 마누라는 한결같이 함께 살아왔으니 평생 고치지 않겠지만 첩이라는 것은 예禮를 갖추어 맞이한 것이 아니기 때문에, 이익을 좇아 등을 돌릴 수 있는 사람이다. 그런 까닭에 그렇다."[9]

예를 갖추어 맞이한 부인은, 평생을 함께할 사람이다. 반면 예를 갖추지 않고 맞이한 첩은 이익에 따라서는 언제든지 등을 돌릴 수 있는 사람이다. 이것이 처와 첩을 구분 지을 수 있는 가장 강력한 기준이다. 그래서 처첩 갈등이 현재 우리가 생각하는 것처럼 심각한 것이 아니라는 의견도 있다.

때로 애정 문제로 첩과 갈등 관계에 놓이기는 했지만, 이 문제도 첨예화되지 않을 수 있는 장치가 있었다. 대개 부인과 첩은 따로 거주했다. 유희춘의 경우 자신은 부인과 함께 담양에서 살고 첩은 해남에 거주하게 했으며, 노상추盧尙樞가 변방 생활에서 얻은 첩을 고향으로 데려와 따로 거처를 마련해준 것들이 그렇다. 노상추가 파견 근무 때마다 첩을 데리고 간 것은 생활의 불편함 때문이었지 부인에 대한 소홀함은 아니었다.

---

9) 《태평한화골계전》 2권, 177화.

부인은 집안에 남아서 주인 역할을 하는 것이 더 중요했다. 양반 부인들은 신분적으로 확실하게 차이가 나고 또 매일 마주치지 않는 첩들에 대해 그렇게까지 스트레스를 받지는 않았다. 첩은 첩일 뿐이었다.[10]

예를 갖추어 맞은 처와 그렇지 않은 첩의 지위는 엄연히 달랐다. 집안에서의 역할과 재산 상속 등에 있어 엄격히 구분되어 있었다. 또 노상추나 유희춘의 경우처럼 처첩은 따로 살기도 했다. 남성들이 파견 근무를 하거나 서울에서 벼슬살이를 할 때, 부인은 본가에 남아 안주인으로서의 역할을 하고 첩이 뒷바라지를 하는 식이다. 서로 만나지도 않고, 신분의 위계나 그로 인한 역할의 구분이 확연하다면 과연 처첩 갈등은 심하지 않을 수도 있을 듯하다.

그러나 심지어는 그런 경우조차 여성의 질투에 대한 보고가 빈번하다. 뒤에서 살펴보겠지만, 사대부의 처가 첩도 아닌 한낱 기생을 질투하여 단숨에 남편의 임지로 쳐들어가기도 한다. 처와 첩은 지위와 역할이 다를지언정, 성적 욕망의 유무로, 관계의 전면성 여부로, 인간의 자질로 구분되지는 않는다. 그러니 지위와 역할에 만족할 수 없는 처들은 투기할 수밖에 없다.

---

10) 이순구, 〈알고 보면 권력자, 조선의 양반 여성들〉, 규장각한국학연구원 엮음, 《조선 양반의 일생》, 글항아리, 2007, 208~209쪽.

소주를 맵게 해서 먹고 죽고 싶다

과거 급제자의 평균 나이는 30~35세. 급제 하자마자 벼슬을 제수 받는 것도 아니었고, 급제자 모두가 벼슬을 제수 받는 것도 아니었으나, 마흔 전후가 되면 크고 작은 벼슬을 제수 받을 가능성이 커진다. 그리고 첩이 필요하게 된다. 대부분 조선시대 벼슬은 외직이었다. 내직이라 하더라도 고향을 떠나 서울로 가야 하는 경우가 많았다. 잦은 거주 이동으로 매번 부인과 함께 다닐 수 없고, 양반 혼자 밥 해먹고 옷 해입을 수 없으니 첩을 두는 경우가 흔했다. 그러나 규범적으로 첩을 얻는 데는 꽤 까다로운 조건이 필요했다.

> 사인士人 중에 흔히 까닭 없이 첩을 얻는 자가 있어 가도家道가 그
> 로부터 떨어지고 지업志業이 그러해서 무너진다. 처가 아들을 낳
> 지 못하거나 또는 폐질廢疾이나 죄가 있어서 버렸거나 죽거나 해
> 서 음식을 주관할 자가 없는 경우와 벼슬이 높은 자는 모두 첩을
> 둘 수 있으나, 이상 몇 가지 조건 외에는 여색을 탐하는 처사이다.
> 심지어 비자婢子를 가까이 하고 기녀에 빠져 정처正妻를 능멸하기
> 까지 하여 명분이 배치되는데도 깨닫지 못하며, 생명을 잃기까지
> 도 하니 슬픈 일이다.[11]

첩을 얻을 수 있는 세 가지 조건은 후사가 없을 때, 음식을 주관할

―

11) 이덕무, 《사소절》, 〈인륜〉.

자가 없을 때, 벼슬이 높은 때였다. 이시발 역시 후사를 이어줄 사람을 구하려고 첩을 얻었다고 한다. 하지만 그는 19세에 첫 번째 부인과 혼인해 1남 2녀를 두었고, 부인이 죽고 나서 2년 뒤 재혼해 3남 1녀를 두었다고 한다. 축첩의 시기가 언제인지 정확하지는 않지만 후사 문제로 고민할 상황이었던 것으로 보이지는 않는다.[12]

남성들이 첩을 들이고 싶어 하는 표면상의 이유 가운데 가장 흔한 것이 '후사'다. 그러나 양반들은 적자嫡子가 없는 경우, 첩자妾子가 있어도 양자養子를 들였다. 첩에게서 난 아들로 후사를 이을 수는 없었다. '후사'를 잇는다는 것은 첩을 들이는 실제적 이유가 아니라, 명목상의 이유다. 성적 욕구, 온전함에 대한 동경, 취미의 공유, 일상의 편리, 자질에 대한 매혹 등 어떤 욕망이건 '후사'를 통해 흠잡을 데 없이 포장 가능하다. 그런가하면 벼슬이 높아야 첩을 얻을 수 있다는 것도 애매한 말이었다.

신천 강씨는 홀로 된 시어머니를 모시고 딸과 함께 살았다. 그러다 남편 김훈金壎이 예순 살이 넘어서 지금의 경상북도 청도군 남성현의 역에 말단 외직인 찰방察訪으로 부임한다. 그녀는 남편을 따라 청도로 간다. 남편은 반갑지 않다. 시어머니와 딸을 놓고 임지로 자신을 따

---

12) 황수연, 〈조선후기 첩과 아내−은폐된 갈등과 전략적 화해〉,《한국고전여성연구》12, 한국고전여성학회, 2006, 353쪽. 황수연은 계속해서 후사 문제가 첩을 얻기 위한 명분이었다는 사실에 대해 언급한다. "사대부 남성은 축첩의 모순을 정당화하는 명분 또한 유교사회의 이슈에서 찾으려고 하였는데 그것은 바로 가문의 대를 잇는 후손의 생산과 번영이었다. 하지만 그들이 내세운 명분은 사실과 다른 경우가 많았다. 축첩은 후손을 계승하기 위해 필요한 존재가 아니라 정치 혼인을 통한 문제와 불만을 해결하고자 하는 남성의 생물학적 욕망의 결과였다."

라 나선 신천 강씨를 모진 사람이라고 한다. 욕을 먹으면서도 그녀가
남편을 따라간 이유는, 남편이 첩을 얻을까 두려워서였다. 강씨는 남
편이 평소 첩을 얻고 싶어 했는데 벼슬을 갖게 되고 홀로 살게 되면
당연히 첩을 들일 것이라고 생각했다.[13] 그녀의 불길한 예상은 적중
했다. 그녀가 딸 순천 김씨에게 쓴 편지[14]다.

> 재상의 치만큼 되는 이도 첩이 없는 이가 많은데 예순에 끝자리인
> 찰방이 되니 호화롭게 하여 첩을 하니 아무리 내가 가난하고 힘들
> 어서 서럽게 이렇게 중병이 들어 있어도 생각하지 않으니 그 애달
> 프고 화가 나는 것이야 어디다가 견주겠느냐.[15]

신천 강씨는 말끝마다 "찰방"이라는 벼슬을 비꼰다. 이는 조선시
대 각 도의 역참驛站을 관리하던 관리로, 종6품의 벼슬이다. 그녀의 말
대로 말단이라면 말단 벼슬이다. 신천 강씨는 불행의 원인이 벼슬이
라고 한탄하며, 자신을 위해서는 벼슬을 하지 말라고 한다. 이 편지
를 보면, 벼슬이 높아야 첩을 얻을 수 있는 게 아니라, 일단 벼슬을 하
면 첩을 얻을 수 있다. 또 강씨는 그 첩이 인두도 제대로 찾지 못할 것
이라며 자기 팔자를 탓하기도 한다. 첩을 얻는 기준에 생활의 기술은

---

13) 신천 강씨의 편지에 나타난 이런 정황에 대해서는 최윤희, 〈16세기 한글 편지에 나타난 여성의 자
   의식〉, 《여성문학연구》 8집, 여성문학연구학회, 2002, 99~100쪽 참고.
14) 조항범, 《주해 순천김씨묘출토간찰》, 태학사, 1998.
15) 조항범, 같은 책, 94번.

별 상관이 없는 듯하다. 이 편지를 보면, 이덕무가 말한 세 가지 첩을 얻는 기준들이 대부분 명목상의 것이라는 생각이 든다.

강씨는 남편이 "계집을 들이고 좋게 사는데 나는 서럽다"고 불현듯 맹렬히 분노하기도 한다. 질투하는 여성의 내면은 의외로 복잡하다. 질투의 대상은 젊은 여자이자, 남편의 처지이기도 하다. 같이 늙어가는 처지에, 계집을 얻고 좋아하는 남편과 그것을 한탄해야 하는 자신의 모습이 대비된다. 그녀는 죽고 싶을 만큼 질투하는 여성의 내면을 생생하게 보여준다.

> 여러 가지로 나를 미워하니 병이라도 없으면 시원할 것이니 마음
> 이 많이 심심하여 아득한 적이면 칼을 쥐고서 목을 찔러 죽고자
> 하고, 노를 가지고 목을 매어 달아 죽고자 만져보다가도 마음을 잡
> 아서 놓는다.[16]

한때 자신이 만들어준 의복에 감사하던 남편은 이제는 집안의 종도 의논 한 마디 없이 첩에게 넘기고, 그녀와 함께 술과 노래로 세월을 보낸다. 결국 강씨는 "소주를 맵게 해서 먹고 죽고 싶다"고 한다. 그녀는 소주를 출가한 딸에게 보낸 적도 있다. 딸에게 소주 한 두루미를 보내며, 자기가 먹던 것인데 서러울 때 마시라고 한다. 딸의 시집 생활 역시 서러울 것이라고 짐작하기 때문이다. 강씨에게 소주는

---

16) 조항범, 같은 책, 73번.

서러운 삶의 동반자요, 죽음의 동반자이기도 하다. 그녀가 소주와 함께 죽음을 맞이했는지는 알 수 없다. 그녀의 편지는 끝까지 매우 우울하다.

스위스의 학자이자 작가인 마르티나 도이힐러Martina Deuchler의 말처럼, 첩과 함께 사는 조선시대 여성의 삶은 고요하지도, 엄숙하지도 않았다. 그렇다고 우울한 기분으로 일관하지도 않았다. 특히나 조선 초기, 질투하는 부인들은 사납고 폭력적이기까지 하다. 《태평한화골계전》에서 질투하는 부인들은 인두질에 쓰는 널빤지를 들고 남편을 치기도 하고, 남편에게 순舜이라고 욕하며, 순巡인데 왜 도둑은 잡지 못하냐고 비아냥거리기도 하고, 말로 다투는 것에서 그치지 않고 주먹으로 때리고, 남편이 첩을 얻을 것을 의논한 친구에게 음식을 대접하지 않기도 한다. 그러나 이런 이야기는 목숨을 담보로 하는 부인들의 반첩反妾 운동에 비하면 사소하기 짝이 없다.

송찬宋贊은 선조 때의 문신인데, 종1품인 판중추부사까지 지낸 사람이다. 중추부 부사는 당상관 이상을 지낸 사람을 위한 명예직인데, 지금의 장관급에 해당한다. 그는 계집종과 사통했는데, 부인이 질투가 심했다. 송찬이 계집종의 방에 들어가는 것을 부인이 몰래 보고 있다가 따라가서 방문을 잠갔다. 송찬은 하루 종일 감금되어 물 한 모금도 마실 수 없었다.[17] 남편의 외도 현장을 목격하고 말없이 방 안에 가두는 부인, 오싹하다.

─

17) 《기문총화》 4권, 367화.

때로 부인들은 자신의 목숨을 담보로 남편과 싸우기도 한다.

아내가 노해서 영감을 꾸짖었으나 영감은 딱 잡아떼었다.
아내가 극히 분해하며 말하였다.
"옹졸한 남자를 어디에다 쓰리오. 당신과 백년해로百年偕老를 하리
오."
아내는 재빨리 밧줄을 구해서는 안방에서 스스로 목을 매었는데,
늙은이가 급히 구하니 아내의 노여움이 약간은 수그러졌다.
뒷날 아내가 다시 질투하자, 영감이 아내의 뜻을 알고자 하여 거짓
으로 성을 내어 말하기를, "대장부가 어찌 아녀자에게 제압을 당
해 답답하기가 이와 같으랴" 하고는, 뒤뜰로 가서 마치 스스로 목
을 매는 시늉을 했으나, 아내는 그를 구하지 않았다. 영감이 한참
을 그렇게 하다가, 밖으로부터 들어와 아내에게 말하였다.
"사람의 목숨은 지극히 소중한 것인데 당신은 어찌해서 모른척하
는 거요?"18

남편의 외도를 문제 삼아 목을 매는 부인과 부인의 질투를 문제 삼
아 목을 매는 남편. 이 싸움은 부인의 승리로 끝난다. 죽는 시늉을 하
는 사람이 실제로 죽고 싶은 사람을 어떻게 이기겠는가.
남편에게 부인의 질투는 죽음보다 끔찍하기도 하다.《소재만필疎齋

---

18)《태평한화골계전》2권, 238화.

漫筆》에 보면 동계 정온鄭蘊에 대한 이야기가 있다. 정온은 1614년 부사직으로 재임하던 중 영창대군의 처형이 부당함을 상소하다가 광해군의 노여움을 사게 된다. 광해군이 영창대군을 처형하게 된 것은, 이이첨李爾瞻이 광해군에게 김제남金悌男이 영창대군을 왕으로 옹립하려 한다고 무고했기 때문이다. 정온은 이 일로 제주도에서 10년간 유배생활을 했다. 인조반정으로 유배에서 풀려난 그는 병자호란 때 척화를 주장했지만 결국은 청나라와 화의로 기울자 할복을 감행하기도 했다.

이렇게 정온은 대꼬챙이 같은 선비의 대명사다. 정온의 부인 윤씨는 사납기로 유명했다.

동계 정온 부인은 질투심이 강하여 암팡스럽게 떠들어대므로, 정온이 무서워하였다. 그는 섬에 유배되었을 때 첩을 하나 얻었다. 유배 생활을 마치고 돌아갈 때에는 감히 첩을 데리고 가지 못하였다. 일찍이 남원 부사가 되었을 때, 그 첩을 여염집에 두고 매번 친구를 만난다는 핑계로 잠시 만나고 들어가곤 하였다.

어떤 사람이 물었다. "공께서는 일찍이 이이첨 무리들의 흉악한 압력에도 두려워하지 않았는데, 어찌 부인을 그렇게 두려워하십니까?" "이이첨 같은 도적의 무리야 죽이면 죽지만, 이 사람은 하루 종일 못살게 구니 참으로 두렵다네."[19]

---

19) 《기문총화》5권, 544화. 이 이야기는 《해동기화海東奇話》에도 실려 있다.

정온에게는 이이첨보다 아내가 두렵다. 하루 종일 못살게 구는 게 죽음보다 두렵다. 오랫동안 침학하는 부인의 전형적인 예는 이문건李文楗의 《묵재일기默齋日記》에도 잘 나타나 있다.

들어와 아내를 보니 아내가 성을 내며 질투하여 말하기를 "멀지도 않은 곳에 있으면서 어찌 밤에 돌아오지 않고 기생을 끼고 남의 집에서 잤수? 이것이 어찌 늙은이가 할 일이란 말이오?" 하였다. 드러내놓고 질책하기를 너무 많이 했는데 귀에 몹시 거슬렀다. 내 대답도 부드럽지 않았다. 서로 격앙되어 어깃장을 놓았는데 도리어 우습다. 밤이 되어서야 물에 만 밥을 먹고 잤다. 아내도 조금 먹었다. 피곤해서 누웠는데도 오히려 계속 질책하는데 말마다 종대를 들먹이니 우습다.[20]

이문건은 아내가 벌인 일련의 질투 행위를 담담하게 기술하고 있다. 그녀는 끼니도 거르면서 남편과 싸운다. 이 일이 있은 다음 날 부인은 먹지도 않고 몸져누웠고, 매일 화를 내며 욕을 한다. 급기야 그것이 병이 되어 겨울 내내 앓아누웠다가 봄이 되어서야 회복되었다. 부인은 "종대"라는 기생의 이름만 들어도 화를 냈다. 그녀는 한 계절 내내 종대 때문에 속상해한다.

한 계절을 두고 지속되는 질투에 대해 이문건은 어떻게 생각했을

---

20) 이문건, 《묵재일기》, 1552년 11월 21일.

까? 처음 종대의 일이 들켰을 때에는 이문건도 격앙되어 싸운다. 이문
건은 밤에 누워서도 계속 질책당하는데 "우습다"라고 한다. 말끝마다
종대를 들먹이는 부인의 비논리가 우스운 것일까? 아니면 질투하는
부인의 좁은 속내가 우스운 것일까? 어쨌거나 그가 질투하는 부인의
말과 행동을 진지하게 받아들이는 것 같지는 않다. 그러니 부인의 질
투도 끝나지 않는다. 부인은 계속해서 "당신이 바깥에 정을 두지 않으
면 내가 어찌 감히 질투를 하겠어요?"라고 하며 자지도, 먹지도 못하
며 질투를 계속한다. 남편의 여성 편력도 계속된다. 해인사에 다녀올
때에 기생이 동행했는데, 이 이야기를 듣는 순간 부인은 소리를 지르
며 욕을 하다가 다음 날 아침에는 칼로 이불을 잘라버린다.[21]

아내의 질투에 대처하는 남자들

이덕무의 《사소절》에서는 여성들에게 이렇게 가르친다.

> 남편이 첩을 두는 것은 부인에게 고질병이 있어서 집안일을 하지
> 못하거나, 혹 오래도록 아들이 없어 제사를 받들 수 없어서이다. 남
> 편이 비록 첩을 두고자 하지 않아도, 옛날 어진 아내들은 반드시 그
> 남편을 권하여 널리 어질고 현숙한 사람을 구해서 그녀를 법도로

---

21) 《묵재일기》에 나타난 이문건 부인의 질투 양상에 대해서는 김경미, 〈16세기 양반여성의 생활과
    문화: 《미암일기》·《묵재일기》를 중심으로〉, 한국고전여성문학회, 2002, 학술발표자료, 11~13
    쪽을 참고했다.

가르쳐 자신의 일을 대신하게 하였으니, 어느 겨를에 질투했겠는 가? 만약 자신이 병이 없고 아들도 있는데, 남편이 여색을 탐해서 첩을 많이 두어 성품과 행실을 그르치고 미혹되고 빠져서 부모를 돌보지 않으며 가산을 탕진한다 해도, 마땅히 정성을 다해 여러 번 경계하고 계속 눈물을 흘리며 울면서 사랑하고 아끼는 마음에서 그런 것이지 질투해서 그런 것이 아님을 분명히 보인다면, 어찌 남 편이 느끼고 깨닫지 않을 리가 있겠는가? 다만 성품이 편협하여 성 을 내고 독기를 부려 부부가 서로 미워하는 데 이르고, 심지어 저주 하고 해치는 등 무슨 짓이든 하게 되니 슬픈 일이 아니겠는가?

이 기준에 따르면 병이 없고, 아들도 있는데 남편이 첩을 둔 것은 "여색"을 탐하는 것이다. 대부분의 여성들은 남편이 여색을 탐할 때 화를 내고, 폭력을 휘두르고, 목을 매고, 침학하기는 해도 남편에게 "정성을 다해 여러 번 경계하고 계속 눈물을 흘리며 울면서 사랑하 고 아끼는 마음에서 그런 것이지 질투해서 그런 것이 아님을 분명 히" 보이지는 못한다.

그런데 과연 이덕무의 가르침처럼, 첩을 둔 남편과 상처를 주고받 지 않으면서 대화를 할 수 있을까? 질투하는 것이 아니라 걱정하는 것임을 이해시킬 수 있을까? 무엇보다도 첩을 둔 남편에게 "질투"가 아니라 "걱정"을 보이는 것이 가능할까?

사실 많은 남성들은 질투하는 부인을 보며 그냥 웃기만 하지는 않 았다. 여성들의 질투는 그들에게도 고통거리이자 번민거리였다. 남 편들은 부인의 질투를 무마하기 위한 방법들을 고안하기도 했다. 홍만종洪萬宗의 설화집인 《명엽지해蓂葉志諧》의 〈청주지투講奏止妬〉를 보면, 한 재상이 임금 앞에 나아가 주대奏對[22]를 하는 연습을 하는 척하면서 부인의 질투를 그치게 한다. 그 주대의 내용은 임금에게 이이離異[23], 즉 이혼을 주청奏請하는 것이었다. 요즘 세상이야 세 부부 중 한 부부가 이혼을 한다지만, 당시에는 이혼하는 부부를 거의 찾아볼 수 없었다. 임금의 허가를 구해야 이혼할 수 있다는 것은, 이혼이 사실상 불가능했던 이유 가운데 하나다. 부인은 남편의 주대 연습을 몰래 엿듣고는 아버지에게 제발 남편의 주대를 말려달라고 청한다. 그리고 자신은 절대 다시는 질투를 하지 않겠다고 약속한다.

남편이 지혜를 동원해서 부인의 질투를 막는 이야기가 있는가 하면, 자신의 신체를 담보해서 질투를 그치게 하는 이야기도 있다.

한 관원이 기생집 출입을 좋아하는데, 아내가 너무 질투가 심해 고민이었다. 하루는 집에 돌아갈 때 자라 머리를 잘라 바지 속에 감추고 들어갔다. 아내는 역시 기생집에 갔다 왔다고 소란을 피우면서 소리치기에, 관원은 화를 내면서, "모두가 이 양근 때문이니 내 양근을 잘라 화근을 없애겠다"고 하면서 칼로 자르는 체하고 숨겨갔던 자라 머리를 밖으로 던졌다.

---

22) 임금의 물음에 신하가 대답하여 아뢰는 것을 말한다.
23) 원칙적으로는 이혼과 같은 말이나, 조선시대에는 부당한 부부 관계를 관의 명령으로 파기하는 경우에 '이이'라는 말을 쓴다.

아내가 울면서 아무리 그래도 그것을 자르면 어떻게 하느냐고 한 탄했다. 여자 종이 뜰에 내려가 던진 자라 머리를 보고는, "마님, 안심하십시오. 눈이 둘 달렸고 무늬가 있는 것으로 보아 그게 아니 고 다른 무엇인 것 같습니다"라고 소리쳤다. 이에 아내는 웃고 다 시는 질투하지 않았다고 한다.[24]

 여성의 질투를 막기 위해서 집안의 어른이 직접 나서기도 한다. 권 노인의 아들은 우연히 만난 여성과 하룻밤을 지내고 그녀를 첩으로 얻게 되었다.

권 노인은 아들을 잡아다가 부모에게 고하지 않고 멋대로 첩을 얻 었다고 호통을 치고는 아들의 발꿈치를 자르라고 하였다. 며느리 가 내려와 애걸하였다.
"나이 어린 사람이 설혹 방자하여 제멋대로 죄를 지었사오나, 아 버님의 피붙이라곤 오직 이 사람뿐입니다. 아버님께서는 어찌 차 마 잔혹한 일을 하셔서, 여러 대에 걸쳐서 모시던 제사를 하루아침 에 끊으려 하시옵니까? 바라옵건대, 제가 대신 죽게 해주십시오."
권 노인이 말했다.
"집안에 못된 놈이 있어서 집안이 망할 때에는 그 욕됨이 조상님 께 미치게 되느니라. 내 차라리 눈앞에서 저 놈을 죽이고, 다시 양

24) 송세림,《어면순禦眠楯》.

자를 찾는 것이 옳으리라. 어차피 망하기는 일반이니라. 차라리 저
놈을 죽여서 뒤끝을 깨끗이 하고 망하는 게 나을 게다."

며느리가 울면서 말렸다.

"이 놈이 집안을 망하게 한 일이 한 가지가 아니다. 부모 슬하에 있
으면서 제멋대로 첩을 얻은 것이 첫 번째 망조요, 네 투기가 사나
워 필시 서로 용납하지 못할 테고 그래서 집안이 날로 시끄러울
것이다. 그것이 두 번째 망조니라. 이런 망조는 일찍이 제거해 버
리는 게 좋다."

며느리는 절대 투기하지 않고 소실과 화목하게 지내겠다고 말하
였다. 시아버지는 "절박해서 오늘은 그런 말을 한다만 마음속으로
는 그렇지 않을 게다"라고 하였다.

며느리가 그럴 리 없다고 하였다. 그러나 시아버지는 "내가 죽은
뒤에는 다시 성미를 함부로 부릴 게다"라고 하였다.

며느리는 그럴 리 없다고 하였다.

시아버지가 말했다.

"그렇다면 네 언약을 종이에 써다오."[25]

이들은 부인 혹은 며느리의 질투를 막기 위해 하나같이 속임수를
사용한다. 주대를 하는 척하고, 성기를 자른 척하고, 아들을 죽이는
척한다. 부인들은 이혼이 무서워서, 남편이 고자가 될까봐 무서워서,

———

25) 《기문총화》 3권, 304화.

과부되기가 무서워서 속임수에 넘어간다. 질투를 하지 않겠다고 철석같이 약속한다.

이런 방법은 사후약방문死後藥方文 격이다. 무엇보다도 가장 효과적인 방법은 남성이 여성을 제압해 관계의 주도권을 잡는 것일 텐데, 쉽지는 않다.

어떤 대장이 아내를 몹시 두려워했다.

어느 날 교외에 붉은 깃발과 푸른 깃발을 세우고 명령하여 말하기를 "아내를 두려워하는 자들은 붉은 깃발 쪽으로, 아내를 두려워하지 않는 자들은 푸른 깃발 쪽으로!"라고 했다.

대부분의 사람들이 붉은 깃발 쪽에 섰는데, 오직 한 사람만 푸른 깃발 쪽에 섰다. 대장은 그를 장하게 여겨 말했다.

"자네 같은 사람이 진짜 대장부일세. 온 세상 사람들이 아내를 두려워하네. 내가 대장이 되어 백만 명의 무리를 거느리고 적과 맞서 죽기 살기로 싸울 때, 화살과 돌이 비처럼 쏟아져도 담력과 용기가 백배하여 일찍이 조금도 꺾인 적이 없네. 그러나 안방에 이르러 이부자리에서는 은애恩愛가 의義를 가리지 못해, 부인에게 제압을 당하네. 자네는 어떻게 수양을 했기에 이에 이르게 되었는가?"

그 사람이 말했다.

"아내가 항상 경계해서 이르기를, '사내들이란 세 사람만 모이면 반드시 여색을 이야기하니, 세 사람이 모인 데는 가지 마세요'라고 했는데, 붉은 깃발 아래를 보니 모인 사람들이 아주 많았습니다. 그래서 가지 않았습니다."

대장이 기뻐하며 말했다.

"아내를 두려워하는 것이 이 늙은이만은 아니로구나."[26]

이 장군은 자신이 공처가가 된 연유를 이렇게 말한다.

"안방에 이르러 이부자리 위에서는 '은애가 의를 가리지 못해서[恩不掩義]', 부인에게 제압을 당하네."

이 말은 엄격하게 남녀를 구분하지 않을 경우 생기는 불상사에 대해 말하고 있다. 잠자리에까지 적용되는 엄격한 내외법은 부부 관계에서 남성이 주도권을 잡을 수 있는 환경을 조성하기 위해 필요한 것이기도 하다.

설화에는 첫날밤 주도권 싸움을 위해 신랑이 신부에게 꼼수를 쓰는 이야기가 있다. 이 설화는 일반적으로 '사나운 아내 길들이기'라는 제목으로 알려져 있다.

한 남자가 성격이 사나운 여자와 결혼하게 되었다. 이 남자는 아내의 사나운 성격을 길들이려고 계획을 짠다. 신혼 첫날밤에 잠이 든 아내의 치마 밑에 메주를 넣어두고서는 구린내가 난다고 하였다. 부인은 자신의 치마 밑에 있는 메주를 보고 자신이 똥을 싼 것으로 여겨서, 남편에게 꼼짝 못하고 잡혀 살게 되었다. 부부가 아이 셋을 낳고 난 후에 남편이 옛일을 털어놓자, 아내가 도로 사나워져

---

26)《태평한화골계전》2권, 212화.

남편이 아내에게 잡혀 살게 되었다.

이 이야기를 분석한 이인경은 "상대의 약점을 잡아 상대를 조종하는 것은 비겁한 일이기도 하지만 효과가 불안정한 한시적이며 허술한 방책"이라고 하면서 "남편은 아내를 감화시킬 만한 진정성을 결혼생활 동안 제대로 보여주지 못한 탓에 아내를 근본적으로 감화시키거나 설득할 수 없었다"[27]고 한다. 나는 이 이야기가 남편의 도덕성 부족에 대한 이야기가 아니라, 오히려 사나운 여성의 본성에 대한 이야기로 읽힌다. 사나운 아내는 세월이 아무리 지나도, 아이가 셋이 있어도 변하지 않는다. "아침에 마신 술은 하루의 근심이요, 맞지 않는 가죽신은 1년의 근심이요, 성질 나쁜 아내는 평생의 근심이다"라는 조선시대 속담이 상기되는 순간이다.

사나운 아내는 길들이기 어렵다. 누군가는 이 지점에서 길들여지지 않는 여성성에 찬사를 보낼 것이다. 또 다른 누군가는 여성을 본의 아니게 사납게 만든 제도를 비판할 것이다. 아마도 그 사나운 여성이 벌인 구체적인 행태를 안다면 둘 중 한 주장에 손을 들어줄 수 있겠다. 그러나 이 설화에서는 구체적으로 그녀가 어떤 사나운 행동을 벌이는지 나오지 않는다. 다음 이야기와 관련해, 사나운 여인 또한 다른 인간적 면모를 가지고 있을 것이라는 사실만 추가하고자 한다.

---

27) 이인경, 〈기혼여성의 삶, 타자 혹은 주체〉, 《한국고전여성문학연구》 16집, 한국고전여성문학회, 2008, 256쪽.

참신한 악녀 캐릭터를 위하여

다음 세 명의 여성 가운데 질투로 유명했던 여성이 있다면 과연 누구일까?

① 저명한 문인의 집안에서 태어난 그녀는 자신도 문장에 대한 식감識鑑이 있었다. 동생의 친구인 이후원李厚源이 자신의 과시科詩를 가져와 평가 받으려고 하였다. 그녀는 여러 개의 과시 중 하나를 벽에 붙여 놓았는데 이후원은 후일 그 과시로 장원을 했다.

② 그녀는 영의정의 딸로 훗날에는 영의정의 부인이 되었으며 자식을 영의정으로 만들었다. 어느 날 두호의 독서당을 지나게 되었는데 옥술잔이 있었다. 그 잔으로 술을 마시려고 하자 관리가 자격이 없다고 저지했다. 그녀는 "내 아버지가 영의정이고, 남편도 영의정이고, 아들도 영의정인데, 어찌 이것으로 술을 마실 수 없는가?"라면서 기필코 옥술잔으로 술을 마신다.

③ 그녀는 노래와 탄금에 일가견이 있었다. 저물녘이면 혼자 별당에 앉아서 고즈넉하게 연주하기도 하고 가끔은 노래를 부르기도 했는데 그 솜씨가 천하일색이었다.

정답은 세 명 모두다.

①의 주인공은 유몽인柳夢寅의 누이, 유씨 부인이다. 그녀는 문장에 대한 식감이 있는 것으로 유명했지만 다른 한 편으로 질투심도 매우 강했다. 그녀는 남편의 친구가 "저런 여자를 어디에 쓰겠는가? 당장 갈아치우게"라고 하자, 사람을 시켜 변소에서 오물이 묻은 막대기를

가져오게 해서 창문으로 넣어 손님의 수염에 묻힌다.

②의 주인공은 송질의 딸이자 홍언필의 부인이자 홍섬의 어머니인 송씨 부인이다. 그녀에 대해서는 다른 일화도 있다. 홍언필이 결혼식 다음 날 계집종의 손을 잡으며 질투심 심하기로 소문난 부인을 슬쩍 떠본다. 부인은 가차 없이 계집종의 손가락을 잘라 홍언필에게 보낸다. 홍언필은 혼자 본가로 돌아가서 열심히 공부해서 과거급제를 한다. 송씨 부인은 슬쩍 뉘우치는 기색을 보인다. 홍언필은 그녀를 집으로 들인다. 그러고도 계속 부인에게는 웃음을 보이지 않으면서 엄하게 대한다.

오십이 넘은 어느 날, 홍언필은 부인이 자신의 꾀에 속아 기 한 번 못 펴고 사는 것이 새삼 웃겨서 혼자 빙그레 웃었다. 부인은 이유를 묻는다. 비로소 자신이 홍언필에게 속고 산 것을 알게 된다. 화가 난 부인은 홍언필의 수염을 몽땅 뽑아놓는다. 임금은 하루아침에 홍언필의 수염이 없어진 것을 보고 연유를 묻는다. 그러고는 남편이 길들이지 못한 부인을 자신이 몸소 길들이겠다고 나서며 거짓으로 사약을 내린다. 질투를 그치거나 아니면 사약을 받거나. 둘 중 하나를 선택하라고 하자, 부인은 얼굴빛 하나 변하지 않고 사약을 마신다. 첩을 들이는 꼴을 보느니 차라리 죽겠다는 것이다. 물론 그 사약은 설탕물이었다. 이 사실을 안 임금은 이렇게 말한다.

"전해 듣는 나도 이렇게 무서운데 같이 사는 남편은 오죽할까."

③의 주인공은 〈사씨남정기〉의 교씨다. 교씨는 유한림의 사랑을 독차지하기 위해 사씨가 한 말을 곡해해서 알리고, 정절을 모함하고, 살인 누명을 씌워서 내쫓는다.

현대 드라마에 나오는 질투하는 여성은 유씨나 송씨가 아니라 교씨를 닮았다. 그녀들은 사악하기 이를 데 없다. 현대의 악녀 캐릭터는 모두 남성의 사랑을 독차지하려고 거짓말을 밥 먹듯이 하고, 일부러 교통사고를 내고, 문서를 위조하고, 누명을 씌운다. 그녀들은 교씨처럼 아름답고 재주가 있는 것으로 그려진다. 뿐만 아니라 교씨처럼 남자들 앞에서는 여리고 뒤에서는 악독한 짓을 서슴지 않기도 한다.

이처럼 교씨의 캐릭터는 이후 고전소설과 현대 드라마에서 반복된다. 질투하는 여성의 형상만큼은 텍스트가 현실을 모방하는 것이 아니라 또 다른 텍스트를 모방한다.

하다못해 토끼, 메추리, 닭, 모르모트의 인권까지 거론되고 있는 세상이다. 그러나 드라마 속에서 질투하는 여성에게는 인권이 없다. 그녀들은 모욕당하고 매도당해도 당연하다. 질투하는 여성은 사실 여러 가지 다른 자질을 가질 수 있다. 유씨 부인처럼 식감을 가질 수도 있고, 송씨 부인처럼 자존감을 가질 수도 있다. 질투하는 여성이 곧 악녀는 아니다.

유씨 부인과 송씨 부인은 똑똑하고 자존감이 높은 "반면", 질투심이 강하다는 약점을 가진 것이 아니다. 이들은 똑똑하고 자존감이 높기 "때문에" 독하게 질투를 하는 것이다. 똑똑해서 남성들이 다른 여성에게 바치는 복잡다단한 감정의 결들을 간파했을 수 있고, 자존감이 높아 남편이 자신과 다른 여성에게 공경과 애정을 배분하는 것을 참지 못할 수도 있다. 나는 이들의 똑똑함과 자존감이 독한 질투심과 동전의 앞뒷면을 이룬다고 본다. 조선시대에도 있었던 이러한 여성 캐릭터를 현대 드라마에서도 한번 보고 싶다.

生活이
이루어지기까지

4

살림, 그 수천 가지 자질구레함

험한 시댁 종 앞에서 주눅 들다

한국에서 전업 주부들의 일상은 그다지 여유롭지도, 고요하지도 않다. 식기세척기, 세탁기와 세탁업소, 청소기나 청소 로봇의 도움을 받아 유지되는 일상이지만 그것도 만만치는 않다. 게다가 아이들의 매니저 노릇은 일상을 더욱 무겁게 만든다. 그것은 아이들을 픽업하는 단순 노동뿐 아니라 아이들을 위해 온갖 정보들을 획득하는 고난이도의 지적 노동까지 포함한다.

조선시대 양반 여성들은 하인들의 도움을 받아 편안한 일상을 영위하지 않았을까. 게다가 그녀들은 자식들의 교육을 위해 현대 여성들처럼 동분서주하지는 않았다. 그러나 조선시대 양반 여성들의 일상 역시 고단했다. 도움을 주는 하인들을 다루는 일 자체가 일이었다. 《현풍곽씨언간》에는 곽씨 부인인 하씨에게 출가한 딸들이 보낸 편지가 있다. 경주 지방으로 출가한 딸은 어머니에게 자주 편지해서 자신의 불편함을 호소한다.

> 내 팔자같이 사나운 팔자가 어디 있겠습니까? 덕공이가 죽고 태보
> 기마저 죽게 되었사오니 제 인생이 불쌍하고 …… 넙생이는 성해
> 진 후 달아나버리고 초사흗날부터 새로 태보기가 아파서 죽는다
> 산다 하다가 어제부터 잠깐 (병세가) 덜하다고는 하오되 살아날지
> 몰라 민망하옵니다. 우리는 살아갈 방도가 없사옵니다. 행여 (태보
> 기마저) 죽으면 원래 (종) 셋 부리던 것을 둘이 없어지게 되니 어찌
> 살아가겠습니까? 이런 운運이 올 줄 어찌 알았겠습니까? 태보기가
> 죽으면 험한 시댁 종들의 말을 어찌 들으려는지 더욱 민망하며 그
> 런 딱한 일이 어디에 있겠습니까?"[1]

친정에서 데려온 세 명의 노복 중 한 명은 아파서 죽고, 다른 한 명
은 병이 낫자 도망갔는데 마지막 남은 한 명마저 아프니 이마저 죽으
면 사나운 시댁 노복들을 어떻게 대할까 하는 것이다. 이 시댁이 유독
사나운 노복들을 두고 있는 것은 아닐 듯하다. 송시열의 〈계녀서〉에
서도 "시가의 종을 제가 데리고 온 종만큼 여기는 사람이 적으니 부
디 똑같이 대하라"고 하지만, 똑같이 대하기 어려운 이유는 수도 없
다. 노복들에게 다른 지방이나 가문에서 시집 온 여성은 낯선 사람일
뿐 아니라, 추가된 상전이다.

---

1) 백두현, 《현풍곽씨언간》, 언간 139, 태학사, 2003.

이들 사이에는 뭐 하나 공통적인 게 없다. 성별, 계층, 고향, 풍습, 교양 정도도 다르다. 젊은 양반댁 며느리는 이들 앞에서 위신을 세울 수 있을까? 또 〈계녀서〉에 따르면 종이 온갖 말을 하거나 음란한 말을 하거든 아는 체하지 말라고 하였는데, 젊은 여성들이 이런 일을 얼굴 붉히지 않고 해낼 수 있었을까?

노비를 적절하게 다루는 것은 연륜이 있는 부인에게도 어려운 일이었다. 조선 중기의 대문호인 송강 정철鄭澈의 어머니 죽산 안씨에게도 노비로 인해 어려운 일이 있었다. 죽산 안씨가 경기도 고양에서 시묘살이를 하고 있는 두 아들들에게 보낸 편지에서 그 전말을 볼 수 있다.

안씨는 노복에게 셋째 아들은 잠 잘 방에 군불을 때서 따뜻하게 하라고 시켰다. 이렇게 지시했음에도 노복이 주인 말을 듣지 않고, 불을 때지 않았다. 더 나쁜 것은 불을 때지 않고도 불을 땠다고 속인 것이다. 그 말을 믿고 그 방에서 잔 아들이 배탈이 나서 변소를 무수히 드나들었다.[2] 이때는 1571년으로 죽산 안씨가 77세 때였다. 노비가 주인의 명을 수행하게 하는 것은, 산전수전 다 겪은 마님들에게도 어려운 일이었다.

《현풍곽씨언간》을 보면, 시댁 종이 아니라 친정집에서 데리고 온 종을 다루는 것도 쉽지는 않다. 이들은 전염병에 자주 걸리기도 하고, 잔병치레가 많아 노상 아프기도 하고, 영등신靈登神[3]이 두렵다면서 급한 길을 떠나지 않기도 하고[4], 너무나 충직해서 자신의 일은 제쳐

---

2) 백두현,《한글 편지로 본 조선시대 선비의 삶》, 역락, 2011, 44쪽.

두고 마님의 일만 하려들기도 한다.

마님의 연륜을 불문하고, 노비를 다루는 것은 어려운 일이기에 여
성을 교육하는 규범서에서는 주요한 항목으로 노비 다루기를 명기
했다. 규범서를 쓴 남성들은 여성들에게 노비를 자애로 대하고 마음
으로 감복시키라고 한다.

> 먼저 가르쳐 깨우치고 나중에 책망과 벌을 내리며, 자잘한 과실은
> 대략 넘어가고 큰 재앙은 용서해주며, 공이 있으면 칭찬하고 잘못
> 하면 긍휼히 여기며, 재주를 헤아려 일을 시키되 힘껏 해도 미치지
> 못하면 억지로 시키지 말고, 그를 믿고 일을 맡기되 잘못이 아직
> 드러나지 않았다면 먼저 캐지 말 것이다. 그 마음으로 감복시키면
> 아랫사람이 스스로 힘을 다하니 이루어지지 않는 일이 없을 것이
> 다."5

가만히 읽어보면 반드시 여주인과 노비 사이에 지켜야 할 일만은
아니다. 고위 관직에 있는 사람이 아랫사람을 대할 때에도, 선생이
제자를 대할 때에도, 부모가 자식을 대할 때에도 이와 크게 다르지는
않다. '자애'는 아랫사람에게 베푸는 사랑이기 때문이다. 자애는 위-

---

3) 영등은 음력 2월 초하루를 말한다. 이날 영등 할머니가 내려오는데 비가 오면 풍년, 바람이 불면 흉
   년이 든다고 한다.
4) 백두현, 《현풍곽씨언간주해》, 언간 147, 태학사, 2003, 668~669쪽.
5) 한원진, 《한씨부훈韓氏婦訓》, 이경하 역주, 《18세기 여성생활사 자료집》 2권, 보고사, 2010, 40~41쪽.

아래의 관계가 명확하게 정립되어 있을 때에 가능하다. 상하 관계는 양반인가 노비인가 하는 신분 외에도 여러 가지로 따져볼 수 있다. 연령, 성별, 문화의 친숙도 등으로 볼 때 나이 지긋한 양반 남성이 자기 집 나이 어린 종복을 다루는 것은 별 문제가 아니다. 그러나 갓 시집 온 여성이 나이 많은 시댁의 종복을 다루는 것은 그렇게 쉽지 않다. 성별, 연령, 문화의 친숙도 모든 측면에서 갓 시집 온 새댁은 갑이 되기 어렵다.

이 규범서에서 그런 세세한 내용들에 대한 배려는 없다. 내가 생각하기에는 이 글을 쓴 한원진韓元震이, 양반들이 유념하고 있는 일반적인 상하 관계를 젊은 여성과 노복의 관계에 그대로 투영했기 때문인 듯하다. 젊은 여성들이 나이든 노복들을 다루기 위해서는 자애가 아닌 두려움을 극복하고 센 체하는 것이 필요할 수 있다.

그러나 실제 양반 남성들 가운데에는 노비를 자애롭게 대한 사람도 있었지만 그렇지 않은 경우도 많았다. 한원진은 "가장은 위엄을 주로 하고 가모는 은혜를 주로 함이 마땅하다. …… 비복이 바깥주인을 두려워하고 안주인을 편안히 여기"도록 해야 한다고 쓰고 있다. 남성이 노비를 다스릴 때 필요한 규범은 여성이 노비를 다스릴 때 필요한 규범과 달랐다. 여주인에게는 따뜻함이, 바깥어른에게는 엄격함이 요구되었다.

아직 이런 규범들이 정식화되기 전 이야기이기는 하다. 16세기 이 문건은, 물론 자신의 관심사에 따라 아픈 노비들을 치료하기도 했지만, 100명이 넘는 노비로 이루어진 자신의 '왕국'을 지탱하기 위한 거의 유일한 방편으로 체벌을 사용한다.[6] 체벌 이유는 '상전이 부르는데 즉시 오지 않았다거나', '주인의 지시와 명령을 신속히, 성실히 수행하지 않았을 때', '부주의와 과실', 심지어는 '더운 물을 속히 대령하지 않았다'는 이유 등이다. 이들은 매로 엉덩이를 맞거나 구타당했다.[7]

끊이지 않는 손님과 제사

양반 여성들의 일상에서 매우 중요한 일 가운데에는 노비 다스리기 외에도 제수 준비와 손님 접대가 있었다. 오희문鳴希文의 《쇄미록瑣尾錄》이나 남평 조씨의 《병자일기》를 보면, 제사는 월 평균 세 번 정도다. 어떤 달에는 제삿날이 하루가 멀다 하고 온다. 또한 손님 접대도 그저 인사나 하고 차나 술 한 잔 내주는 정도가 아니었다. 찾아오는 사람은 반드시 물건을 가져오고, 주인 역시 먹거리나 생활용품 같은 뭔가를 챙겨주어야 했다.[8] 손님들은 당일에 와서 술 접대를 받고 가는 경우도 있지만 하루, 많게는 며칠씩 숙식을 하는 경우도 있었다. 오전 손님, 오후 손님, 저녁 늦은 시각의 손님까지 하루에 몇 차례씩 손님을 맞이하기도 했다.[9] 어느 것 하나 쉽지 않았다.

---

6) 김용철, 《묵재일기》 속의 여비女婢〉, 《한국고전여성문학연구》 20집, 한국고전여성문학회, 2010, 47~51쪽.

7) 문희순, 〈남평 조씨 3년 9개월의 가정과 인간 경영-《병자일기》를 중심으로〉, 《한국언어문연구》 75집, 2010, 349쪽.

8) 정창권, 〈조선후기 장편 여성소설연구〉, 고려대학교 박사학위논문, 2000, 24쪽.

강정일당姜靜一堂은 〈사기록思嗜錄〉에서 11대 시할아버지부터 시아버지까지 좋아하던 음식을 적어 놓았다. 이 글의 제목은 어르신들의 기호[嗜]를 생각한[思] 기록[錄]이라는 뜻이다. 이런 기록은 아마도 제사를 잘 준비하기 위해 필요한 것이었으리라. 기록자의 성실함을 보여주는 대목이기도 하지만, 제사를 준비하는 것에 다방면의 노력이 필요함을 보여주는 대목이기도 하다.

더 많은 여성들이 제사를 지내거나 손님을 접대하기 위해 애를 썼다. 송시열은 머리카락을 잘라 팔아서 손님을 위한 음식비용을 마련한 예를 들고 있다. 한원진 역시 같은 예를 인용하면서 "술과 음식을 주관하여 손님을 모심으로써 손을 접대하는 주인의 기쁜 뜻을 인도하는 것은 바로 부인에게 달렸다. 옛날 부인들이 머리카락을 잘라 먹을 것을 마련하여 손님을 대접한 일이 대개 이런 것이다"[10]라고 했다. 머리카락을 잘라 먹거리를 준비한다는 것은, 가난하더라도 정성을 다해 음식을 준비하는 것을 상징한다. 현대로서는 상상조차 할 수 없는 머리카락의 용도다. 이런 기록들은 손님을 접대하고 제사를 지내기 위한 여성들의 노력이 얼마나 필사적인 것이었는가를 보여준다. 그리고 선비들이 필사적인 여성의 노력을 일상적으로 기대하고 있었다는 것을 보여주기도 한다.

여성들은 자발적으로 수고를 감당했다. 윤광연尹光演은 부인이 아파

---

9) 문희순, 같은 글, 326쪽.
10) 한원진, 〈한씨부훈〉, 앞의 책, 44쪽.

서 찾아온 손님을 그냥 보낸 적이 있는데, 곧이어 부인인 강정일당에게 타박을 받는다.

오늘 아침 손님인 상사 이원중李遠重 씨가 떠나는데 왜 만류하시지 않으셨습니까. 일반인의 경우도 오히려 그러할 수 없는데, 하물며 어진 이에 있어서이겠습니까. 생각하건대 반드시 제가 몸이 아프기 때문에 수고하고 움직이게 하는 것을 두려워해서일 것입니다. 그러나 항아리 가운데 아직도 오히려 남은 몇 되의 쌀이 있고, 게다가 병도 어제 비해 조금 나아졌는데, 어찌 가히 한 부녀자의 수고를 꺼려 당신의 집안의 규범을 어기실 수 있겠습니까. 손님을 대접하는 예의는 조상을 모시는 일의 다음 가는 집안의 큰일입니다. 결코 조금도 소홀히 하시지 말아야 할 것입니다.[11]

조선시대의 손님 접대는 시간적으로나 경제적으로 여유 있을 때 큰 맘 먹고 하는 행사가 아니었다. 강정일당은 병이 조금 덜하고, 남은 쌀이 몇 되만 있어도 손님을 접대하는 수고를 마다하지 않으려 한다. 왜 그녀는 육체적 고통과 경제적 궁핍에도 불구하고 손님을 접대하려고 했을까?

〈며느리 단혈斷穴〉이라는 이야기가 있다. 한 마을에 부잣집이 있었

---

11) 강정일당,〈척독尺牘〉10, 이혜순 · 정하영 편역,《한국고전여성문학의 세계(산문편)》, 이화여자대학교출판부, 2003, 301쪽.

는데 그 사랑방에는 늘 손님이 끊이지 않았다. 며느리는 손님 접대를 하느라 늘 힘이 들었다. 하루는 중이 시주를 하러 왔다. 며느리가 중에게 시주를 하며 집에 손님이 많아 힘들다고 했다. 중이 손님 끊을 방도가 있다고 하자 며느리가 방도를 묻는다. 중이 집안 무덤을 옮기라고 했다. 며느리가 중이 말한 대로 선산에 가서 특히 무덤을 파내자 김이 올라왔다. 이후부터는 부잣집에 손님이 줄어들더니 결국에 가서는 망하게 되었다.

집안 무덤을 파내자 손님이 줄더니 결국 망하게 되더라는 이 일련의 사건들은 오늘날의 시각으로 보면 인과고리가 약하다. 무덤을 훼손하는 것과 손님이 줄어드는 것 사이에 아무 관계도 없어 보인다. 전통 풍수 사상에서는 무덤을 잘 써야 복을 받는다고 생각했다. 그러나 대부분의 현대인은 무덤을 훼손하는 것과 손님이 줄어드는 것 사이에 아무 관계도 없다고 생각할 것이다.

반면 손님이 줄더니 집안이 망했다는 데는 이해할 수 있는 부분이 있다. 현대인들에게도 인맥은 중요하기 때문이다. 조선시대 양반들에게는 더욱 그러했다. 사승, 혼인, 당파 등 중요한 삶의 결정이 인맥으로 좌우되었다. 지금 우리가 국가 시스템으로 해결하는 공교육조차도 그들은 대부분 인맥으로 해결해야 했다. 정성스러운 손님 접대는 선비의 예의이기도 했지만, 삶의 주요 국면을 잘 헤쳐나가기 위한 필수사항이기도 했다.

조선시대 양반가에는 손님이 많았을 뿐만 아니라 함께 사는 권속眷屬 또한 많았다. 이순신이 정읍 현감으로 갈 때 조카들까지 데리고 다녔다는 것은 유명하다. 그는 "현감을 버릴지언정 조카들을 버릴 수는 없다"고 했다.

19세기 선교사였던 영국인 엘라수 와그너Ellasue Wagnaer는 조선 가옥
에 대해 이야기하면서 "조선인들은 참으로 가부장적인 사람들이어
서 가장이 능력만 있다면 8촌 권속까지 같은 울 안에 들어와 산다"라
고 했다.[12] 의생활과 식생활이 처음부터 끝까지 여자의 노동과 손을
거치지 않고 나오는 것이 없던 시절, 식구 하나가 늘어서 그를 입히
고 먹이는 것은 노동의 양이 폭증하는 것을 의미한다.[13] 8촌 권속이
한 울타리에 살기 위해서 여성들이 감당해야 했던 어마어마한 노동
량은 짐작조차 되지 않는다.

그래도 나는 노비의 도움을 받아서 제수를 준비하고 손님을 접대
할 수 있는 양반 여성들은 아무리 노동의 양이 많다고 하더라도 행복
한 편이었다고 생각한다. 또 다른 많은 부인들은 일상이 아니라 생계
를 책임져야 했다.

무소유를 꿈꾸는 가장

여성들이 생계를 책임져야 하는 대표적인 경우 가운데 하나는 남편
들이 청빈하게 살고자 할 때다. 많은 선비들이 청빈함을 모토로 살았

---

12) 서윤영, 《우리가 살아온 집, 우리가 살아갈 집》, 역사비평사, 2007, 249쪽.
13) 이지양, 〈조선조 후기 사대부가 기록한 아내의 일생〉, 《인간·환경·미래》 7호, 인제대학교 인간·
    환경·미래 연구원, 2011, 52쪽.

다. 그들이 삶에 꼭 필요하다고 생각하는 아이템들을 보자.

없어서는 안 될 것은 오직 서적 한 시렁, 거문고 하나, 벗 한 사람, 신 한 켤레, 잠을 청할 베개 하나, 바람 통할 창 하나, 햇볕 쪼일 마루 하나, 차 달일 화로 하나, 늙은 몸 부축할 지팡이 하나, 봄 경치를 찾아다닐 나귀 한 마리입니다. 이 열 가지는 비록 번거롭더라도 하나도 빠뜨릴 수 없는 것입니다. 늘그막을 보내는 데 있어 이밖에 무엇을 더 구하겠습니까?[14]

김정국金正國(1485~1541)이 황여헌黃汝獻에게 보낸 편지다. 황여헌은 부정하게 재물을 탐한다는 이유로 선산 군수로 폄적貶謫되었다. 김정국은 그를 질책하면서, 늘그막을 보내는 데 꼭 필요한 열 가지를 나열한다. "서적 한 시렁"에는 늙은 선비의 그치지 않는 학구열이, "바람 통할 창"이나 "봄 경치를 찾아다닐 나귀"에는 자연친화적이며 고고한 정신세계가, "거문고 하나"에는 고상한 취미가 드러난다. "화로", "신발", "지팡이"는 모두 최소한의 필수품들이다.

무소유나 다름없는 세계에서, 정신적으로 자유롭고자 하는 선비들을 만나게 된다. 그러나 이들은 신선과 같은 경지를 꿈꿀지언정, 결코 신선이 될 수는 없다. 누군가는 인간인 그들을 먹이고 입혀야 하고, 그들이 방치한 살림을 꾸려야 한다.

---

14) 이기, 《간옹우묵艮翁疣墨》, 48화.

선비는 유학자이지만 한 집안의 가장이기도 하다.[15] 유학자로서 선비가 무소유나 다름없는 청렴함을 지향하는 것은 개인적으로 바람직한 생활태도다. 그러나 가장으로서 선비의 청렴함은 가족 구성원들 전체의 곤궁함을 야기한다.[16] 그 가장이 무소유의 자유를 꿈꿀수록 아내를 비롯한 가족들은 고될 수밖에 없다.

> 문정공 유관柳寬은 청렴하고 곧아서, 초가 한 칸에 베옷을 입고 짚신을 신으면서 소박한 생활을 한 것으로 유명하다.
> 어떤 때는 장마가 달포를 넘자, 공의 집이 삼대를 드리운 듯 줄줄 새는지라. 공이 손수 우산으로 비를 가리며 부인을 돌아보며 말하기를,
> "우산이 없는 집은 어떻게 견디며 지낼꼬."
> 하니, 부인이 대답하기를,
> "우산이 없으면 반드시 대비함이 있으리다."
> 하니, 공이 웃었다.[17]

유관은 청렴하기로 유명한 조선 초기의 정승이다. 우산이 없는 집

---

15) 김미영이 잘 지적한 것처럼, 선비는 유학을 탐구하고 이를 토대로 인격수양을 연마하는 유학자이면서 한 가정의 가장이기도 하다. 김미영, 〈죽은 아내를 위한 선비의 제문祭文 연구〉, 《실천민속학》 제8호, 실천민속학회, 2006, 303쪽.
16) 김미영, 같은 글, 303쪽.
17) 서거정, 《필원잡기》 1권.

은 어찌 견딜까라는 대답에 우산이 없는 집은 다른 대비책이 있을 것이라 부인이 대답한다. 부인의 말투가 순하지만은 않았으리라. 남편이 정승인데도 비가 새는 집에서 궁상맞게 우산을 쓰고 사는 상황에 대해 맺히는 바가 없지 않으리라.

청빈함을 보여주는 대표적인 기호記號가 바로 누추한 집이다. 대부분의 청백리는 초가삼간도 안 되는 집에 살았고, 양반들 상당수가 초가집에 거주했다. 초가삼간은 19세기 말, 그러니까 지금으로부터 100여 년 전까지 조선의 대표적인 가옥이었다. 초가라는 것은 잘 알다시피 볏짚 등으로 지붕을 이었다는 것이다. 지붕 아래 구조물은 세 칸인데, 부엌, 큰 방, 작은 방 각 한 칸씩을 말한다. 이는 기능적으로 조선시대 주택의 표준형이었으며, 선비들이 거처해야 할 마음의 이상형이기도 했다.[18]

그렇다면 '삼간' 혹은 세 칸은 어느 정도의 크기였을까? 이를 현대식으로 계산하기 위해서는 한 칸이 몇 평인가를 알아야 한다. 목조 건축에서 방의 크기는 목재의 길이에 의해 결정된다(뿐만 아니라 한 칸의 길이에 대해서는 지역 또는 계층마다 다르게 사용하는 경향이 있었다). 세종 때에는 가로와 세로가 각각 8자인 정사각형, 곧 5.76제곱미터(1.74평)를 한 칸으로 결정했다.[19] 한 칸은 시대마다 차이가 있지만, 대략 1.74 평이라는 것을 알 수 있다.

---

18) 한국고문서학회, 《조선시대 생활사》3, 역사비평사, 2006, 247~258쪽.
19) 서윤영, 앞의 책, 89쪽.

초가삼간은 한 평을 1.74로 잡고 계산했을 때 5.22평, 그러니까 다섯 평이 조금 넘는 집이다. 현대 정부나 지방 단체가 공동주택을 지을 때에는 25.7평 이하를 중소형으로 구분한다. 초가삼간은 현대 중소형 주택의 5분의 1 정도 크기로, 몸을 누일 수 있는 최소의 공간이다.

그러나 일부 청백리들에게는 최소의 안정된 주거 공간조차 없었다. 맹사성孟思誠도 비가 줄줄 새는 집에 살았고, 허종許琮도 간신히 바람과 햇볕만을 가리는 집에 살았다.

이원익李元翼도 빠뜨릴 수 없는데, 그는 40년 동안 재상으로 지내면서 비바람도 가릴 수 없는 떳집에서 살았다. 떳집은 짚이 아니라, 이엉이나 큰 풀로 지붕은 엮은 집이다. 짚에 비해 성긴 풀들로 엮었으니 비바람조차 가릴 수 없는 것은 당연하다.

청백리 가족이 처한 불행은 이뿐이 아니다.

문청공 이병태李秉泰가 처음 경상도 관찰사에 임명되었을 때 사양을 하고 부임을 하지 않으니, 임금이 노여워하다가 특별히 합천 군수로 임명하였다. 경상감영에서 모시러 나온 아전이 그의 집을 보니, 밥을 짓지 않은 지 벌써 며칠이 되는 듯하였다. 아전이 보기가 매우 민망하여 쌀 한 말과 청어 한 마리, 그리고 장작 두어 단을 안채에 들여보냈다.

이병태가 임금에게 하직 인사를 드리고 나와서 흰쌀밥과 청어탕을 보고는 집안사람에게 물었다.

"이런 음식이 어디서 났느냐?"

집안사람들이 사실대로 아뢰자, 그가 정색을 하고 말하였다.

"어째서 아랫사람이 명분 없이 주는 물건을 받을 수 있겠느냐?"

하고는 그 밥과 국을 감영에서 온 아전에게 내주었다.[20]

이병태는 영조 때에 경상도 관찰사에 보직되었으나 거절하고, 다시 우부승지에 임명되었으나 거절하여 영조의 노여움을 사 합천군수로 좌천되었다고 한다. 그가 막 경상감영에 도착했을 때, 아전이 그의 집을 보고 밥을 짓지 않은 지 며칠 된 것을 알고 쌀과 생선과 장작을 보냈다. 이것으로 집안에서는 간만에 쌀밥을 짓고 생선국을 끓였는데 이병태는 음식의 출처를 알고 밥과 국을 아전에게 내주었다. 배를 곯던 집안 식구들은 쌀밥과 생선국을 끓여 놓고도 먹을 수가 없었다. 영조도 꺾지 못한 고집을 집안 식구가 꺾을 수 있었겠는가. 그가 백성들을 구휼하는 데는 성공했지만 집안을 구휼하는 데 성공했을지는 잘 모르겠다.

> 맹사성은 평소 살림살이에 관심을 두지 않고, 식량은 늘 녹미祿米로 하였다. 어느 날 부인이 햅쌀로 밥을 지어 올렸더니, "어디에서 쌀을 얻어왔느냐?" 하고 물었다. 그 부인이 "녹미가 심히 묵어서 먹을 수 없기에 이웃집에서 빌려 왔습니다" 하니 "녹을 받은 것이니 그 녹미를 먹는 것이 당연한 일인데, 무엇 때문에 빌렸소" 하였다.[21]

---

20) 《기문총화》 3권, 265화.
21) 이긍익, 《연려실기술練藜室記述》 3권.

이병태처럼 맹사성도 부인이 얻어온 음식에 불만을 제기한다. 이
들에게는 자신이 녹미로 받은 음식 외의 음식은 정당하지 않은 것이
었다. 이를 먹느니 차라리 굶주리거나 먹을 수 없는 지경이 된 음식
을 먹는 편을 택한다. 그에 비하면 유관이 시향時享 때에 음복을 하고,
소금에 절인 콩 한 소반을 안주 삼아 간소하게 먹었다[22]는 이야기는
상대적으로 풍족하게 느껴질 정도다.

청백리의 아내들은 비바람도 가릴 수 없는 집에서 지내야 하고, 굶
주림을 밥 먹듯 하거나 차마 음식이라고 할 수 없는 것을 먹으며 지
내기도 했다. 남편이 청백리인 것이 원망스러울 법도 하다. 그래도
남편이 살아서 청백리 노릇을 하는 게 낫다.

이들은 남편이 죽고 난 후에 더 큰 고통에 직면한다. 홍명하洪命夏의
아내는 그가 죽은 다음에 제사를 지낼 수 없었고, 이행원李行遠의 아내
는 쌀 한 톨이 없어 굶주림을 면하기 어려웠다.[23] 이준경李浚慶의 부인
도 사정은 마찬가지였다. 그나마 이준경의 부인은 길쌈에 재주가 있
어 집을 세웠다. 이준경은 외방에 나가면 장수로, 조정에 들어오면
정승으로 20여 년을 보냈으나, 집안에 서까래 하나 보태지 않았다.
그나마도 이준경이 죽자 집에는 곡식 한 섬 저축한 것이 없었다.

22) 이육, 《청파극담靑坡劇談》.
23) 《숙종실록》, 8년 2월 29일.

김상헌金尙憲의 처방

조선 인조 때 재상 김상헌이 하루는 집에서 한가한 시간을 보내고 있었는데, 마침 함께 조정에서 일하고 있는 한 친구 재상이 찾아왔다. 그래서 김상헌은 혼자 심심하던 차에 술상을 마주 놓고 앉아 즐겁게 환담하며 시간을 보냈다.

많은 시간이 흐르고 술잔을 주고받는 사이에 두 사람은 얼근하게 취했는데, 갑자기 친구 재상이 슬픈 표정을 지으면서 심각해지는 것이었다. 그래서 김상헌은 이상하게 생각하고 의아해하며, "자네 갑자기 왜 이러나? 무슨 언짢은 일이라도 있는가?" 하고 표정을 살피니, 친구 재상은 다음과 같이 말하며 쓴웃음을 지어 보였다.

"자네도 알다시피 나의 공직 생활은 매우 엄격하고, 그리고 내 아내도 무슨 뇌물을 받는 것 같은 흔적이 없는데, 간혹 나에 대해 뇌물을 받는다는 소문이 들리니, 이건 도무지 알 수 없는 노릇이야. 자네는 어떻게 하기에 계속 잡음 없이 청렴결백하다는 칭찬만 듣는가? 그 비결을 좀 알려주게나."

친구 재상은 부럽다는 듯이 쳐다보면서 말하는 것이었다. 이 말을 듣고 있던 김상헌은 한참 동안 말이 없다가 입을 열었다.

"자네가 엄정하게 일을 처리한다는 것은 모르는 사람이 없네. 그런데 그러한 소문이 들린다면 아마도 이유가 있을 걸세. 혹시 밤에 부인과 잠자리를 하고는 그 자리에서 그대로 부인과 함께 아침까지 잠을 자는 게 아닌지 모르겠네."

친구 재상은 이 말을 이해하지 못하겠다는 듯이 김상헌을 빤히 쳐다보았다. 이에 김상헌은 웃으면서 더 말을 이었다.

"자네 아직 잘 이해가 안 되는 것 같네그려. 내가 보기에 자네는 부부 금실이 너무 좋아 아마도 부인과의 잠자리에 깊은 감흥을 느끼고 흡족해하며 좋아하는 것으로 알고 있네. 그러고는 그대로 한 베개를 베고 누워 자면, 반드시 부인과 다정한 이야기를 하게 되고, 그때 부인에게 이런저런 나라 조정의 업무에 관한 이야기를 하게 되는 것일세. 어때 내 말이 맞지?" 하고 싱글벙글 웃으니, 친구 재상은 얼굴을 붉히면서, "그러는 자네는 어떤가? 부부 잠자리에 기분이 고조되지 않는 사람이 어디 있겠어? 자네는 안 그래?" 하고 되물었다.

이 말에 김상헌은 얼굴색을 고치고 말했다.

"바로 그걸세. 그때 고조된 기분에 부인과 누워 살을 맞대고 이야기를 하다보면 자연히 조정의 업무에 관한 정보를 들려주게 되고, 또 더러는 부인이 가벼운 부탁의 말을 하게 되는 것일세. 베갯머리에서의 말이니까 별 부담 없이 부인의 부탁을 들어주게 되고, 또 부인은 자네에게서 얻은 정보를 이용해 어떤 사람에게 업무를 유리하게 해줄 수가 있는 것일세. 이것은 사소한 것 같아도 우리들같이 정부의 큰일을 담당하고 있는 사람들에 관련된 것이라면 그 파급 효과가 매우 크다네. 나는 아내와 잠자리를 하고 나면 곧장 일어나 내 방으로 나와 버린다네. 어떤가? 자네도 나처럼 할 수 있겠나?"

이렇게 김상헌은 친구 재상에게, 지금부터는 부인에게 어떠한 이야기도 들려주지 말라고 일깨워주었다.

이후 친구 재상에게도 모든 잡음이 사라졌는데, 하루는 김상헌이 밤에 부인 방에 가서 아내와 잠자리를 했다. 그리고 보통 때와 마찬가지로 곧장 옷을 입고 나오려 하니, 아내는 옷을 붙잡고 억지로 끌어 앉히고 말했다.

"당신은 얼마 전에 왔던 그 친구 재상에게 무엇이라고 했기에 그 부인이 나를 보고 그렇게도 못마땅해 하면서 원망합니까?"

김상헌은 아내의 이 말에 눈치를 채고는 무슨 말이냐고 물었더니, 아내는 그 재상 부인이 한 말을 그대로 다음과 같이 전했다.

"댁의 늙은이는 자기 혼자만 청백리 노릇하면 되었지, 왜 우리 집 영감에게까지 청백리 노릇을 본받으라고 강요해 남의 잠자리를 망처 놓아요? 그리고 뇌물 한 푼 못 들어오게 막아 나의 생활이 이토록 쪼들리게 만들어 놓아요? 아주 댁의 늙은이가 미워서 당신마저 서로 만나기도 싫어요."

이렇게 원망 섞인 한탄을 하더라고 하면서, 제발 남들이야 어떻게 살든지 간섭하지 말라고 하면서 화를 냈다. 아내의 이 이야기를 듣고 나온 김상헌은 "그렇지, 정말 어떻게 사는 것이 잘 사는 길인지는 모르겠다" 하면서 혼자 중얼거리고 깊은 상념에 잠겼다.[24]

청백리는 아내의 부탁도 들어주지 않아야 한다. 청백리로서의 남

---

24) 이 이야기는 원래 《동패락송東稗洛誦》14권에 있는 것인데, 여기에서는 김현룡, 《한국인 이야기》 5권, 자유문학사, 2001, 16쪽을 인용한다.

편이 내리는 결정은, 아내의 편에서 보자면 못마땅하다. 청백리는 아내의 소원에 위배될 수 있는 길을 꿋꿋하게 걸어야 한다. 밥에 국 한 그릇을 먹고 싶다는 아내의 부탁, 냄새나는 묵은 쌀 대신 햅쌀을 먹고 싶다는 아내의 소박한 바람을 저버려야 청백리의 이름을 얻을 수 있다.

김상헌의 이야기에서 다시 확인되는 명확한 사실이 하나 더 있다. 아내와의 잠자리를 경계해야 하는 이유는 베갯머리 송사를 경계해야 하기 때문이라는 것. 조선시대 부부가 친밀하지 않아야 하는 이유는 많다. 남편의 공부를 위해, 명령을 위해, 청렴을 위해.

전운사轉運使의 재주

청빈함은 국가 제도적으로도 장려될 수밖에 없었다. 조선은 관료들에게 생계를 지탱하고 품위를 유지하기에는 턱없이 부족한 보수를 지급했다. 그럼에도 그 관료체제는 5백여 년 이상을 정상적·효율적으로 작동했다. 터무니없는 보수 체계 위에서 운영되는 조선시대 관료체제를 유지하고, 타락을 방지하기 위해 여러 제도적 장치들이 마련되어 있기는 했지만, 그 뿌리에는 유교적 수양의 원리와 규범에 대한 의식이 강하게 배어 있었다.[25] 청백리는 그런 유교적 수양과 원리 규범을 체화한 사람들이었다. 그 아내들은 자의든 타의든 간에 '전운

---

25) 이영춘 외, 《조선의 청백리》, 가람기획, 2003, 17쪽.

사의 재주'를 가져야 했다.

지금은 쓰지 않는 '전운사의 재주'라는 말은 정자의 어머니 후부인이 살림을 잘했다는 데서 유래했다. 이 말은 여성에게만 쓰는 것으로, 재물을 잘 운용하는 재주를 말한다. 행장에서는 자신의 부인을 가리켜 "우리 집안의 전운사"라고 하기도 한다. 청백리의 아내들은 관료인 남편을 두었음에도 가난을 극복하기 위해 경제 활동을 하는 경우가 흔했다. 그나마 벼슬도 없는 선비의 아내에게 경제 활동은 더 절실하기도 했을 것이다.

그렇다면 여성들은 어떻게 가정 경제를 담당했을까? 여성들이 치산을 담당하는 방법은 여러 가지였다. 소극적인 방법으로는 패물을 저당 잡히거나 장신구를 팔아 살림을 꾸리기도 하지만 일반적으로 길쌈을 통해 베 필과 양식을 마련했다. 베를 짜서 돈을 모으고, 농사지어 번 돈을 모아 논밭을 사는 식이다. 15~16세기에 오세훈의 부인 신씨는 살림을 잘해서 연달아 땅을 매입해 재산을 몇 배로 늘렸는데, 그 남편은 치산이라고는 전혀 몰랐다. 그 방법은 방직을 하여 잉여 소득이 생기고, 곧 이식利殖에 힘써 이 모든 것을 농사의 토지 자본으로 전환하는 것[26]이다. 이렇게 여성의 방적과 토지 경영으로 부자가 될 수 있었다.

---

26) 김경미, 〈숨은 일꾼, 조선 여성들의 노동 현장〉, 규장각한국학연구회 엮음, 《조선 여성의 일생》, 글항아리, 2010, 133쪽.

아버지께서는 본디 집안일에 관심이 적으셔서 집에 뭐가 있는지 없는지를 묻지 않으셨으니, 어머니께서 집안 살림을 다 맡아 하셨다. 곡식 되, 비단 상자 및 장류, 메주, 누룩 등의 기본적인 것들과 땔나무와 같은 자잘한 일들에서 담장, 마구간 여물통 등속까지도 모두 알아서 집안을 잘 다스리셔서 아버지로 하여금 그 뜻을 편안하게 하시도록 하였다.

양반 여성들이 했던 일의 목록은 매우 길다. 여성들은 길쌈과 같은 중요한 생산 활동에 참여할 뿐 아니라 마구간과 담장까지 주관해 두루 처리하기도 한다.[27] 전통적으로 남성이나 하인의 영역이라고 생각했던 일들까지 도맡는다. 가장은 공부 중이기 때문이다. 〈허생원〉에는 작심 10년으로 공부를 하는 허생원에게 그 부인이 잔소리를 하는 대목이 있다. 하루 살기 힘든데 남편은 돈 벌 생각이 없으니 얼마나 화가 났을까? 그러나 행장을 보면, 남편이 선비로서 공부하는 삶을 사는 데 동의하고, 그 험한 길을 가는 데 적극적인 조력자가 되는 부인들이 많이 있다.

(아버지께서) 일찍이 탄식하시길 "어떻게 하면 처사의 두건을 쓰고 일찍 물러나 왼쪽에는 그림을 두고 오른쪽에는 책을 두고 여년을

---

27) 신경, 〈어머니 유사先妣遺事〉, 김경미 외 3인 역주, 《18세기 여성생활사 자료집》 3권, 보고사, 2010, 219쪽.

보낼 수 있을까?"하시니, 어머니께서 말씀하시길 "이것이 바로 제 뜻입니다. 땔나무 거리 정도는 제가 마련할 수 있습니다"하셨다. 경제적인 문제에 편안하게 처하여 아버지의 뜻을 받드신 것이 이와 같았다. 그러므로 아버지께서 일찍이 우리들에게 말씀하시길 "내가 큰 허물없이 보잘 것 없는 약속이나마 이루었던 것은 네 어머니에게 힘입은 것이다"라고 하셨다.[28]

조선 중기 문신인 이후원李厚源의 아들 이선이 어머니 광산 김씨를 위해 지은 행장이다. 이후원은 한성부판윤과 형조·공조의 판서를 거쳐 대사간이 되었으며 곧이어 이조판서가 되었다. 그의 벼슬은 우의정까지 이르렀으니, 생의 대부분을 선비가 아니라 대부로 살았다. 잘 나가던 남편이 어느 날 남은 날들은 그림이나 보고 책이나 읽으며 보내고 싶다고 한다. 현대 부인들에게는 참 고민스러운 일이거나 고민할 여지조차 없는 일이다. 그러나 광산 김씨는 남편의 뜻이 "자신의 뜻"이라고 하면서, 조금의 머뭇거림이나 아쉬움 없이 땔나무 거리를 마련하겠다고 한다. 남편이 그림을 보고, 책을 보는 동안 자신이 생계를 담당하겠다는 것이다.

생산활동을 하지 않는 선비들의 삶은 전운사 아내에 의해 지탱되었다. 그러면 전운사의 남편들은 어떤 마음이었을까?

---

28) 이선, 〈정경부인에 추증된 어머니 김씨 행장先妣贈貞敬夫人金氏行狀〉, 조혜란, 〈17세기 조선의 규방 현실에 대한보고〉, 《한국고전연구》 9집, 한국고전연구학회, 2003, 372~373쪽.

곤궁한 선비의 아내가 되어 몸소 불 때고 절구질하느라 육신을 혹사하고, 바느질하고 수놓느라 정력을 다 바치면서도 무명 치마 하나 온전한 것이 없고, 나물국마저 배불리 먹지 못하며 따뜻한 겨울에도 추위에 떨고 풍년이 든 해에도 굶주리는 사람은 부인네 중에서도 지극히 궁하여 더더욱 애처로운 자라오. 또 비녀를 맡기고 돈을 받고 치마를 맡기고 음식으로 바꾸며 구차하게 고생고생하고도 배불리 먹기가 어려운데, 그런 상황에서도 남편이 학문에 종사하기를 원하고 쟁기잡고 농사짓기를 원하지 않는 사람이 있으니, 그 뜻 또한 서글프다오. ……그러니 남편 된 자의 부끄러움과 한스러움이 어떠하겠소. 나는 곤궁한 선비라오. 집안은 가난하지만 유학을 공부했고, 성격은 데면데면하여 살림살이가 어떤지 식구들이 굶주리는지 아픈지 전혀 살피지도 않았소. 비록 처갓집에서 얻어먹고 살지는 않았지만 내 아내 된 사람은 퍽이나 고달팠을 거요.²⁹

  그는 유학을 공부하고, 가족을 돌보고 살림살이를 살피지 않았다고 말한다. 그러나 그는 책 읽는 틈틈이 아내의 보잘것없는 의복과 식사를 살펴본 모양이다. 그는 남편 된 사람으로 부끄러움과 한스러움을 느낀다.
  정약용丁若鏞(1762~1836)에게 가난은 부끄러움이나 한스러움 같은 정

---

29) 신좌모, 〈제고실황씨문祭故室黃氏文〉, 유미림 외 역주, 《빈 방에 달빛 들면》, 학고재, 2005, 115~119쪽.

서로만 다가오는 문제가 아니었다. 그가 젊었을 때 계집종이 집안에 먹을 게 떨어지자 이웃집 호박을 따와서 죽을 끓인 일이 있었다. 대쪽 같은 성품의 홍씨는 오히려 매를 들었다. "누가 너더러 도둑질을 하라더냐?" 정약용은 이 일에 대해서 "만 권의 책을 읽은들 아내가 배부르랴, 두 이랑 밭만 있어도 계집종이 죄짓지 않아도 될 것을", "나도 출세하는 날 있겠지. 하다못해 안 되면 금광이라도 캐러가리라"라고 말한다.

또 〈가난[貧]〉이란 시에서 "안빈낙도하리라 말을 했건만, 막상 가난하니 '안빈安貧'이 안 되네. 아내의 한숨소리에 그만 체통이 꺾이고, 굶주린 자식들에게 엄한 교육 못 하겠네"[30]라고도 한다. 가난한 가장은 계집종에게 자기도 모르게 죄를 짓게 하고, 자식의 교육 앞에서 엄할 수 없다는 것을 그는 알고 있었다.

경제 활동을 하는 남성들

양반이라고 해서 모두 경제 활동에서 손을 놓고 있었던 것은 아니다. 그 가운데에는 가정 경제를 책임지는 것을 당연하게 여기는 경우가 꽤 있었다. 그들에게 금과옥조金科玉條로 여겨지는 모범은 단연 제갈량이다.

제갈량이 죽을 때 자손들에게 물려준 재산은 '뽕나무 800그루와

---

30) 정약용, 박무영 편역, 《뜬세상의 아름다움》, 태학사, 2001, 20쪽.

밭 15경'이 전부였다. 이것은 그의 도덕성을 다시 한 번 확인시켜주는 근거가 되기도 한다. 제갈량은 촉나라의 두 번째 실세였다. 그가 남긴 재산은 금은도, 성도, 집도, 대지도, 산도 아닌 뽕나무다. 제갈량이 남긴 뽕나무 800그루의 가치는 어느 정도였을까. 다산 정약용은 귀향지에서 아들에게 편지를 써서 뽕나무 심기를 권한다.

> 선비의 명성을 잃지 않으면서 장사꾼만큼의 이익을 얻으려면 뽕나무를 심어라. 뽕나무 365그루를 심으면 해마다 365꾸러미의 돈을 얻을 수 있다. 하루에 한 꾸러미로 식량을 마련하면 일 년 내내 궁색하지는 않을 것이다.

양잠 기술의 발달을 감안하면, 365그루의 뽕나무는 대략 제갈량시대의 800그루에 해당한다.[31] 제갈량이 위대한 것은 바로 그 수준으로 재산을 유지할 수 있었던 안목이다. 그것은 청렴하다는 평판에 부족함이 없을 뿐 아니라 궁색을 면하는 데도 부족함이 없기 때문이다. 곤궁한 선비의 아내에 대한 이야기를 읽을 때면, 왜 당시의 선비들이 제갈량이 가졌던 것과 같은 균형 감각을 가지지 못했는지 아쉬울 때가 있다.

퇴계 이황 역시 치산을 잘한 사람에 속한다. 물론 이황은 조상에게

---

31) 제갈량의 뽕나무와 정약용의 편지에 대해서는 다음 글을 참고했다. 김영인, 〈제갈량의 사후 대책〉, 《아시아투데이》, 2011년 7월 26자.

물려받은 재산이 상당했다. 고려 말에 이자수李子修가 공민왕 12년에 2등 공신으로 인정되면서 그 대가로 전지田地 50결과 노비 5구를 받게 되고, 퇴계의 가문은 기반을 닦기 시작했다. 후손이 번창하여 관직에 나아가는 사람이 늘어났고, 이황 대에 오면서 예안지방의 대표적인 사족으로 발전했다.

이황 가문의 경제적 기반이 어느 정도였는가에 대해서는 그가 손자녀에게 재산을 나누어주면서 작성한 〈화회문기和會文記〉를 보면 잘 알 수 있다. 이를 노비와 토지로 나누어 보면 노비의 수는 노奴(남자 노비)가 203구, 비婢(여자 노비)는 164구로 총 367구에 이르렀다. 토지를 보면 논이 77석락石落(1,166마지기)이고, 밭이 119석락石落(1,787마지기)이었다. 이 재산은 대개 조부로부터 물려받은 것과 외가와 처가로부터 받은 것 등 다양하지만, 무엇보다도 퇴계가 규모 있고도 효과적으로 재산 관리를 한 결과다.[32]

퇴계가 아들에게 보낸 가서家書를 보면, "생산을 경영하는 등의 일은 사람이면 누구나 해야 된다. 이 아비도 평생 비록 서툴기는 했지만 어찌 하나도 하지 않았겠는가. 다만 내면으로 운치 있고 고상한 것에 전념하면서 혹 밖으로 일에 응하면 사풍士風이 실추되지 않아 해가 되는 일이 없을 것이다. 만일 격조 있고 고상한 것을 완전히 잊고 경영하는 데만 몰두한다면 이는 바로 농부의 일로서 향리의 속인이 될 뿐이다"라고 했다.[33]

———

32) 이수건, 《영남학파의 형성과 전개》, 일조각, 1995, 237~270쪽.

양반에게 경제적 기반이 있다는 것은 또 다른 의미로도 중요하다. 퇴계의 경우 이러한 경제적 기반으로 인해 정치적 혼란기에도 시종 어렵게 나아가고 쉽게 물러나는 태도를 유지할 수 있었다. 이는 퇴계뿐만 아니라 당시의 양반들에게는 일반적인 현상이었다. 학자의 지조와 절개도 비교적 안정된 경제적 기반 위에서만 가능한 것이었다.[34]

한편으로는 조선시대 양반 여성과 남성의 경제 활동을 독려하기도 했다. 이덕무는 《사소절》에서 여성들이 해야 할 가사 노동뿐 아니라 남성들이 해야 할 노동에 대해서도 언급했다.

> 선비의 아내는 가계가 빈곤할 때 식리殖利를 경영함이 불가한 것
> 이 아니니 방적紡績과 양잠養蠶은 원래 본업이요 닭과 오리를 기르
> 고 장과 초와 술과 기름을 팔고 또한 대추, 밤, 감, 귤, 석류를 잘 간
> 수하였다가 때에 맞추어 내며 잇꽃, 치자 등을 들여놓고 염색법을
> 배우면 생계에 도움이 될 뿐만 아니라 또한 여공女工의 하나이다.[35]

선비의 아내가 해야 할 일들의 잡다함이란 끝도 없다. 강도 높은 이 노동의 주체가 천민의 아내도, 상민의 아내도 아닌 선비의 아내라는 사실이 놀랍다. 한편 이덕무는 양반 남성에게도 가계를 위해 노동

33) 이유원, 《임하필기林下筆記》, 민족문화추진회, 1999, 40쪽. 강재철·홍성남·최인학 엮음, 《퇴계 선생설화》, 노스보스, 2011, 207쪽 재인용.
34) 이기담, 《조선의 재산상속 풍경》, 김영사, 2006, 60쪽.
35) 이덕무, 《사소절》, 〈부의사물婦儀事物〉

할 것을 권했다.

밭 갈고 나무하고 고기 잡고 소먹이는 일은 실로 농부의 본분이
다. 목수, 미장이, 대장장이, 옹기장이의 일에서부터 새끼 꼬기, 신
삼기, 그물뜨기, 발 엮기, 먹 만들기, 붓 만들기, 자르기, 책 매기, 술
빚기, 밥 짓기와 같은 일에 이르기까지, 사람의 일상 생활에 필요
한 일은 효도하고 공경하는 인륜의 떳떳한 도리와 아울러 행하고
그만 두어서는 안 되는 것이니, 가히 재주와 능력에 따라서 책을
읽고 행실을 닦는 여가에 때때로 배우고 익힐 것이지, 조그만 기술
이라고 해서 업신여겨서는 안 된다. 그러나 만약 마음을 여기에만
전념하여 빠져서 돌이키지 못하면 그것 또한 큰 잘못이다.[36]

이덕무가 양반 남성의 노동에 대해 이렇게 자세하게 언급한 것은
당시의 분위기에서는 독특한 일이었다. 양반 남성의 노동에 대해 일
견 진일보한 의견을 피력했던 이덕무도 이들에게 여성과 같은 정도
로 일하라고 하지는 않는다. 선비에게는 책을 읽고 행실을 닦고 나서
틈틈이 일을 하라고 충고한다. 《사소절》의 다른 부분을 참조하면, 이
덕무는 길쌈에 충실하지 않은 여성들을 게으르다고 비판한다. 여성
은 열심히 노동하지 않는 것이, 남성은 열심히 노동하는 것이 우려된
다. 이는 퇴계의 가서에서도 우려했던 바다. 여성에게 노동은 본업이

---

36) 이덕무, 《사소절》, 〈잡물雜物〉, 김종권 옮김, 양현각, 1974, 161쪽.

지만 남성의 노동은 아르바이트다.

살림살이에 관여하는 남성들

양반 남성들은 집안의 자잘한 일들에 깊이 개입하기도 했다. 곽주는
아내에게 다담상을 "좋게" 차리라며 다음과 같은 요구사항을 편지로
전한다.

> 절육, 세실과, 모과, 정과, 홍시, 자잡채, 수정과에는 석류를 띄워
> 놓고, 곁상에는 율무죽과 녹두죽 두 가지를 쑤어 함께 놓게 하소.
> 안주로는 처음에는 꿩고기를 구워드리고, 두 번째는 대구를 구워
> 드리고, 세 번째는 청어를 구워드리게 하소.

　모과와 홍시가 나온 때이니 아마도 가을이나 겨울인 듯하다. 본상,
곁상, 안주상의 차림을 내역뿐 아니라 안주를 내가는 순서까지 적고
있다. 이후에는 이 손님(부인의 시숙)을 맞을 부인의 옷차림에 대해서
도 쓴다. "머리를 꾸미고 가리매를 쓰도록 하소."[37]
　이런 일이 보편적인 것인지는 알 수 없다. 곽씨의 편지를 받은 사
람은 그의 후처 하씨 부인이다. 이들 부부는 따로 살았는데, 부인이
전처의 아들과 사이가 원만하지 못했던 모양이다.[38] 하씨는 남편 곽

―

37) 백두헌, 《현풍곽씨언간주해》, 곽씨언간 64, 태학사, 2003.

씨와 열한 살 차이가 났다. 나이 어린 후처가 집안일과 예의를 잘 모르기 때문에 남편이 일일이 일을 지시하게 된 것일까? 확실한 것은 이 편지들에서 남편이 아내에게 세부적 지시를 하는 것은 일회적이 아니며, 지시사항은 생활 전반에 걸쳐 있다는 것이다.

> 어물장수 사람에게는 쌀 일곱 말과 저의 양식 한 말과 아울러 여
> 덟 말을 주어서, 무겁다고 하거든 한 말을 덜어서 양식까지 일곱
> 말을 주어 보내게 하소. 어물은 해삼을 많이 맡아 두고, 생전복하
> 고 담치(홍합)하고 대구알, 고둥을 받아 오라 하소. 대구알과 고둥
> 은 (못 받아도) 관계치 아니하거니와, 마른 해삼은 부디 받아 오라
> 하소. (어물장수에게) 내일 부디 나가서 스무 나흗날에 이르러 들어
> 오라 이르소.[39]

이 편지는 곽씨가 혼인 잔치를 준비하기 위해 보낸 것이다. 그는 부인에게 어물장수에게 줄 것과 주문할 것들을 모두 쓰고 있다. 어물장수에게 어물을 사는 비용으로 쌀 일곱 말, 왕래하며 먹을 비용으로 쌀 한 말을 주라고 하고, 해삼, 전복, 대구알, 고둥 등을 주문하라고 한다. 곽씨는 혼례상에 오를 음식들을 정한다. 또 곽씨는 손님이 오실 때 "좋은 술로 골라 두 병만" 내라고 하기도 하고 "메추리나 새나

---

38) 백두현, 같은 책, 39쪽.
39) 백두현, 같은 책, 곽씨언간 61.

얻어서 함께", "못의 붕어도 금동이를 시켜 잡아" 안주거리를 준비하라고도 한다.[40]

손님상을 차리라고 지시하는 것은 곽씨이고, 이에 따라 손님상을 차리는 것은 부인이다. 그렇다면 손님상 차릴 때 필요한 물품들은 어떻게 마련되는 것일까? 곽씨는 메추리와 새 같은 것을 친척집에서 얻어 오라고 하고, 금붕어는 하인들을 시켜 잡게 한다. 어물장수에게 준 쌀은 아마도 곽씨의 농장을 경영해서 나온 것이었을 가능성이 크다. 당시 친인척 사이에서의 물물교환은 양반 사회를 지탱한 중요한 경제적 관행이었다. 메추리와 새는 그러한 방식으로 얻어진 것이다. 이 편지도 마찬가지이지만, 《묵재일기》나 《미암일기》 같은 양반들의 일기에는 물품을 준 사람, 받은 날짜, 물품명이 자세하게 나온다.[41] 이런 것들을 모두 기록해야 했으니, 양반들이 쓴 편지나 일기는 생각보다 자질구레하다.

양반 남성들이 쓴 편지만 그런 것은 아니다. 김호연재金浩然齋는 남편 송요화宋堯和와 자주 떨어져 살았다. 남편은 공부를 하기 위해 집을 떠나 있기도 했고 서울이나 형의 임지에서 어머니를 모시고 살기도 했다. 김호연재는 홀로 살림을 꾸리면서 농사를 감독하고 세금을 내고 종들을 관리했다.[42] 김호연재는 시숙에게 이런 편지를 썼다.

———
40) 백두현, 같은 책, 곽씨언간 63.
41) 이성임, 〈양반의 벼슬살이와 수입〉, 한국고문서학회, 《조선시대생활사》 2, 역사비평사, 2000, 250~251쪽.

보내주신 상어는 잘 받아 반찬에 쓰고, (감사한 마음을) 이루 다 아뢰지 못합니다.

아뢰기 매우 어려우나, 장이 떨어져 절박하니 콩 서너 말만 얻어 조장이나 담아 먹으려 하되, 아뢰기를 두려워합니다.

살펴보시는 것이 죄송하여 이만 아뢰오며

내내 기후 안녕하시길 바라옵니다.

을유년(1705) 12월 14일 동생의 처 김은 올립니다.

당시 김호연재의 시숙, 그러니까 송요화의 형은 제천 현감을 지내고 있었다. 친척 가운데에서도 관직을 가지고 있는 친척은 생계에 큰 도움이 되었다. 호연재는 공부를 위해 이곳저곳을 다니던 남편 대신 현감을 하고 있는 시숙에게 편지를 보냈다. 이 편지에서는 상어를 반찬으로 먹었다는 당시 음식문화의 단편을 엿볼 수 있다. 더 중요하게는 시숙과 제수처럼 어려운 사이에서도 반찬과 콩과 장에 대한 이야기가 오갈 수 있었음을 알 수 있다.

아내에게 보내는 편지

추위에 앓고 있는 것은 더 심하거나 덜한 것이 어떠하신지?

나는 매우 쇠잔한 가운데 별달리 이로운 보람이 없다네.

---

42) 홍학희, 〈17~18세기 한글 편지에 나타난 송준길 가문 여성의 삶〉, 《한국고전여성연구》 20집, 한국고전여성문학회, 2010. 91쪽.

어머님께서 다음 달 그믐이나 초순 사이에 갈 것이니 그리 아소.

어머님께서 입고 가실 의복이 어떠하온지?

이부자리와 베개가 다 낡았을 것이니, 그 가운데 마지못하여 고칠

것 있거든 기별하소라고 하였지마는 값이 갑작스럽게 어려울까

싶으이. 잠깐 적는다네.

10월 27일 춘유.[43]

이 편지는 송요화가 부인 김호연재에게 보낸 한글 편지다. 김호연
재의 시어머니는 대부분 큰아들의 임지에서 지냈는데, 가끔 둘째 아
들의 집을 방문했다. 아들은 어머니가 자신의 집에서 입으실 옷과 주
무실 침구를 확인한다.

송요화는 아내에게 침구가 낡았을 것이니 고치라고 하면서 기별
하라는데, 보수할 값을 주겠다고 하는 건지 아닌지 분명치 않다. 판
독이 불명확한 것이 아니라 애초에 그렇게 쓰였다. 고칠 것이 있거든
누구에게 기별하라는 것일까? 당시 그가 함께 있던 형일까 아니면
자신일까? 값을 당장 주지 못한다면 나중에라도 준다는 것일까? 이
편지를 보면 보수할 값을 변통하는 것은 남편의 몫이다. 그러나 갑자
기 보수할 돈은 수중에 없고, 당장 시어머니의 잠자리를 챙겨야 할
사람은 부인이다. 당시의 송요화라면 결국 침구에 들어갈 돈을 부인
의 변통에 맡길 수밖에 없었을 것이다.

---

43) 한국학중앙연구원 엮음, 《은진 송씨 송준길 가문 한글 간찰》, 간찰 29, 태학사, 2009, 201쪽.

호연재의 집안에는 해결되어야 할 문제들, 그녀의 처리를 기다리는 자질구레한 일들이 산적해 있었다.

호연재는 농장을 경영하고, 30명이 넘는 종들을 부리고, 세금을 내고, 송요화가 필요로 하는 것들을 수급하고, 여의치 않으면 시숙에게 절박한 심정으로 먹거리를 부탁했다. 그녀는 마흔 둘의 나이로 세상을 떠났다.

젊었을 때 부인에게 살림을 맡기고 밖으로 떠돌던 송요화는 김호연재가 죽고 나서 후처를 들인다. 후처도 오래 함께하지는 못했다. 송요화는 며느리에게 살림을 맡긴다.

> 어사御使는 어제 낮에 와서 낮에 먹는 간식거리 대여섯 가지는 해서 먹이고 오늘 조반朝飯과 아침밥을 먹고 가겠다고 하며, 아무 반찬도 없었는데 게를 받아서 썼고 어란魚卵, 전복과 게 등의 것으로 다행히 (반찬을) 씁니다. 종놈은 사 오면 오죽 좋겠습니까마는 요사이는 남편도 더 가난해하고, 저는 지난해와 재작년에는 혹 쌀 말씩이나 모이는 달이면 돈 냥이라도 만들어 썼는데 지금은 돈 한 냥도 모일 뜻이 없으니.[44]

시아버지가 된 송요화에게 며느리 여흥 민씨가 1757년에 보낸 편지다. 당시 여흥 민씨의 남편 송익흠은 보은 현감으로 재직하고 있었

---

44) 같은 책, 간찰 132, 672쪽.

다. 감사나 어사 등이 보은을 지나가게 되면 보은 현감의 안사람인 여흥 민씨가 손님을 접대해야 했다.[45] 지금으로 치면 전문 식당이나 숙박업소에서 할 일을 아내가 맡아서 해야 했던 것이다.

남편의 상관을 접대하는 것은 쉬운 일이 아니다. 접대할 음식이 없을 때는 몇 배나 고통스럽다. 여흥 민씨는 낮에 먹는 간식을 대여섯 가지나 준비해야 했고, 조반(아침 끼니 전에 간단하게 먹는 음식)과 아침 식사를 준비해야 했다. 어사를 접대하기 위해 없는 반찬을 고심하고 작년보다 올해 남편이 더 가난해져서 돈 한 냥도 모으지 못한다고 말한다. 시아버지를 상대로 며느리가 집에 있는 반찬 가짓수며 수중의 돈을 세세하게 고하고 있다.

당시 개인 간의 유일한 소통수단이 편지였다는 것을 고려하면 이런 내용을 편지로 쓰는 것은 당연해보이기도 한다. 자질구레함은 삶에 어쩔 수 없이 동반되는 것들이다. 핸드폰도, 유선전화도 없던 시절에 편지가 아니면 이 내용들을 어떻게 전달할 수 있었겠는가. 그런데 다른 한편으로는 그 자질구레함을 소통하는 사람들의 관계를 생각해보면 조금 의외인 면도 있다. 제수와 시숙도 그렇지만, 시아버지와 며느리도 그런 자질구레함을 소통하기에는 거리가 있어 보인다.

> 여행길에서 먹을 반찬을 내내 보낸 것은 집에서 잘 먹었다. 고기
> 장사가 혹 있거든 약포를 바삭바삭하게 말려 조금 하고 약산적을

---

45) 홍학희, 앞의 글, 97쪽.

만들고 익히지 않은 꿩고기나 닭을 짜게 볶아 보내되 가루가 되게
하지 말고(너무 부수지 말고) 잘게 찢어 볶아라. 도토리 다식이 어렵
지 않으면 조금 만들어서 보내거라. 남편에게 말해서 내가 길을 떠
나기 전에 문안 사람을 한 번 보내라고 하고 그 편에 (장만한 반찬들
과 다식을) 보내라고 하거라. 3월에 지급해야 할 하인들의 급료도
보내면 하겠지만 다만 출처 없는 돈을 어찌 취할까 한다. 꿀은 있
다고 하고 쇠기름이 있으면, 이 돼지기름을 보내면 [쵸]를 만들어
서 가려고 한다고 하여라.[46]

　송요화가 며느리 여흥 민씨에게 보낸 편지다. 17세기와 18세기 은
진 송씨 가문의 간찰을 통해 여성의 삶을 연구한 홍학희는 시아버지
인 송요화가 두 번이나 상처喪妻한 뒤에 27년을 홀로 살았다는 전기
적 사실을 근거로, 며느리 여흥 민씨가 안살림을 했다는 의견을 제시
한다. 그렇다면 이들 사이에서 자질구레함의 교환은, 시어머니가 부
재해 시아버지와 며느리가 살림을 의논할 수밖에 없었던 특수한 상
황에서 나온 것이다.
　경제권을 누가 가지고 있는가는 매우 중요한 문제다. 옛 자료들을
살펴보면 시대마다, 집안마다, 개인마다 조금씩 달랐다. 과전을 가지
고 풍족하게 살 수 있었던 초기의 양반들은 그 미곡들을 자신이 전담
하면서 경제권을 가졌을 가능성이 높지 않을까 한다. 반면 후기의 양

---

46) 한국학중앙연구원 엮음, 앞의 책, 간찰 71, 412쪽.

반들은 부족한 녹봉으로 생활하면서 필요한 물품들을 친인척을 통해 수급했을 것이며, 일부는 부인이 수급했을 가능성도 높다.

그러나 이 또한 집안마다 달라서 몰락한 일부 양반들에서는 그 몫이 고스란히 부인에게 돌아왔을 것이다. 또 나이차 많이 나는 어린 부인이 있다거나, 며느리가 살림을 해야 하는 경우에는 집안 사정을 잘 아는 남편이나 시아버지가 수급을 하는 일뿐 아니라 수급된 것들의 사용처를 결정하고 지시했을 가능성이 크다. 그러나 수급처도, 사용처도 모두 남성들이 정하는 상황이라 하더라도 여전히 여성의 몫은 남는다. 지시할 수 있는 일은 이미 덜 자질구레한 것이니.

과거에 급제하기까지

5

고시생을 내조하는 아내의 어려움

성공한 양반의 인생

내가 좋아하는 이야기 가운데 다음과 같은 이야기가 있다. 이인명李鱗
命이라는 유명한 점쟁이가 사대부의 앞날을 점치는 일종의 '운명담運
命談'이다.

이귀李貴(1557~1633)는 거리낌 없는 성품에 뛰어난 재능을 지니고
있었다. 이덕형, 박경신朴慶新, 윤섬尹暹 등과 함께 한마을에 살면서
같이 공부했다.

하루는 네 사람이 모여 점복자 이인명에게 장래를 점처 달라 했
다. 이인명은 "이귀가 가장 출세할 것이고 이덕형이 그다음이며,
나머지 두 분은 급제는 하지만 그저 그렇다"라고 말했다.

당시 이귀는 과거 공부를 열심히 안 해 별로 드러나지 않았고, 박
경신이 가장 젊고 총명해 뛰어났다. 얘기를 들은 박경신은 일어나

박장대소하면서 "무슨 점쟁이가 이귀를 가장 출세할 것이라 하느냐? 그만 두어라" 하였다. 뒤에 이덕형은 영의정에 올랐지만 53세에 사망했으며, 박경신은 관찰사로서 나이 60세는 넘겼고, 윤섭은 홍문관 응교로 40세에 전진戰陣에서 사망했다. 그러나 이귀는 부원군府院君에 봉해지고 77세에 사망했으며, 두 아들(이시백·이시방)은 봉군封君되고 한 아들은 통정通政에 올랐다. 그리고 자손이 크게 번창했다. 뒤에 이귀는 항상 박경신의 옛날 얘기를 하면서 웃었다.[1]

이인명은 네 명의 청년을 두고 점을 쳤다. 점괘는 의외였다. 과거공부에 취미가 없던 이귀가 가장 귀하게 될 것이라고 하고 가장 총명하던 박경신은 그저 그럴 것이라고 한다. 박경신은 점괘를 비웃으며 그만두라고 한다. 이귀에게 뒤지는 점괘를 믿고 싶지 않았을 것이다. 현실과 어긋나는 점괘는 일반인에게 비웃음을 산다. 그러나 이 맹랑한 점괘대로 이귀는 부원군으로 정1품의 가장 높은 벼슬을 하고 가장 오래 산다. 박경신은 관찰사를 했으니 종2품이고, 이귀에게 몇 품계 뒤지는 벼슬이다. 관찰사 역시 아무나 할 수 있는 것은 아니지만, 이귀나 이덕형의 벼슬에 비하면 그저 그런 벼슬이라고 할 수도 있겠다.
　내가 이 이야기를 좋아하는 이유는 반전 때문이다. 아무도 믿지 않던 점괘가 훗날 맞아떨어지더라는 점괘의 반전만을 말하는 것은 아니

---

1) 이덕형, 《죽창한화竹窓閑話》, 48화.

다. 이는 점복을 미신이라고 생각하는 사람들에게는 별로 의미 없는 반전이다.

이 일화에는 또 다른 반전이 있는데 이귀와 박경신의 인생이다. 이귀는 26세인 1582년에 초시인 생원시에 합격한다. 박경신은 같은 해 23세의 나이로 문과에 병과로 합격한다. 누가 봐도 박경신이 더 훌륭한 재목감이다. 그러나 인생은 20대에 정해지는 게 아니다. 이귀는 66세까지도 지방 부사를 전전하는데, 그의 인생이 역전되는 것은 인조반정 때문이다. 그는 인조반정의 일등 공신이 된다. 반면 관찰사 등의 벼슬을 역임하던 박경신은 1623년 인조반정이 일어나자 광해군 때의 행적에 대해 탄핵을 받아 파직당한다.

이들의 명암이 갈리는 데는 인조반정이라는 세기적 사건이 관여한다. 인조반정의 정당성 여부에 대해서는 차치하자. 반정에 가담하는 것은 매우 큰 도박 혹은 모험이다. 성공하면 공신이 되지만 실패하면 반역자가 된다. 성공하면 삼대가 영화롭지만 실패하면 삼대가 망한다. 이귀는 여기에 가담하고, 성공한다. 이 일화는 인생이 생각보다 길다는 것, 그 어딘가에는 극적인 기회가 숨어 있다는 것을 알려준다.

또 이 일화는 조선시대 성공한 양반의 인생이란 어떤 것인가를 알려준다. 성공한 양반의 인생에는 과거 급제, 고위 관직뿐 아니라 자식의 영화와 자손의 번창, 수壽 등의 요소가 복합적으로 개입한다. 이귀는 늘그막에 이 모든 것을 누렸다. 끝이 좋아야 다 좋다. 그래도 시작은 과거 급제다.

공명이라는 것이 가소롭다

우리가 조선시대 과거에 대해 아는 상식의 대부분은 〈춘향전〉에서
왔다. 춘향과 헤어진 이도령이 한양으로 올라가 1년 만에 장원급제
를 하고 바로 암행어사를 제수 받는다. 그런데 현실은 소설처럼 만만
하지 않았다. 과거 시험을 보러 가는 길부터가 그랬다.

한양까지 가는 길은 멀다.《현풍곽씨언간》을 연구한 백두현은 상주
살던 현풍 곽씨가 한양으로 가면서 보낸 편지를 연구하면서 상주에
서 한양까지 8일이 걸렸을 것이라고 추정했다. 충주(9월 9일)에서 한
양(9월 12일)까지 사흘, 상주(9월 4일)에서 충주까지 닷새가 걸린다. 상
주에서 충주까지 직선 거리는 더 가깝지만 기간이 더 많이 걸린다.
문경새재를 넘어야 했기 때문이다.

문경새재를 넘는 것은 간단하지 않다. 과거 응시 기간 동안에 먹어
야 할 식량을 직접 준비해야 하는 경우가 다반사였기 때문이다. 양
식을 지닌 채 멀고 높은 길을 이동한다는 것은 고통스러운 일이었다.
서울로 데리고 가던 노비나 본인이 직접 식량을 운반하지 않을 경우
에는 선박 등을 이용하여 서울로 이송해야만 했다.[2] 그리고 이 모든
것이 돈이었다.

또 한양에 도착해서 바로 시험을 보는 것이 아니라 몇 달씩 하숙하
면서 기거하는 일도 발생한다. 현풍 곽씨도 시험이 연기되어 한양에

---

2) 전경목, 〈조선 후기 지방유생들의 수학과 과거 응시〉, 《사학연구》, 88호, 2007, 295쪽. 이 장에서 권
상일에 대한 논의는 이 논문 263~305쪽을 참고했다.

서 예정보다 오랜 시간 기거하게 된 사연을 쓰고 있다. 곽씨는 과거 시험을 위해 상경하는 길에 현풍에서 나는 물건을 가져가서 흥정해 팔고 이 돈으로 다시 현풍에서 구하기 어려운 물건을 산다. 그런데 유감스럽게도 곽씨의 한양 체류 기간이 길어져, 그 물건 판 돈을 여비로 다 써야 할 것 같다고 했다. 그러지 않았으면 집에 있는 식솔들을 위해 한양에서만 구할 수 있는 귀한 물건들을 선물로 준비했을 것이다.[3]

권상일權相一(1679~1759)의 《청대일기淸臺日記》에는 과거 시험을 위해 시험지를 준비하는 이야기가 있다. 시험장에서 시험지를 교부받는 것이 당연한 절차로 되어 있는 현대에는 전혀 필요하지 않은 과정이지만, 과거 시지試紙를 장만하는 과정은 생각보다 까다롭다. 시지는 개인이 장만해야 했는데, 장지를 여러 장 붙여서 특별히 제작하는 것이었기 때문에 대부분 미리 부탁해놓아야 한다. 권상일은 사찰에 부탁해서 장만하기도 하고 수령에게 얻기도 한다. 그의 숙부는 시장試場에서 사용할 시필試筆 한 자루를 보내기도 한다.

이렇게 과행科行은 양반의 경제력과 인맥을 최대로 동원하는 행사였다. 과행의 경비와 체류비용은 가산을 탕진할 만한 정도였다. 노상 추는 과채科債 때문에 상속받은 토지를 하나씩 팔아치웠다. 논 한 섬

---

3) 백두현, 《현풍곽씨언간주해》, 곽씨언간 11, 태학사, 2003, 108쪽 참조. 11번 편지의 내용 가운데에는 "서울 가서 한 달이나 묵을 것 같으니, 홍정하려고 가져온 것을 결국 다 팔아먹고 홍정은 못하고 갈 것 같네"라고 쓴다.

아홉 마지기와 밭 아흔여 마지기를 상속받고 10년 만에 대지垈地 다섯 마지기와 박답薄畓 여덟 마지기만 남았다.⁴ 그는 벼슬을 제수받기를 기다리면서 이런 일기를 쓴다.

내 500냥은 모두 과거에 들어갔으니 앞으로 굶어죽는 것을 면하기 어려운 것인가. 공명이라는 것이 참으로 가소롭다. 1782년 5월 7일.

노상추뿐 아니다. 권상일도 원래 집안 형편이 넉넉하지 않았다. 그의 집안에는 그 말고 고시생이 두 명 더 있었다. 그의 아버지와 작은아버지였다. 이들은 거의 매번 과거에 응시했다. 숙종 36년(1710) 5월 권상일은 회시會試에 응시하기 위해 다시 상경했다. 그리고 이렇게 쓴다. "집안에 돈 될 만한 물건이 하나도 없어서 민망하기 짝이 없다."⁵ 거듭 낙방한 양반들은 바닥을 친 심경을 시로 남기기도 했다.

과거 본 이 안 오고 해 이미 저무는데,
온 집안 종놈들은 얼굴빛 서글프네
해마다 과거 시험 반찬으로 다 소비해,
다시는 창 앞에 새벽 닭 울음 들리잖네

---

4) 이는 살아갈 계책을 삼기에는 턱없이 부족한 토지였다. 그도 그럴 것이 대택(大宅, 큰집)과 식량을 함께 먹어왔는데, 대소가(大小家) 권속들이 상전(上典)만 해도 십여 명에 노비가 십 명이 넘어 모두 스물 둘이었던 것이다.

5) 전경목, 앞의 글, 295쪽.

이항복이 과거에 여러 차례 도전했으나 합격하지 못했을 때 지은 시다.[6] 과거를 치른 사람은 가족들 볼 면목이 없어서 저녁까지 돌아오지 못하니, 종들까지도 근심스러운 얼굴빛을 하고 있다. 비극은 미물에게까지 영향을 미친다. 해마다 과거 시험에 반찬으로 닭을 잡아 올려서 집안의 닭은 씨가 말랐다.

그러나 노상추나 권상일, 이항복은 매우 다행스러운 경우에 속한다. 과거에 급제해서 과행이 끝났기 때문이다. 이준李濬은 결국 과거를 통해 벼슬을 구하는 데 실패하고 함평의 향반으로 일생을 마친다. 남아 있는 《도재일기導齋日記》를 보면, 그는 숙종 43년(1717년)부터 영조 6년(1730년)까지 과거에 응시해 적어도 13년간 과거를 보았다.[7]

> 깨닫지 못하는 사이에 놀라 말없이 말이 가는 대로 맡겼더니 회진會津을 지나갔다가 집에 도착하니 이미 초경初更 무렵이었다. 아픔과 분함을 참으며 집에 있던 사람에게 말할 것이 없었다.[8]

처음 몇 년, 그는 자신의 역량을 헤아리지 못해 낙방했다고 썼다. 과거 낙방의 경험은 10여 년간 계속된다. 자신을 돌아보고 자책하던

6) 이수광, 《지봉유설》, 박동욱, 〈급제시及第詩와 하제시下第詩〉, 《문헌과 해석》 55권, 문헌과해석사, 2011, 여름호, 31쪽, 재인용.

7) 김영미, 〈18세기 전반 향촌 양반의 삶과 신앙-이준李濬의 《도재일기導齋日記》를 중심으로〉, 성기옥 외, 《조선후기 지식인의 일상과 문화》, 이화여자대학교출판부, 2007, 25쪽.

8) 《도재일기》, 영조 2년 9월 4일. 김영미, 같은 글, 재인용.

그는 이제 급제한 이들이 "유력자의 친척들"이라며 통탄한다. 아픔과 분함이 반복된다. 낙방을 확인하고 돌아오는 길, 과거 제도의 거대한 벽에 부딪쳐 돌아오는 길, 망연자실하다.

내조와 멘토 사이에서 고군분투하다

선비들이 과거에 합격하는 데는 10년 안팎의 시간이 걸리기도 했다. 조덕린趙德隣(1658~1737)은 1678년에 사마시에 합격하여 진사가 된 뒤 1691년 증광문과에 병과로 급제했다. 그는 진사가 되고 나서 10년이 넘는 기간 동안 문과 시험을 보러 다녔다. 죽은 부인의 제문을 쓰면서 그는 당시를 회고한다.

> "지난 10여 년 동안 한 해도 빠짐없이 성균관(과거시험)에 응시하느라 어떤 때는 한 해에 두 번 가기도 했고, 가서는 더러 5~6개월을 머물면서 돌아오지 않은 적도 있었소. 집안이 본래 가난하여 여비를 마련할 수 없는 형편이었는데도 당신은 가난하고 고달픈 가운데 어렵사리 여비를 마련하느라 밤낮으로 일을 하면서도 한 번도 힘든 내색을 비추지 않았소.9"

가난한 살림에 과거 공부를 하는 남편을 위해 여비를 마련하는 일

9) 조덕린, 〈제망실공인권씨문祭亡室恭人權氏文〉, 유미림 외 역주, 《빈 방에 달빛 들면》, 학고재, 2005, 149~156쪽.

은 오로지 부인의 몫이었던 듯하다. 과거를 준비하는 남성들의 삶도 그렇지만, 그것을 내조해야 하는 여성들의 삶도 만만치 않았다. 강정일당이 남편과 주고받은 짧은 편지 가운데 과거를 준비하는 동안 남편에게 음식을 보내는 이야기가 나온다.

> 한 달 전 근진이 과원에서 밤을 따 그중 알이 굵은 것 한 되쯤과 고기 몇 덩이를 가져왔기에 받아두었습니다. 그런데 오늘 꺼내 보니 밤은 반쯤이나 쥐가 슬고 고기는 상해 있었습니다. 칼로 깎아내고 물로 씻은 뒤 화로에 굽고 종이 값으로 받은 동전 두 닢으로 술을 사다 데워서 같이 드립니다. 비록 적은 양이지만 얼마나 어렵게 마련한 음식인지 잊지 마시기 바랍니다.

> 사흘 째 밥을 짓지 못했습니다. 서동이 가서 호박 넝쿨을 말아왔는데 그중 주먹만 한 것을 몇 개 골라 죽을 쑤었습니다. 술 한 잔 구하려고 했으나 여의치 못해 죽만 올리니 몹시 안쓰럽습니다.[10]

강정일당이 남편에게 보낸 편지들이다. 선비의 아내가 공부하는 남편을 위해 했던 일들은 처절하다. 상한 음식을 먹을 만한 것으로 둔갑해보이고, 죽으로 연명하기도 하며, 그 와중에도 남편을 위해 술 한 잔 구하려고 고군분투한다. 때론 정신적인 매니저 역할도 필요했다.

—

10) 이혜순·정하영 편역, 《한국고전여성문학의 세계(산문편)》, 이화여자대학교출판부, 2003, 313쪽.

스승이란 도가 있는 곳으로 임금과 아버지와 한 몸입니다. 스승을 찾아 가는 것은 어버이께 인사를 드리러 가는 것과 다름이 없는 것인데, 어찌해 제가 아프다고 수레를 멈추십니까. 지금 병이 비록 심하나 아직 죽지는 않을 것입니다. 만약 당신께서 도를 들어 깨달으셨다면 비록 죽어도 영예이오니 원컨대 수레를 빨리 몰아 길을 떠나십시오.

광음을 허비하지 말라. 스승에게 수레를 몰아가라. 학문에 정진하라. 아픈 나를 돌아보지 말고 학문에 정진하라. 강정일당은 이렇게 남편을 담금질한다.

또 다른 부부도 있다. 하립과 김삼의당 역시 과거 급제를 위해 어떤 극기도 감내하기로 한다. 이들은 하립이 과거 급제를 하기까지 만나지 않기로 한다. '치열한 별거'에 돌입한 것이다.

베갯머리에서 때로 집으로 돌아가는 꿈을 꿈니다. 쇠절구로 바늘을 갈던 옛사람처럼 되지 못할까 걱정이오.

하립은 집이 그립다. 자신이 이 혹독한 국가 공채 시스템을 뚫고 합격할 수 있을지도 의심스럽다.

이태백이 산에서 독서하다가 지쳐서 돌아가는 중 노파를 만났을 때 일이다. 그녀는 쇠절구를 갈고 있었다.

"왜 쇠절구를 가십니까?"

"바늘로 만들려고 하지요."

이 말을 듣고 이태백은 깨우치는 바가 있어 들어가 다시 공부한다.[11] 쇠절구로 바늘을 만드는 고사는 불가능에 가까운 각고의 노력을 상징한다.

옛 사람은 글 읽다 편지가 오면 시냇물에 던져버렸지요. 이런 뜻은
그대를 처음 보내며 이미 말씀드렸습니다.

삼의당은 투서간投書澗 고사를 인용한다. 이 고사는 송나라 대학자인 호원胡瑗과 손복孫復의 일에서 유래한다. 태산으로 책을 읽으러 들어간 이들은 집에서 편지가 오면 '평안'이라는 두 글자만 확인한 뒤에 냇물에 던져버렸다고 한다. "안부만 전하시오. 나머지는 사절." 그래도 하립은 아내와 집이 그립다.

밤마다 그리운 생각 어디에 있나
미인은 단정히 오색구름 속에 앉아 있네.

이런 시에도 삼의당은 단호하다. "대장부라면 당연히 몸이 바깥에 있어야 하니, 고개를 돌려서 집안 깊숙한 곳을 생각하지 마소서[大丈夫當身在外 回頭莫念洞房深]." "상사 금지", "잡생각 금지"라고 쓰며 삼의당은

---

11) 〈하립과 삼의당〉 http://blog.naver.com/baejames? Redirect=Log&logNo=58727610. 하립과 삼의당 사이에 오간 시편과 편지를 토대로 과거 시험을 둘러싼 부부의 내밀한 갈등과 욕망을 잘 읽어낸 글이다. 하립과 삼의당에 대한 논의는 이 블로그를 참조한다.

계속 남편을 독촉한다.

> 당신은 한낱 사모하는 정으로 학업을 해치고 입신양명할 마음을
> 급선무로 삼지 않으니, 장차 무엇으로 부모님의 기대와 아내의 소
> 망에 보답할 것입니까? 다만 생각하고 힘쓰시어 빨리 돌아오기를
> 도모하시기 바랍니다. 옛날 악양자는 부인이 짜고 있던 베틀의 실
> 을 끊었다는 말을 듣고는 학업을 이루었고, 두목지는 부인에게서
> 밤에 가까이하지 말라는 꾸짖음을 듣고 나서 드디어 과거에 급제
> 했습니다. 이것이 제가 밤낮으로 우러러 사모하며 당신에게 깊이
> 바라는 바입니다.[12]

악양자樂羊子는 과거 공부를 떠난 지 1년 만에 그만 두고 돌아온 적
이 있다. 부인이 그때 짜고 있던 베틀을 끊어내며 말한다. 깜짝 놀란 남
편이 묻는다. "아니, 애써 짠 베를 왜 잘라버리시오?" "학업을 중도에
서 포기하는 것이나 베를 반쯤 짜다 잘라버리는 것이나 무엇이 다르
겠습니까?" 남편은 "뜻을 이루지 못했으니, 후일 서로 만나게 되면 반
드시 악양자 아내의 꾸짖음이 있을 것이고, 밤에 가까이 함에는 두목
지 아내의 나무람을 면하기 어렵겠군요"[13]라고 쓴다. 마음이 어려운
남편, 어려운 남편의 마음을 자꾸 꾸짖는 부인. 보는 사람도 힘들다.

---

12) 이혜순 · 정하영 편역, 앞의 책, 253쪽.
13) 같은 책, 254~255쪽.

이들의 별거는 열여덟 살이었던 두 사람이 열여섯 살 되는 딸의 부모가 될 때까지 계속된다. 인고의 시간 동안 삼의당은 남편의 과거 경비를 마련하기 위해 머리털을 자르기도 하고 비녀를 팔기도 한다.

곧바로 심부름하는 아이를 시켜 과거 시험장의 소식을 물어보게 했더니, 당신이 이번 과거에도 또 낙방하신 것을 알았습니다. 당신도 고생이 많았겠지요? 저는 앞으로도 힘껏 도와드리겠습니다. 작년에는 머리를 잘라 양식을 마련했고, 올봄에는 비녀를 팔아서 여비를 마련했습니다. 제 한 몸의 장신구들이 설령 다 없어진다 한들 당신의 과거 공부에 드는 비용이야 어찌 모자라게 할 수 있겠습니까? 듣자하니 가을이 되면 경시慶試가 있다고 하니 내려오지 못하겠지요. 마침 소식을 전하는 길이 있어 안부를 물으니 윗옷 한 벌을 보냅니다.

김삼의당과 강정일당의 고통스러운 내조의 끝에 영광은 없었다. 어디 이 둘뿐이랴. 과거 시스템의 한계를 개인적 노력으로 극복하려고 했지만 끝내 실패한 자들이. 과거는 이들의 삶을 저당잡기도 하지만, 삶을 구성하기도 했다. 떨어져 산 날들이 그리움 뚝뚝 흐르는 편지글을 쓰게 한다. 우리는 그 편지를 들추며 신산辛酸하기도 하고 풍요롭기도 한 그들의 삶을 반추한다.

다음 장에서는 여성들이 남편의 출세 가도를 밝히고자 한 다른 이야기를 보자. 아들의 출세 가도를 밝히는 이야기도, 그 끝에 영광이 있었던 이야기도 등장할 것이다.

남편이 출세하기까지

비범한 여성들의 특별한 내조

바보 남편에게 조언하는 부인

옛날 어느 산골에 바보가 살고 있었다. 바보가 장가를 간 뒤 처음 처가에 갔는데 장모가 딸 생각을 하여 이것저것 음식을 많이 차려 내왔다. 바보는 사양하지 않고 주는 대로 음식을 모두 먹고 집으로 돌아왔다. 부인은 바보가 행여나 처가에서 실수를 하지 않았을까 걱정이 되어 처가에서 무엇을 먹었는지, 주는 음식을 남기지 않고 모두 먹었는지 물어보았다. 음식을 모두 먹어 치웠다는 바보의 대답을 들은 부인은 다음에는 음식을 다 먹지 말고 조금 남겨 체면을 차리라고 일러주었다.

그 후 바보가 다시 처가에 갔더니 이번에는 인절미와 다식이 나왔다. 바보는 부인의 당부대로 인절미와 다식을 반절만 베어 먹고 나머지를 남겨 놓았다. 옆에 있던 장모가 무슨 음식을 그렇게 먹느냐고 묻자 바보는 부인이 시켰다고 대답했다. 바보가 집에 돌아오자 부인은 음식을 어떻게 먹었는지 물었다. 바보의 대답을 들은 부인은 음식을 그렇게 먹으면 복이 없으니 손에 들었던 것은 다 먹고 그릇에 담긴 것은 남겨야 한다고 일러주었다.

초가을이 되어 바보가 다시 처가에 갔는데, 다른 식구들은 모두 들에 나가고 집에는 처남댁만 있었다. 처남댁은 마침 풋콩을 찌던 중이라 콩 꼬투리째 대접에 담아 내왔다. 바보는 부인의 말씀이 떠올라 콩을 깍지째 먹었다. 처남댁이 콩을 왜 까서 먹지 않느냐고 묻자 바보는 부인이 그렇게 시켰다고 말했다. 집에 돌아온 바보에게 이 이야기를 들은 부인은 다음에는 콩이나 밤을 주거든 까서 먹으라고 일러 주었다.

추석이 지나 처가에 갔더니 이번에는 송편을 내왔다. 바보는 부인의 말씀대로 송편을 까서 껍데기는 버리고 속만 먹었다. 이 광경을 보고 있던 처남이 울화가 치밀어 바보의 따귀를 때리며 "이 바보 천치 같은 자식!"이라고 외쳤다. 부인이 시킨 대로 했을 뿐인데 왜 때리느냐는 바보의 말에 처남이 바보를 두들겨 패자 장모가 들어와 아들을 나무랐다. 바보는 엉엉 울며 집으로 향했고, 장모는 문 밖에 서서 앞치마로 눈물만 닦았다.[1]

바보의 부인은 남편이 처가에서 실수를 하지 않도록 충고하지만

1) 〈바보 사위 이야기〉, 《디지털진천문화대전》 데이터베이스.

모두 엇나간다. 바보 사위 이야기는 구전으로 다수 전래되는데, 여기에는 남편에게 충고하는 부인이 자주 등장한다. 우리는 바보 남편과 그의 매니저를 자처할 수밖에 없는 부인 이야기에 익숙한데 〈바보 온달〉 이야기 때문이 아닐까 한다. 바보 며느리 이야기는 별로 없는데 바보 사위 이야기가 많은 이유에 대해서는 앞서 제1장에서 여성과 남성의 자질을 판단하는 변별 기준을 놓고 추정한 바 있다.

남성이 풍모나 기상 등 추상적인 자질로 판단되는 반면 여성들은 기술과 솜씨 등을 중심으로 선택된다. 며느리를 고르는 데 실패할 확률은 낮은 반면, 사위를 고르는 데 실패할 확률은 높다. 재수 없게 바보를 사위로 고른 집에서는 그렇다고 혼인을 물릴 수도 없다. 처남이 주먹질하고 장모가 울어도 어쩔 수 없다. 그래서인지 바보의 부인은 남편의 어리석음을 탓하거나 책망하지 않는다. 또 아는가. 이렇게 바보를 가르치다보면 언젠가는 그가 온달처럼 한 건 해낼 수 있을지.

선비의 로망

"예쁘고, 착하고, 돈 많은 부인을 얻는 법"이란 우스개가 있다. 이 질문의 답은 "세 번 결혼한다"다. 예쁘고 착하고 돈 많은 여성은 현대나 조선시대나 찾아보기 힘들다. 다만 조선시대의 어떤 남성들은 예쁜 여자, 착한 여자, 돈 많은 여자 세 명을 동시에 얻을 수 있었다.

문명은 있으나 빈한한 유씨 선비가 있었다. 그의 아내는 아름답고, 재주와 성품이 뛰어났다. 그는 아내의 침선으로 생활을 하였다. 하루는 칼춤을 잘 추는 여자가 집에 왔는데 유씨의 처를 보더니 서로 방성대곡을 하는 것이었다.

그 후에 유씨 집에는 새 가마가 도착했는데, 그 후부터는 밥과 반찬이 풍성해지고 산해진미가 나왔다. 어찌된 노릇이냐 물어도 부인은 언젠가는 알게 될 거라고 말할 뿐이었다. 또 부인이 서울로 가라고 하며 행장을 모두 차렸다. 앞서 왔던 가마도 함께 서울로 가는 것이었다. 이들은 모두 서울의 한 대갓집에 들어갔다. 거기에는 빈집이 하나 있었는데 청지기와 노비, 살림 집기들이 모두 갖추어져 있었다.

"이것들은 모두 누구의 것입니까?"

"모두 당신 것입니다."

이것만으로도 벽찰 지경인데 밤에는 곱게 단장한 절대 가인이 방으로 들어왔다. 선비가 누구냐고 물어도 대답도 없다. 대답이 없어도 잠자리는 함께 한다. 다음 날 부인이 편지를 보냈다.

"새 사람 들어온 것을 축하하며, 오늘 밤에는 응당 다른 사람으로 바꾸어서 보내겠습니다."

과연 또 다른 미인이 그날 밤 들어와 동침했다. 이후에 권 판서 대감이 이 선비를 찾아왔다. 그는 어리둥절하는 선비에게 자초지종을 알려준다.

그의 집과 역관인 현씨의 집, 그리고 유씨 선비의 장인 집은 한 동리에 있었다. 이들은 신기하게도 같은 해, 같은 달, 같은 날 딸을 낳았는데, 그녀들은 서로 친하게 지내며 한 사람의 남편을 섬기자고 맹세했다. 그러다가 유씨의 부인집이 이사를 가게 되어 소식이 두절되었다.

이들은 약조를 지키느라 25세까지 결혼을 하지 않았다. 집안에서 혼인에 대한 압력이 오자, 이들은 사실을 고하고 옛 친구를 찾고 자 했다. 현씨의 딸은 검술을 배워 남장을 하고 떠돌아 다녔다. 그리고 유씨의 부인이 된 친구를 만나 옛날의 약속을 실천한다. 유씨 선비가 첫날밤에 정을 맺은 미인은 이 권 판서의 서녀이고, 다음 날 밤의 미인은 현씨의 딸이었다. 권 대감은 이렇게 말을 마친다. "옛날의 양소유도 이보다 낫지는 않았을 것일세. 자네는 팔자가 늘어졌다고 할 수 있지."

유 선비는 일처 이첩과 한 집에서 화락하며 몇 년을 지내다가 부인의 충고에 따라 적절할 때 하향을 해서 연좌당하지 않게 된다. 그는 화를 피하면서 잘살았다.[2]

한 선비가 세 명의 여성과 살게 된다. 세 여자가 한 동리에 살면서 한 남자를 섬기자고 약속하고 그것을 지킨다. 그런데 이 여성들은 왜 이런 어처구니없는 약속을 했을까? 한날한시에 한 동리에 태어나서 자랐다고 한 남자를 섬긴다는 게 가당키나 한 소리일까?

한 남자를 섬기는 여성들을 형제나 벗으로 표현하는 담론들이 있었다. 〈사씨남정기〉에서 교씨가 아름답기는 하지만 덕성스럽지 못한 노래를 부르며 거문고를 탄다. 사씨가 가르침을 주기 위해 운을 떼면

---

2) 이희준, 《계서야담》 129화.

서 이렇게 말한다. "낭자의 거문고 소리는 실로 아름다웠소. 그런데 나와 낭자는 정리情理로는 형제와 같고 의리義理로는 벗과 같지요. 이제 낭자를 위해 한 가지 말씀을 드릴까 합니다만."[3] 김호연재가 정확하게 표현한 것처럼, 한 남자를 사이에 둔 두 여자는 사씨와 교씨처럼 결국 '적국敵國'이 될 수밖에 없다.

그러나 유 선비의 세 여성들은 다정하기만 하다. 그 첫 번째 여인은 "유씨의 부인"으로만 표기되어 있다. 두 번째 여성은 권 판서의 서녀, 세 번째 미인은 현씨의 딸로 나온다. 이들은 모두 아름답다는 공통점이 있다.

그럼 이들 가운데 누구는 처가 되고, 누구는 첩이 되는 것이 불공평하지 않을까? 만난 순서에 따라서 처첩의 위계가 정해진 것은 아니다. 애초에 이들은 신분이 달랐다. 양반은 양반의 딸만 정처로 삼을 수 있다. 첫 번째 부인은 양반의 딸이다. 두 번째 여성인 권 판서의 서녀는 판서의 딸이기는 하지만 첩의 자식이기에 중인 이하다. 권 판서가 양인 첩을 얻었는지, 천민 첩을 얻었는지에 따라서 중인인지, 천민인지 나누어진다. 현씨의 딸은 현씨가 역관이기 때문에 중인이다. 그렇다면 이 세 처녀가 한 동리에 살 때 한 사람의 남자를 섬기자는, 지금으로 보면 유아적으로도 보이는 약속을 했을 때부터 이미 이들의 관계는 일처와 이첩으로 정해졌던 것이다.

유씨의 삶은, 아름답고 재주와 성품이 뛰어난 부인이 바느질로 생

---

3) 김만중 저, 이래종 옮김, 《사씨남정기》, 태학사, 1999, 38쪽.

계를 책임지긴 했지만 빈한했다. 그러나 첩들을 만나면서부터는 번듯한 집에서 남부럽지 않게 산다. 이 부유함은 어디에서 왔을까? 아마도 그것은 다른 두 여성들에게서 왔을 것이다. 권 대감의 딸은 서녀이기는 하지만 권 대감의 사랑을 받고 있었다. 현씨는 역관의 딸이다. 역관은 조선시대 최고의 부유층이었다. 권 대감과 현씨 역관이 사위에게 한 살림 보태어주었으리라. 이 두 여성들은 신분은 조금 낮지만, 아름다움과 부유함을 겸비한 여성들이다.

그렇다면 이 이야기에서 "똑똑한 여자"는 어디에 있는 것일까? 그 답은 유씨의 부인이다. 그녀는 권 대감의 곁에서 잘살고 있는 남편에게 남인의 동정에 대해 충고하면서 권 대감이 곧 실각하리라는 것을 예견하고 낙향할 것을 권한다. 권 판서는 권대운權大運(1612~1699)이라는 실존 인물로 알려지기도 했다. 그는 당쟁에 휘말려 여러 번 위리안치圍籬安置되었다고 한다. 유씨는 부인의 권고를 따른 덕에 연좌당하지 않고 잘살게 된다. 유씨의 부인에 대해 서술자도 "현명한 처사"였다고 한다. 이렇듯 유씨 부인은 아름다움과 똑똑함을 겸한 여자였다.

세 여성은 모두 아름다움을 기본으로 하고, 부유함과 똑똑함이라는 자질을 나누어 가지고 있다. 앞의 우스개에서 "세 번 결혼하면 된다"는 말은, 실제로 예쁘고 똑똑하고 부자인 여자는 없다는 인식에서 나온다. 이런 자질들을 교집합으로 가진 여성은 드물다. 그러나 《계서야담》의 이 이야기는 적어도 두 가지 자질의 교집합은 가능한 것처럼 서술된다. 아름답고 똑똑한 여자, 아름답고 부자인 여자가 있는 것이다. 게다가 축첩이 가능한 시대였으니, 여러 여성을 얻어 이상형을 만족시키는 것도 가능하다.

나는 이 이야기를 남성의 로망에 대한 이야기로 읽는다. 여성이 가진 자질을 기반으로 해서 행복한 삶을 살고자 하는 로망 말이다. 여성으로 인해 부유하고 편안하게 사는 것은, 어쩌면 불감청고소원不敢請固所願일지도 모른다. 여기에 세속적이고 통속적인 로망을 순수한 것처럼 보이도록 만드는 이가 있으니, 바로 뭇 남성이 부러워할 주인공, 유씨 선비다.

이 이야기는 유씨 선비의 입장에서 읽도록 구조화되어 있다. 선비는 일의 진위를 알지 못해 계속 질문하고 어리둥절하고 고심하는데, 일의 진위를 알지 못하는 것은 독자들도 마찬가지다. 이 이야기 내내 독자들은 선비와 똑같은 정도의 정보만을 얻는다. 동일한 정보를 가진 사람들끼리는 쉽게 동일시가 된다. 또 독자들 대부분은 한문을 해득한 남성들이다. 신분적으로나 성별상으로도 감정이입이 쉽다.

유씨 선비는 애초에 첩을 둘이나 얻고자 하지 않았다. 그는 여성들에게 아름다움도, 똑똑함도, 부유함도 요구한 적이 없다. 이런 유씨 선비의 순수함은 그가 자신에게 일어난 이 모든 사건에 시종일관 의아해하면서 어린애마냥 계속해서 질문을 던진다는 것에서 잘 드러난다. 웬 가마냐, 왜 서울로 가느냐, 왜 이 집으로 가느냐, 왜 이 집에서 살게 되느냐, 이 미인은 누구냐, 저 미인은 누구냐 등 유씨 선비가 던지는 모든 질문에 대한 답은 보류된다. 그는 권 판서가 등장하기 전까지 자신에게 벌어지는 행운의 실체를 전혀 알지 못한다. 그는 순진하고 무지한 상태로 이 모든 행운을 겪어야 했다.

색을 얻고자 욕망하는 선비가 색을 얻은 이야기는 재미는 있을지언정 감동과 교훈은 없다. 세속적 욕망을 가진 선비가 세속적으로 성취한다면 그것은 유교적 가치를 지향하는 독자들에게 반감을 사기 쉽다. 그런 이야기는 독자들에게 점잖지 못한 이야기로 생각된다. 유씨 선비와 자신을 동일시하는 독자들에게 이야기가 불편하지 않게 읽히기 위해서 유씨 선비는 지순한 선비로 있어야 한다.

일반적으로 상황의 변화는, 상황을 변화시키고자 하는 열망에서 비롯된다. 결핍도 있어야 채우려고 하는 것이다. 그러나 유씨 선비에게는 최초의 결핍이 없다. 투자금은 제로인데 수익률은 최고다. 이 이야기는 여성의 약속과 의리와 우정에 관한 이야기인 것 같지만, 가만히 보면 여성을 통해 밑천 없이도 성취하고자 하는 남성 욕망에 대한 이야기다.

10년을 내다보는 선견지명

《계서야담》에서 유씨의 부인은 현명하다. 그녀는 당쟁으로 인해 권대감이 위태로워질 것을 예견하고 자신의 가속을 낙향하게 한다. 이런 현명함의 면모가 매우 극단적으로 나타나는 여성군이 있는데 바로 여성 이인異人들이다. 이들은 실존 인물은 아니지만 현실의 단면을 드러낸다.

> 의병장 김천일金千鎰 부인은 시집 와서 아무 일도 안 하고 낮잠만 잤다. 그래서 시아버지가 나무랐더니, 밑천이 없어서 아무것도 할 수 없다고 대답했다. 곧 시아버지가 곡식 30포와 노비 4~5명, 그리고 소 몇 마리를 마련해주었더니, 며느리는 소와 곡식을 노비들

에게 주면서, "이것을 가지고 무주茂朱 산골짜기에 들어가 나무를 베어내고 농토를 만들어 농사를 짓되, 수확한 곡식은 쌓아두고 그 결과만 매년 보고하라" 하고 보냈다.

또 부인은 남편에게 바둑 두는 신술神術을 가르쳐 인근 부잣집에 보내 내기 바둑을 두게 했다. 이 부자는 항상 내기 바둑 두기를 좋아해 누구에게도 진 적이 없었다. 김천일이 가서 부자와 바둑을 두어 판을 이기고 1천 석의 곡식을 따왔다. 부인은 김천일에게 이것을 가난한 사람에게 귀천을 막론하고 나누어주라 했다.

하루는 시아버지께 말씀드려 집 근처의 밭에 박을 심어 가을에 바가지를 만들도록 했다. 몇 년을 계속하니 바가지가 큰 창고에 가득했다. 그리고 모든 바가지에 검정 칠을 하게 하고, 그 바가지와 모양이 같은 쇠바가지를 두 개 만들어 준비했다.

임진왜란이 일어나니 부인은 남편 김천일에게 의병을 모집하라고 했다. 김천일이 의병을 모집하니, 옛날 곡식을 받은 사람들이 모두 모여 4~5천 명이나 되었다. 부인은 모든 군사들에게 바가지를 차고 나가 싸우도록 하고, 달아나면서 쇠로 만든 바가지를 떨어뜨려 놓으니, 적들이 보고서 "이렇게 무거운 것을 차고 저렇게 잘 달리니, 힘이 엄청나게 센 사람들이다" 하고는 겁을 내어, 왜적이 김천일 군사만 보면 싸우지 않고 도망쳤다. 김천일이 의병 활동에서 큰 공을 세운 것은 부인이 이렇게 도왔기 때문이었다.[4]

---

4) 이희준,《계서야담》252화.

김천일의 부인은 시집와서 잠자는 것 외에는 아무것도 하지 않는다. 사실 그녀는 남다른 능력을 숨기고 있었다. 밑천이 마련되자 그녀는 무주에 보금자리를 만든다. 또 남편에게 바둑 두는 신술을 가르치기도 한다. 무주는 가족과 마을 사람들의 피난처가 되고, 바둑 기술은 의병 모집의 기초자금이 된다. 이 일들은 모두 임진왜란이 일어나기 훨씬 전부터 준비된다. 그녀는 미래를 내다볼 줄 아는 이인이었다.

김천일은 의병대장이 되어 큰 공을 세운다. 결국 그녀는 남편을 출세시켰을 뿐 아니라 전란 중 나라를 구하는 데 공헌한 특출한 인물이 되었다.

이기축李起築은 주막집의 머슴이었다. 사람됨이 둔하여서 배불리 먹는 것만 알았다. 주인집에 시집갈 나이가 된 딸이 있었는데, 한문을 약간 깨쳤고 성품이 영리하고 민첩하여 부모의 사랑을 받았다. 부모가 좋은 사윗감을 고르려 하자, 그녀가 말하였다.

"제 신랑감은 제 스스로 고를 수 있습니다. 저는 기축에게 시집가기를 원합니다."

이기축은 기축년에 태어난 까닭에 그렇게 이름을 지었던 것이다. 그녀의 부모가 딸을 꾸짖으며 말렸으나 끝내 듣지 않자, 부득이 이기축에게 시집가는 것을 허락하였다.

그녀는 이기축을 데리고 서울로 가서 장동에 집을 사서는 술집을 차렸다. 그 집에서 파는 술맛이 맑고 시원해서 사람들이 모두 술맛이 좋다고 하였다.

하루는 그녀가 《사략史略》 제1권의 '이윤이 태갑을 폐하였다'는 구절을 표를 하여 주며 말하였다.

"이 책을 가지고 신무문 뒤로 가시면 사람들이 모여 있을 겁니다. 이 책을 그들 앞에 펼쳐 놓고 가르쳐 달라고 하십시오."

이기축이 그녀가 말한 대로 가보니, 7~8명의 사람들이 모여 이야기를 주고받고 있었다. 이기축의 말을 듣더니, 그들은 서로 얼굴을 쳐다보다가 놀라서 물었다.

"누가 시킨 것이오?"

"소인의 처가 그러라고 했습니다."

그들이 이기축에게 집이 어디냐고 물은 뒤 함께 가니, 그녀가 그들을 맞이하여 앉히고 술과 안주를 대접하며 말하였다.

"여러 어르신네들의 일을 저는 이미 알고 있었습니다. 저의 남편이 어리석기는 하오나 완력이 있사오니 나중에 쓰실 데가 있을 것이옵니다. 성사가 된 뒤에 공신 명단에 오를 수 있다면 다행일까 하옵니다. 저희 집에 술이 있사옵고, 또한 외딴 곳에 있사오니 일을 의논하실 때에 이리로 오시는 것이 좋을까 하옵니다."

그들이 모두 그리하겠다고 허락하였다. 그들은 곧 뒤에 승평부원군이 된 김유와 연평부원군이 된 이귀 등이었다.

나중에 의병을 일으켜 창의문으로 들어갈 때에, 이기축은 앞장을 서 경복궁 문의 장군목을 꺾어 버림으로써 2등 공신에 오르게 되었다.[5]

---

5) 《기총문화》2권, 196화.

여기서 이기축은 둔하고 먹는 것만 아는 머슴으로 나온다. 이기축은 태어난 해인 '기축'을 자신의 이름으로 할 만큼 미천한 신분이다. 반면에 주인집 딸은 영리하고 민첩하다. 신분상으로나 지적으로나 이기축은 아내보다 못하다.

이기축은 처를 만나면서부터 엄청난 신분 상승을 겪는다. 주막집 머슴이었다가 처로 인해 인조반정에 가담하게 되고 2등 공신이 된다. 천민에서 공신이 된 것이다.

가장 흥미로운 부분은 부인이 남편에게 《사략》1권의 특정 부분을 표시해주고 반정을 도모하던 사람들을 만나게 하는 장면이다. 이 표시 부분은, 상商나라 재상이던 이윤伊尹이 방탕과 폭정을 일삼던 태갑太甲을 폐위하여 동桐 땅으로 추방했다는 내용이다. 반정을 공모하고 있었던 김유金瑬와 이귀는 깜짝 놀란다. 이윤이 태갑을 폐위한 것처럼, 광해군을 폐위하고자 마음먹고 있었기 때문이다. 일급비밀을 들켰다고 생각하니 얼마나 놀랐겠는가.

이기축의 처는 반정이 있는 것을 어떻게 알았을까? 그녀에게는 남다른 예지력이 있었다. 그보다 훨씬 전, 부모의 반대를 무릅쓰고 힘만 센 종과 결혼한 것, 하필이면 장동에 술집을 낸 것도 모두 반정을 예견하고 행한 세심한 선택이었다. 그녀 역시 여성 이인이다.

실제로 이기축은 처로 인해 출세한 것일까? 역사적으로 볼 때 이기축은 천민이 아니었다. 그는 효령대군의 7대손이었다. 몰락한 양반이었냐 하면, 그것도 아니었다. 아버지는 수군절도사였고, 어머니는 현감의 딸이었다. 그는 둔하고 먹는 것만 좋아한 것도 아니었다. 어릴 때부터 그는 비범했고, 궁마弓馬를 단련해서 32세에 무과에 급제했다. 부인 때문에 반정에 가담했던 것도 아니었다. 그의 종형제從兄弟가 이서李曙였는데, 이기축은 그와 지기知己로 지냈다. 이서는 인조반정 일어나기 한 해 전인 1622년에 장단부사長湍府使로 부임했다. 장단은 지금의 파주 인근 지역이다. 인조반정 때 이서는 이곳의 군대 700명을 데리고 홍제원으로 가서 반란군에 합류했다. 이기축은 이서와 함께 장단으로 내려가서 반정을 모의했다. 잘 알 수는 없지만, 이기축의 부인이 이서와 친분을 유지할 것을, 혹은 장단으로 함께 갈 것을 권유했을 가능성도 있다. 그렇다 하더라도 이야기에 비하면 현실에서 이기축 부인의 역할은 미미하다. 이 이야기와 달리 현실에서 이기축은 부인의 조언이 아니었어도 김유나 이귀 등과 인연을 맺었을 가능성이 높다.

이 이야기는 이기축을 미천한 신분의 남자로 깎아내리고, 부인을 이인으로 추켜세우는 방향으로 각색되었다. 미천한 남성이 부인의 도움으로 성공하는 이야기. 이 이야기에도 양반 남성들의 욕망이 투영되어 있다.

양반은 조선시대 지배계층으로, 권력 피라미드에서 가장 상층이다. 그러나 이들도 신분 상승에 대한 욕망을 가지고 있었다. 양반이라고 해서 다 같은 양반이 아니었기 때문이다. 오랫동안 출사하지 못한 양반들은 경제적으로 가난하고 신분도 한미하다. 출사하기 위해 이들은 짧게는 몇 년, 길게는 몇십 년씩 과거 공부를 한다. 양반 남성의 입신출세는 과거를 관문으로 한다. 하지만 그 문 앞까지 가는 길도 험난하다. 어렵게 문 앞에 이르러서도 대부분은 통과하지 못하고 되돌아갔다. 이 과정은 반복되었고, 몇 번씩 문 앞에서 좌절하기 일

쑤였다. 대다수는 과거를 영원히 포기하고 돌아갔다. 간신히 문을 통과한 사람들 역시 벼슬을 받기 위해 애를 썼다.

출세가 어렵다고 해서 출세에 대한 욕망이 없어지는 것은 아니다. 과거 급제는 지금의 고시 합격보다 훨씬 어려웠다. 그런 상황에서 남편을 출세시킨 여성들은 영웅이 된다. 이 허구들은 또한 여성을 영웅으로 신비화시켜야 하는, 출구 없는 현실에 대한 이야기이기도 하다. 조력자 여성은 남성들이 부딪힌 공고한 현실의 벽을 넘어서야 하고, 그러기 위해서는 평범한 인물이어서는 안 되었다. 김천일의 처나 이기축의 처처럼 비범해야 했다.

남편의 마음을 다독이는 아내

비범한 여성들이 남편의 출세를 위해 대사大事를 미리 알려주고, 전쟁을 준비시키는 등 눈에 보이는 일들만 했다고 기억하는 것은 그들의 내조를 국한시켜 이해하는 것이다. 현실의 부인들은 무엇보다도 남편이 스스로 자신의 내부를 다잡을 수 있도록 채찍질했다. 이는 앞서 과거 준비생의 부인으로 살아야 했던 많은 부인들이 경험한 일이기도 하다. 그러나 이들은 남편이 공부를 해서 입신출세하기만을 바라지는 않는다.

> 당신께서는 일찍이 말씀하시기를 혼처는 반드시 유사한 대상에게서 찾아야 하고, 친구는 반드시 자신보다 나은 사람을 얻어야 한다고 했습니다. …… 이제 모인은 상대가 유사하지 않은 이와 혼인했

는데 당신께서는 경계하지 않으셨고, 근래 상종하는 분들 중에 자
못 손해를 끼치는 벗들이 많았습니다. 또 혹 다른 사람의 과실을
논하기도 하여, 전날의 가르치심과 같지 않은 듯하오니, 과연 무슨
까닭인지요, 원하옵건대 그 의리를 듣고자 합니다.[6]

강정일당이 남편에게 보낸 편지의 일부다. 그녀는 혼인과 벗사귐
에 대해 남편이 전에 했던 말과 현재 남편의 행동이 다른 것을 의아
해한다. 공손하게 "무슨 까닭"이냐고 묻고 있고, "의리를 듣고자"한
다고 하지만, 이는 궁금함을 가장한 질타다. 강정일당은 남편에게 도
덕의 완성, 인격의 완성을 위해 말과 행동은 일치되어야 한다고 질책
한다.

유미림은 조선시대의 제망실문祭亡室文을 검토하면서, "사대부들은
아내가 남편을 무조건 따르는 순종적 내조자이기보다는 남편을 발
전하게 해주는 친구와 스승 같은 역할을 해주기를 기대했다. 즉 지
적이며 적극적인 반려자를 원했던 것이다"[7]라고 했다. 제망실문에서
여성의 자질이 과장되게 칭찬조로 회고되기는 하지만, 조선시대 여
성의 '내조'는 밥해주고 빨래해주고, 남성이 집안일에 대해 신경 쓰지

———

6) 이혜순 · 정하영 편역,《한국고전여성문학의 세계(산문편)》, 이화여자대학교출판부, 2003, 325쪽.
7) 유미림, 〈조선시대 사대부의 여성관 : '제망실문祭亡室文'을 중심으로〉, 《한국정치학회보》 제39집
  5호, 한국정치학회, 2005. 29~49쪽. 유미림은 여성의 사회적인 진출이 근본적으로 제한된 상태에
  서 여성의 지성이란 결국 남성 위주의 권력 유지와 강화를 위해 이용되었다는 점을 인정하지만, 사
  대부들이 자신들의 아내를 한낱 살림꾼으로 치부하지 않고 지적인 동반자로서 인정하고 대우해주
  었음을 주장한다.

않게 해주는 것만을 의미하지 않는다. 내조는 공부하는 남편의 밖에서 빙빙 도는 게 아니다. 남편의 정신과 내면으로 스며드는 것이다.

〈사씨남정기〉에서는 시아버지 유현이 며느리 사씨를 맞이한 뒤 시험하듯 묻는 장면이 나온다.

> "지아비를 어기지 않는 것이 부도婦道라 한다면 지아비에게 허물이 있는 경우라 하더라도 또한 따라야 한다는 말인가?"
>
> "그런 뜻으로 올린 말씀이 아닙니다. 고어古語에 이르기를 '부부의 도는 오륜五倫을 고루 겸한다고 하였습니다. 아비에게는 간언하는 아들이 있고, 임금에게는 간쟁하는 신하가 있습니다. 형제는 서로 정도正道로 권면하고, 붕우는 서로 선행을 권유합니다. 부부의 경우라 하여 어찌 유독 그렇지 않겠습니까?"[8]

이 장면은 부인의 내조가 어떤 것이어야 하는지를 똑부러지게 보여준다. 남편의 정신세계에 관여하고자 하는 적극적인 의지는 김삼의당과 그 남편의 첫날밤 대화에서도 반복된다. 현명한 부인은 남편이 도덕적으로 올바른 길을 갈 수 있도록 권면하고, 그렇지 않을 때에는 간언할 수 있어야 한다. 강정일당은 심지어는 남편의 도덕적 인격의 완성에 자신이 걸림돌이 된다면 죽어 없어지는 게 낫겠다고 말한다.

———

8) 김만중 저, 앞의 책, 28쪽.

어버이를 섬기며 처자를 편애하면 효가 두텁지 않고, 임금을 섬기며 처자를 편애한다면 충을 다하지 못하며, 스승을 섬기면서 처자를 편애하면 학문이 성실하지 못합니다. 이를 미루어 보면 일마다 모두 그러합니다. 제가 비록 민첩하지 못하오나 당신이 저를 편애하는 것을 원하지 않습니다. 가령 당신께서 한결같이 편애하시는 바가 되어 덕을 쌓는 일에 손해가 된다면 저는 비록 부귀하며 평안하더라도 가난하여 굶어 죽는 것만 못합니다. 당신께서는 그 일을 힘쓰시기 청합니다.[9]

아들의 출세를 위해 헌신한 어머니

'맹모삼천지교'를 생각하면 당연한 일이겠지만, 여성들은 아들의 출세를 위해 헌신한다. 아들을 교육시키고 출세시키려는 어머니의 노고는 많은 자료집에 남아 있다.

이 가운데 가장 흥미 있는 이야기 한 편은 《계서야담》에 있는 양사언楊士彦(1517~1584)의 모친 이야기다. 양사언은 "태산泰山이 높다 하되 하늘 아래 뫼이로다/ 오르고 또 오르면 못 오를 리 없건마는/ 사람이 제 아니 오르고 뫼만 높다 하더라"라는 시조의 작가이기도 하다.

양사언의 아버지 양승지가 유람하다가 어떤 시골집에 들른다. 집에 다른 사람은 없고 열대여섯쯤 된 소녀가 있었다. 말 먹이나 먹이

9) 이혜순 · 정하영 편역, 앞의 책, 317쪽.

고 가려 한다고 말하자 소녀가 말 여물 한 통을 주었다. 그러고는 산 채로 정갈하게 밥상을 차려 내와서 승지는 잘 먹었다. 그리고 소녀에게 물었다.

> "나는 말이나 먹여달라고 청하였는데, 사람에게까지 공궤供饋하는 것은 어쩐 일이냐?"
> "말이 이미 피곤하거늘 사람이 어찌 시장하지 않겠습니까? 어찌 사람에게 낮게 하고 짐승을 귀히 하겠습니까?"
> 승지가 그녀에게 밥값을 주고자 했지만 받지 않아서 부채고리에 장식으로 다는 향을 주고 떠났다.[10]

　이후에 그녀는 다른 곳으로 시집가길 거부해서 부모가 승지를 찾아가 부탁해 그의 소실이 되었다. 그녀는 아들 둘을 낳는다. 그리고 자하동紫霞洞에 집을 지어 달라고 청했다.

　하루는 성종이 자하동에 거둥해서 꽃구경을 하는데 갑자기 비가 퍼부었다. 그래서 이 집으로 피신하게 되고, 이 집이 양승지의 서자들이 사는 집인 것을 알게 되었다. 곧 용모가 수려한 두 아이들이 나와서 절을 했다. 학업에 대해 질문했는데 어느 신동 못지않게 대답을 잘했다.

　이후에 성종은 갖은 정성을 다한 진귀한 음식을 대접받았다. 급기

---

10) 이희준, 《계서야담》, 23화.

야 성종은 마음에 드는 두 아이를 데리고 환궁한다. 그러고는 동궁에게 이렇게 말한다.

"내가 이번 행차에 두 신동을 얻었으니, 너를 보필해줄 신으로 삼거라."

이들은 궁궐에서 동궁과 함께 머물면서 두텁기 그지없는 은총을 받는다.

그 후 소실은 집을 거두어 다시 큰집으로 들어와 여생을 마쳤다. 그녀의 아들들은 모두 벼슬을 했으며 양사언은 특히 선정을 베푼 관료이자 문필가로 이름을 높였다.

이야기를 보면, 양사언 형제들은 서얼임에도 우연한 기회에 성종에게 발탁된다. 그런데 어디서부터 우연일까? 그녀가 자하동에 자식들을 데리고 나가 살게 된 것? 성종이 자하동에 꽃구경을 온 것? 그때 소나기가 내린 것? 대부분은 우연이라기보다는 치밀한 계획의 일부라고 해도 좋다.

자하동은 본래부터 서울의 지체 높은 양반들이 자주 꽃구경을 가는 곳이다. 그녀는 이 사실을 알고 일부러 그 동네에서 살기를 자처했는지도 모른다. 그렇지 않았으면 "계곡과 산의 경치가 빼어난 곳으로 집터를 정하되, 길가에 대문을 높고 크게 세우고자"하지 않았을 것이다. 두 아들들을 잘 교육시키고 산해진미를 장만해둔 것도 모두 그녀의 크고 작은 계획 중 하나였다. 어머니의 치밀함에 힘입어 두 아들들은 서얼임에도 입신양명하게 된다.

《계서야담》에는 양사언 어머니의 이야기가 두 가지 판본으로 전한다. 다른 판본은 이렇다. 양사언의 아버지가 죽고 나서 상복을 입는 날이었다. 그녀는 친척들을 불러서 부탁한다.

> 첩에게 자식이 하나 있는데, 사람됨이 어리석지는 않나 봅니다. 그
> 러나 우리나라의 풍속에 본래 서얼은 천대하니, 저 아이가 비록 성
> 인이 되어도 장차 어디에 쓰겠습니까? 여러 공자께서야 은혜를 베
> 풀고 사랑해주심이 무간無間하지만, 첩이 죽은 뒤에는 첩 어미의
> 복을 입을 것입니다. 이렇게 되면 적서가 현격하게 다른 것이니,
> 이 아이가 장차 어떻게 행세하겠습니까? 첩은 오늘 마땅히 자결하
> 여 대상大喪 중인 것처럼 미봉하면, 적서의 구별이 거의 없을 것입
> 니다. 바라옵건대 열위께서는 장차 죽은 사람을 가엾게 여겨, 구천
> 하에서라도 한을 머금게 하지 마옵소서.

그녀를 아끼던 친척들은 죽지 않더라도 서얼의 흔적이 없도록 상
의하겠다고 말한다. 그러나 그녀는 "한 번 죽어서 치유하는 것만 못
하다"면서 끝까지 죽음을 고집하고 끝내 양승지의 관 앞에서 자결한
다. 그래서 적형들은 그를 친형제처럼 대하고 그가 사대부의 자리까
지 올랐음에도 아무도 서류庶類인 것을 몰랐다는 것이다.[11]

완벽하게 자식의 신분을 위조하고자 죽은 이 여인, 요즘 대한민국
학부모의 열정과 욕망을 상기시킨다. 그들은 자신의 자식이 자본주
의 피라미드의 상층을 점유하고, 갑甲이 되길 바란다. 그래서 자식의

---

11) 이희준, 《계서야담》, 75화.

매니저를 자처하고 일상과 공부를 챙긴다. 양사언의 어머니는 아이들이 서얼의 한계를 극복하고 양반의 반열에 들길 원한다. 그래서 죽기까지 한다. 이들의 삶은 시대를 초월해 닮은 구석이 있다. 자식의 성공을 자신의 성공으로 생각하고, 그것을 위해 치밀하고도 치열하게 헌신한다.

열여섯 살 소녀가 나이든 승지의 소실이 된다고 고집 피운 것부터 신분상승을 위한 장기적인 계획의 일부였는지 모른다. 《필원잡기》에는 나이든 관료와 젊은 처녀를 중매하는 이야기가 나온다. 그때 써먹는 말이 "아침에 재상의 아내가 되면 저녁에 과부가 된다 해도 좋다"는 것이다. 《논어論語》에 나오는 "아침에 도를 얻으면 저녁에 죽어도 좋다"는 구절을 패러디한 것인데, 당시 사람들에게는 잘 알려진 말이었다.

우리에게는 공감하기 어려운 말일 수 있지만, 양사언의 모친은 이속언에 공감했을 것이다. 남편의 출세길과 아들의 출세길은 곧 여성의 출세길이다. 그녀는 평민에서, 재상의 소실에서, 명필가의 어머니로 신분상승한다. 오르고 또 올라 태산에 오른 격이다.

그렇다면 이제 남은 후일담을 보자. 남편들 혹은 아들들이 출세한 후 그녀들은 어떻게 되었을까?

남편은 귀족처럼, 부인은 하녀처럼

남유용南有容(1698~1773)은 조선 후기의 문신인데, 그 부인은 전주 이씨의 막내딸이다.[12] 남유용은 자신의 장모인 전주 이씨의 일생에 대해 이렇게 썼다.

(장모님은) 세속의 사치한 습속을 가장 싫어하셨으니, 이미 귀해지고
도 오히려 화려한 것을 쓰지 않고 모두 딸들에게 일러 말하였다.
"내가 검계에 있었을 때 일찍이 하루 동안 먹지 못하고 베틀 옆에
엎디어 있기를 꽤 오래 있다가 깼는데 콩죽이 베틀 옆에 있었다.
세 번 마시고서야 눈에 보이는 것이 있었으니, 마을 할머니가 불쌍
해서 주신 것이었다. 내가 지금 편히 앉아서 밥을 먹고, 고기도 먹
을 때가 있다. 그러나 매번 먹을 때마다 검계에 있을 때를 잊지는
못하겠다.
또 내가 다른 재능이 없고 스스로 베짜기에 힘써서 애쓴 지 40여
년에 겨우 집안 재산을 이룰 수 있어 시집가고 장가보낸 자녀, 손
자녀, 조카들이 거의 스무 명인데 오직 근검으로만 다 할 수 있었
다. 인간의 흥망은 부지런함과 태만함, 사치와 검소가 어떠한가를
돌아볼 뿐이다. 너희들은 그를 명심하라."
열아홉 살에 시집 왔는데 시어머니는 계시지 않았다. "낮에는 베
를 짜서 판서공을 봉양하고 밤에는 불을 켜고 삼풀을 길쌈하고 솜
을 다스리니, 손에는 굳은살이 박혔다."
판서공이 돌아가시자 부인은 두 서고와 두 동서와 더불어 눕고 일
어나기를 한 방에서 하며 한 조각 천과 한 주먹 곡식이라고 감히

12) 김경미 외 3인 역주, 《18세기 여성생활사 자료집》 3권, 보고사, 2010, 317쪽.

홀로 가지지 못했다. 판서공이 남기신 간찰은 모두 봉하여 상자 안에 넣어두었는데 때때로 펴서 읽으며 홀로 눈물을 흘려 뺨을 적셨다. 판서공이 아끼던 바는 비록 하녀라도 만나면 후히 보태주며 모두 정리하고 나서, 공을 좇아 서울로 왔다. 여기저기 집을 빌려서 살며, 봉록 외에는 단 한 되라도 들여오는 것이 없었다. 공께서는 또한 담박하셔서 집안일을 묻지 않으니 부인이 매일 고생하며 일하고 열심히 일해서 그 마음을 고요히 해서 얼굴에 조금도 드러내지 않았다. …… 공이 이에 그 현명함을 깊이 알았으면서도 그 집안의 가난함은 깊이 알지 못했다.

공이 다섯 읍을 맡고 삼번三藩의 난을 진압하니 지위는 날로 더욱 높아졌으며 봉록은 날로 풍부하게 더해졌으니 부인 또한 조금 안락할 수 있었는데도 돌아보고 더욱 삼갔다. 닭이 울면 일어나 등을 켜고 세수와 빗질을 끝내고 집안사람들에게는 각각 늙고, 약한 것에 따라서 일을 나누어 주셨다. 집을 깨끗이 청소하고 발소리 크게 내지 않고 실과 바늘과 자를 손에서 떼놓지 않았다. …… "내가 억지로 이 일을 하는 것이 아닙니다. 어려서부터 일하는 데 익어서 늙어도 스스로 편하게 있을 수 없습니다."

공은 집안사람들과 매우 친밀해서, 궁한 데 베풀어 구제하기를 급하게 하고 그 집 형편은 거의 잊었다. 그런데 부인이 힘써서 따라주니 그 뜻하지 않은 것이 없었다. …… 그 형인 정랑공과 우애가 있음이 늙어서도 두루 돈독하였으니 정랑공이 공의 집에 머물다가 돌아가셨다. 염하고 입관하는 것부터 반장에 이르기까지 쓰는 것을 모두 부인 스스로 힘쓰니 하나같이 지성과 진심에서 나왔

다.[13]

그녀는 열아홉 살에 결혼해서 홀시아버지인 판서공을 모셨다. 그래도 시아버지 생전은 살림이 나았던 모양이다. 시아버지가 돌아가시고 나서 두 명의 서고와 두 명의 동서와 한 방에서 기거하면서 천한 조각, 밥 한 주먹도 공유했다. 상상이 안 될 정도로 비참한 사정이다. 남편의 벼슬살이를 따라 나서게 되었을 때에도 사정은 크게 달라지지 않았을 것이다.

벼슬아치들이 녹봉으로 생계를 유지하기란 이처럼 어려웠다. 남편 유명홍兪命弘은 녹봉 외에는 집안에 가져오는 게 없었다. 전주 이씨의 삶은 여전히 고단했다. 그녀는 남편의 벼슬과 상관없이 계속 베를 짠다. 남편이 대사간, 경기감사, 한성판윤, 예조판서, 우참찬을 거치는 동안에도 그녀는 변함없이 베를 짠다. 그렇게 하기를 40년, 그녀는 자식들뿐 아니라 손자, 손녀들, 조카들까지 20명 가까이 시집 장가를 보낸다. 이렇듯 그녀는 베 짜기 하나로 집안을 일으켰다.

조선시대에는 남편의 벼슬에 따라 부인의 품계가 정해졌다. 남편의 벼슬이 1품이면 정경부인貞敬夫人, 2품이면 정부인貞夫人, 3품이면 숙인淑人, 9품이면 유인孺人 이런 식이다. 그러나 이씨 부인의 삶을 보면, 남편에 따라서 품계가 높아진다고 해서 삶의 질이 달라지지는 않았다. 이들은 남편과 아내로 한 집에 살지만 다른 계급인 것처럼 보인

---

13) 남유용, 〈정부인 완산 이씨 행장貞夫人完山李氏行狀〉, 김경미 외 3인 역주, 같은 책, 314~315쪽.

다. 이씨 부인은 노동의 고달픔을 드러내지 않았고, 남편은 집안일에 대해서 묻지 않았다. 남편이 "그 현명함을 깊이 알았으면서도 그 집안의 가난함은 깊이 알지 못했다"라고 하지 않는가. 자기 집 형편을 모르니 친척들이 곤궁하다면 흔쾌히 베풀기도 했다.

월사 이정구李廷龜(1564~1635)는 조선 중기의 4대 문장가로 유명한데, 병조판서, 예조판서, 대제학, 우의정, 좌의정을 역임했다. 필력은 유전해 그의 장자 역시 대제학과 이조판서를 지냈고, 장손 역시 대제학과 예조판서를 지내, 3대가 대제학을 지낸 보기 드문 집안이다. 이정구부터 그의 여덟 손자를 칭하는 "8상八相"이라는 말이 있었다. 이정구의 집안, 연안 이씨는 온갖 진기록을 수립한 17세기 최고 문벌이었다.[14] 출세한 남편과 아들과 손자를 줄줄이 둔 부인을 보자.

> 월사 이정구의 부인은 판서 권극지의 딸로 덕행이 있었다.
> 백주 이명한과 현주 이소한이라는 두 아들을 두었는데, 모두 높은 벼슬에 올랐다. 그런데도 월사의 부인은 집안을 검소하게 꾸려 나갔고, 화려한 옷은 일찍이 몸에 걸쳐본 일이 없었다.
> 그 당시 어느 공주 집에서 며느리를 보게 되자, 임금의 명으로 온 조정 신하들의 부인들이 모두 잔치에 가게 되었다. 여러 집안의 부녀자들이 다투어 사치스럽게 꾸미고 나왔다. 그날의 잔치에서는 부녀자들이 꾸미고 온 패물과 비단옷으로 사람들의 이목을 끌었다.

———

14) 김학수, 《끝내 세상에 고개를 숙이지 않는다》, 삼우반, 2005, 285쪽.

그 뒤에 가마가 들어오더니, 한 노부인이 지팡이를 짚고 나타났다.
갈옷과 베로 만든 치마를 입고 있었는데, 극도로 거칠고 품질이 낮
은 것이었다. 그 노부인이 마루로 오르려하자 주인인 공주가 신을
거꾸로 신은 채 내려가 맞았다.

나이 어린 부녀자들은 손가락질을 하며 웃지 않는 사람이 없었다.
그러면서도 누구 집 부인인지 몰라 놀라고 의아하게 여겼다. 주인
이 노부인을 맞아 윗자리로 모시는데, 매우 공손하게 예의를 차렸
다. 그 모습을 보고 사람들은 더욱 의아하게 생각하였다.

잔치가 끝난 뒤에 노부인이 먼저 일어나 돌아가겠다고 말하였다.
주인이 아직 날이 저물지 않았다며 만류하니, 노부인이 말하였다.

"저희 집 대감은 내의원 도제조로 새벽에 이미 입궐하셨습니다.
큰 아이는 이조판서로 정무를 보러 나갔습니다. 작은 아이는 승지
로 자리를 지키고 있다고 하더군요. 이 늙은이가 집에 돌아가야 저
녁밥을 지어 보낼 수가 있습니다."

그 말을 듣고 자리에 있던 사람들이 크게 놀라며, 비로소 그녀가
월사의 부인임을 알았다.[15]

남편이 내의원 도제조이고 큰 아들은 이조판서이고 작은 아들은
승지라고 하자 모두들 그녀가 월사 이정구의 부인임을 알아챘다. 이
렇게 이정구 가문은 당대에도 유명했다. 도제조라는 것은 정1품을

지낸 사람들이 맡아 하던 벼슬이니, 이정구의 부인 권씨는 정경부인이다. 부인은 남편과 아들이 조정의 온갖 명예를 누리지만, 질 나쁜 갈옷과 베로 만든 옷을 입고 다닌다. 그나마 잔치이기에 차려 입은 것인지도 모른다. 그녀는 잔치를 마음껏 즐길 수도 없었다. 조정에서 일하는 세 남자들에게 저녁밥을 가져다주어야 했기 때문이다. 자신이 집으로 돌아가야 저녁밥이 들어갈 수 있다고 하니, 그녀가 직접 밥을 지었는지도 모르겠다. 이처럼 그녀는 도제조의 부인이자 이조판서와 승지의 어머니였음에도 남루할 정도로 검소했으며 소소한 가사 일에서 해방되지 못했다.

여성의 검소함은 중요했다. 경주 최부잣집에서도 시집 온 며느리에게 3년 동안 무명옷을 입게 했다. 부인들의 옷차림으로는 그녀가 정경부인인지, 부잣집 며느리인지 알 수 없어야 했다. 그것이 미덕이었다. 또 유명홍 부부처럼, 생활력 강한 부인과 물정 모르고 오지랖 넓은 남편의 궁합도 특별한 것은 아니었다. 부인들의 길쌈과 바느질은 여공의 하나로 장려되었고, 양반이 집안일에 무지한 것은 미덕이었다. 이들 부인이나 그 남편들 모두 시대가 권장하던 길을 갔을 뿐이다.

여가를 즐기기까지

7

아내들의 구경, 외출, 놀이

조선시대 최고의 구경거리, 임금의 행차

조선시대 윤기尹愭(1741~1826)는 "구경하려는 욕망"이란 제목으로 당대의 구경에 대해 자세한 기록을 남겼다. 이 글을 보면 조선시대 사람들이 구경한 세목細目을 알 수 있다.

어른과 아이, 남자와 여자를 가릴 것 없이 봄철이 되어 꽃이 피고 버들가지가 늘어지면 놀러 나가려 하고, 가을철이 되어 단풍 들고 국화꽃이 피면 구경하러 나선다. 대보름달 뜨는 풍경, 사월 초파일 연등 행렬, 큰물이 져서 강물이 불어난 장면, 여름철의 짙은 숲 그늘 등 이런저런 풍경마다 곳곳에 미친 듯 구경꾼이 몰려든다. 물고기 잡고 사냥하는 장면을 보면 좋아하고, 기예를 자랑하는 장면을 목격하면 미소를 띤다. 길거리에서 다투거나 희롱하는 장면을 보면 아무리 급한 일이 있어도 걸음을 멈춰야 하고, 수레와 하인들을 거창하게 몰고 가는 대갓집 행차를 보면 아무리 큰일이 있어도 반드시 눈길을 주어야 한다. 특이한 물건이 있다고 하면 아무리 작은 것이라도 반드시 쫓아가 보아야 하고, 기이한 사건이 발생하면 아무리 외진 곳이라도 반드시 뒤따라가 구경해야 한다. 눈이 달려 있는 사람치고 구경할 만한 것이 있다면 머리를 수그린 채 그냥 지나가는 법이 없다.[1]

윤기가 꼽은 구경거리의 리스트는 길다. 조선시대 사람들은 남녀노소를 불문하고 꽃놀이·단풍놀이·달·연등·홍수·숲 그늘·낚시·사냥·기예·다툼·행차·특이한 물건과 기이한 사건 등 자연과 사람이 만들어내는 일상적이며 특수한 온갖 것들을 구경했다. '아무리' 급한 일이라도, '아무리' 큰일이 있어도, '아무리' 작은 것이라도, '아무리' 외진 곳이라도 개의치 않는다. 이 '아무리'의 수사는 조선 사람들이 가진 구경에 대한 극단적 욕망을 잘 보여준다. 윤기는 그 가운데 하이라이트가 있다고 말한다.

이렇듯 많은 볼거리에 대한 욕망 중에서도 가장 심한 것은 임금님이 거둥할 때다. 이때는 서울이며 지방의 양반과 서민들이 남에게 뒤질세라 다투어 모여들어 산과 들판을 뒤덮는다. 길옆에 있는 집

---

1) 윤기, 〈간완욕看玩欲〉, 《무명자집無名子集》, 안대회, 《부족해도 넉넉하다》, 김영사, 2009, 63~66쪽, 재인용.

은 모두 사대부 집안 부녀자들이 차지한다. 이런 때는 먼저 들어가는 자가 임자이고 뒤에 오는 자는 밀려나기 때문에 백성들 행렬을 뚫고서 가마가 달려가고, 소란스럽고 먼지 자욱한 거리를 계집종이 달려간다.

그들은 창문으로 내려다보고 창호지 구멍으로 훔쳐본다. 그러다 보니 밖으로 드러난 자신의 얼굴을 길가의 사람들이 곁눈질로 쳐다봐도 상관하지 않고, 품위를 잃었다고 노비들이 손가락질해도 아랑곳하지 않는다. 염치와 위신이 걸려 있음에도 불구하고 모두 내팽개친다. 심지어는 길에서 해산하는 사람도 생기고, 다락에서 헛디뎌 떨어지는 사람까지 생기는 등 부끄럽고 우스꽝스러운 사건이 한두 가지가 아니다. 그러나 그렇게 법석을 떨고도 구경하는 것이라곤 펄럭이는 깃발과 무리지어 달리는 군사와 말을 보는 것에 지나지 않는다.

여염집 여자들은 악소배惡少輩들과 뒤섞이는 바람에 해괴한 사건들이 많이 발생함에도 불구하고 부끄러운 줄을 모르고 태연자약하다. 마음을 쏟고 의지를 불태워 오로지 구경하는 데 목표를 두기에 그 나머지 수만 가지 일은 일체 나 몰라라 한다. 그래서 농사를 팽개치고 하던 일을 던져둔 채 도시락을 싸고 감발을 한 다음 남편은 마누라를 데리고, 시어머니는 며느리를 이끌며, 어머니는 딸을 거느리고 길을 나선다. 그러다가 사람을 잃어버리고 돌아오는 일까지 생긴다.

이런 사건을 보고서 경계를 삼아야 하건만 양반과 서민 가릴 것 없이 종시토록 바쁘게 구경하러 다니느라 편안히 앉아 있지를 못

한다. 비록 그 때문에 곤액을 당하는 일이 있더라도 결코 잘못을
뉘우칠 줄 모른다.

가장 이목을 끄는 구경거리인 임금의 행차 때에는 서울과 지방 사
람들, 양반과 서민이 신분을 가리지 않고 쏟아져 나와 구경한다. 사
대부 부녀자들은 길갓집에서 구경을 하고, 여염집 여자들은 남녀노
소 뒤섞인 길거리에서 구경을 한다. 심지어는 해산하는 사람, 다락에
서 떨어지는 사람도 있어서 아수라장이다. 이들이나 저들이나 염치
는 내팽개치고 구경하는 데 여념이 없다. 구경꾼을 구경하는 구경꾼
도 있었으리라.

이런 현상을 놓고 볼 때, 천하의 욕망 가운데 이보다 더 심한 것이
어디 있겠느냐? 골짜기를 메우듯이 욕망을 절제해야 하건만 이 골
짜기는 채울 기약이 없고, 제방을 쌓듯이 욕망을 거부해야 하건만
이 제방은 쌓을 시간이 없다. 그 실상을 살펴보면 해로움만 있을
뿐 무슨 이로움이 있겠는가!

사대부 여자들이 얼굴을 드러내고, 여자와 남자가 섞이고, 농사일
을 팽개치는 상황이 구경 때문에 발생한다. 윤기는 구경하려는 욕망
을 절제해야 한다고 근엄하게 말한다. 그러나 구경하려는 욕망은 그
렇게 쉽게 절제할 수 있는 것이 아니다. 윤기는 남녀노소 모두에게
구경하고자 하는 욕망이 지나치다고 한탄한다. 내가 보기엔 그 가운
데에서도 구경의 욕망을 제도적으로 억압당했던 여성들, 사대부 여

성들의 욕망은 지극했다.

　새로운 것을 보기 위해서는 집 밖으로의 이동이 전제된다. 사대부 남성들의 경우는 마음대로 유람할 수 있으며, 그것은 공부의 연장선이기도 했다. 퇴계 이황은 청량산을 오르내리며, "오르막길의 어려움은 선을 행하기가 어려운 것과 같고 내리막길의 쉬움은 나태와 안일에 빠지기 쉬움과 같다"고 생각했다. 남명 조식은 지리산을 오르내리면서 "한 번 흘러간 물이 돌아오지 않는 것을 보고 인생의 무상함을 생각하고, 굼실굼실 끝없이 흘러가는 강물을 보고 거대한 역사의 흐름을 생각하라. 이것이 산과 물을 찾는 뜻이다"라고 썼다.[2] 이들에게 자연은 선악의 실천이나 역사의 흐름 등 삶의 진리를 전달하는 또 다른 기호들이다. 사대부 남성들에게 자연을 대면하는 여행은 또 다른 공부의 연장이고, 권장사항이었다.

　양반 여성들의 경우에는 집 밖으로 나가는 것이 규범적으로 제한되었다.《예기禮記》에서는 "부인은 낮에 뜰에서 놀지 아니하고, 까닭 없이 중문에 나가지 않는다"라고 했다. 낮에도 뜰에 나다니지 않고 규문閨門 안에서 날을 보내야 하는 것이 부인의 상도常道다. 여성의 화전놀이를 비판하면서 지어진 〈조화전가嘲花煎歌〉에서는 잘 꾸민 집에 있는 것은 여성의 일이고, 강산을 완상하는 것은 남성의 일이라고 했다. 또 여성들이 "좋은 경을 어이 알리"라면서, 경치를 완상할 심미안이 없다[3]고 보기도 한다. 자연을 감상할 수 있는 주체는 이래저래 남

―――

2) 이종묵 편역,《누워서 노니는 산수》, 태학사, 2002, 13쪽.

성뿐이다. 부인의 도를 따져 보면 자연을 완상해서는 안 되고, 그 능력을 따져보면 자연을 완상할 수도 없다.

하지 말라는 일은 더 하고 싶다. 마찬가지로 가지 말라는 곳은 더 가고 싶다. 김만덕金萬德(1739~1812)은 사족 여성은 아니었지만 사족 여성처럼 이동에 제한이 있었다. 그녀는 제주도에서만 살아야 했다. 1629년부터 제주도민이 육지로 나가는 것을 금지했기 때문이다.[4] 김만덕은 제주도에 큰 기근이 들었을 때 쌀 500섬을 쾌척하여 제주도민을 구했다. 정조는 제주도 목사가 보낸 장계를 보고 이 사실을 알게 되었다. 정조는 그녀에게 무슨 소원이든 들어주겠노라고 한다. 왕에게 말한 그녀의 유일한 소원은 "금강산 여행을 하고 싶습니다"였다. 그녀에게는 돈과 명예보다도 여행의 자유가 필요했다.

그녀는 왜 하필 금강산에 가고 싶다고 했을까? 금강산은 당시에 "성공한 남성들의 전유물"이었던 공간이다. 조선시대 금강산은 명승지로 유명한 곳이었지만 아무나 가기 힘들었다. 일단 금강산을 가기 위해서는 상당한 비용이 필요했는데, 때로는 친척들에게 구하기도 했다. 연암 박지원이 금강산을 갈 때에도 노자가 없어 지인 한 명이 나귀 살 돈 100냥을 쾌척했다. 그리고 나니 데리고 갈 하인이 문제였다. 연암은 어린 여종에게 골목에 나가 소리치게 했다. "우리 집 작은

3) 유정선, 〈화전가에 나타난 여성의 놀이 공간과 놀이적 성격〉, 《한국고전연구》, 19집, 2009, 72쪽.

4) 제주도는 15세기 후반부터 출륙민이 많아지면서 잔류 도민들의 역 부담이 가중되었다. 그러니 다시 출륙민이 많아지는 악순환이 계속되자, 아예 인조 7년(1629)부터는 제주도민의 출륙을 금하게 되었던 것이다. 문순덕·박찬식, 《추모 200주년 기념, 김만덕 재조명》, 제주발전연구원, 2010.

서방님 이불 짐과 책 상자를 지고 금강산에 따라갈 사람 없나요?"[5] 박지원은 결국 금강산을 밟는다. 하지만 가난한 선비들 가운데에서는 유람을 준비하고도 비용을 마련하지 못해 여행을 포기하는 일이 비일비재했다.

양반들은 한 사람 당 한 명꼴로 노비를 대동했고, 때로는 악공을 대동하기도 했다. 이 모든 것이 돈이었다. 금강산 여행에서는 필요한 식량을 2~3일분 정도만 준비하고 경유지에서 조달하는 것이 보통이었다. 그러기 위해서는 신분과 교유관계를 활용해서 여정 상에 있는 지방 관리로부터 숙식과 금전적 지원을 받기도 했다.[6] 당시 금강산 여행은 돈과 인맥이 최대한 활용되었을 때 성공할 수 있는 여행이었다. 김만덕이 금강산을 여행할 때에는 왕이 관가에 명을 내려 노잣돈과 역마를 주고 음식을 번갈아 공급하도록 했다.[7] 양반들이 경제적·인적 자원을 동원해 자력으로 해결하던 지점을 공적으로 해결했다.

여기서 강조하고자 하는 것은 금강산 여행의 특수성보다는 김만덕의 소원이다. 억압된 것은 더 큰 욕망으로 되돌아오게 마련이다. 제주도를 벗어나지 못하는 제주도민에게 섬을 벗어나는 여행은 명예와 금전보다도 더 절실한 소원이다. 경제력과 인맥이 있는 양반들만의 여행지 금강산은 소원의 정점이다. 마찬가지로 규방을 벗어나지

5) 고미숙, 《열하일기, 웃음과 역설의 유쾌한 시공간》, 그린비, 2004, 71쪽.
6) 정치영, 〈'유산기'로 본 조선시대 사대부들의 여행〉, 《경남문화연구소보》 27호, 경상대학교경남문화연구소, 2006, 300~301쪽.
7) 문순덕·박찬식, 앞의 책, 25쪽.

못하는 사족 여성들에게 바깥세상을 구경하는 것은 절실한 소원이다. 사대부 남성들에게도 구경의 욕망은 지대한 것이었겠지만, 사족 여성들의 처지는 그러한 욕망을 더욱 부채질했다.

제주도민의 육지 출입이 금지되듯, 양반 여성들의 외출이 완전히 금지된 것은 아니었다. 양반 여성들은 제한적이나마 구경을 할 수 있었다. 이 여성들이 구경을 하기 위해서는 몇 가지 관습을 따라야 했다. 가령 남편의 허락을 받아야만 한다는 것, 얼굴을 가려야 한다는 것, 밤을 틈타야 한다는 것 등이다.

길갓집, 장막, 누각에서 엿보다

현대의 구경은 번듯한 건물 내부에서 주로 이루어진다. 영화관·경기장·박람회장·박물관·미술관 등은 모두 구경을 위해 지은 건물들이다. 이 건물들은 특수한 목적에 맞게, 그리고 대중을 수용할 수 있도록 설계되었다. 우리는 입장료를 지불하고 이 건물들에 들어가 구경한다. 현대의 구경은 문화 산업의 일종이며, 자본주의의 산물이다. 그렇다면 이런 건물들이 우후죽순 만들어지기 전, 양반 여성들은 어디에서 구경했을까?

앞서 살펴본 윤기의 글에서 큰 구경거리가 있을 때, "길옆에 있는 집은 모두 사대부 집안 부녀자들이 차지한다"고 했다. 길갓집은 사대부 여성들에게 구경을 위한 가장 편안한 장소가 되었을 것이다. 그런 집에는 아무나 들어갈 수 있었을까? 윤기는 "이런 때는 먼저 들어가는 자가 임자이고 뒤에 오는 자는 밀려나기 때문에 백성들 행렬을 뚫고서 가마가 달려가고, 소란스럽고 먼지 자욱한 거리를 계집종이 달려간다"라고 했다. 길갓집을 사용하는 것은 선착순인 듯하다.

그런데 경우에 따라서는 길갓집이라고 해서 무조건 차지하는 사람이 임자가 되지는 않았다. 계획된 행사일 경우, 사대부 여성들이 길갓집에서 구경만 하는 게 아니라 하룻밤을 묵기도 했다. 숙박을 해야 하니, 아무 집에 무턱대고 들어갈 수는 없었다. 조정에서는 왕의 행차가 있을 때에는 길갓집을 임시거처로 삼아도 좋다는 허가증을 발행했다. 권세 있는 남성들은 집안 여성들을 위해 이 허가증을 얻고자 동분서주했다. 일종의 입장권이었던 셈이다. 이런 경우 허가증이 발급된 집에서만 구경을 해야 한다.[8]

다른 집으로 잘못 들어가 곤욕을 치른 일도 있었다. 성종 때 형조 정랑 홍효정洪孝廷의 아내는 중국 사신의 행차를 구경하려고 나갔다가 안양군安陽君의 부인夫人이 있는 곳으로 잘못 들어갔다. 이럴 경우 큰 분란이 나기도 했다. 안양군의 종이 홍효정의 종을 구타했다. 종들이 모두 도망쳤고 홍효정의 아내는 종도 없이, 어둠 속에서 길갓집에 홀로 앉아 있었다.[9] 이 사건은 부녀자의 구경을 금해야 한다고 생각하는 사람들에게 좋은 빌미를 제공했다.

다행히 구경해야 하는 장소에 아는 사람의 집이 있으면 금상첨화다. 1537년(중종 32년) 3월 9일, 이문건의 일기를 보면 그 부인과 딸이

8) 정연식, 《일상으로 본 조선시대 이야기》 1권, 청년사, 2001, 251쪽.
9) 《성종실록》, 24년 2월 29일.

새벽부터 친정집 식구들과 어울려 부산을 떠는 장면이 나온다. 이들은 명나라 사신이 한양으로 들어오는 행차를 보기 위해 아는 사람의 집으로 달려나갔다. 그런데 이날 비가 오는 바람에 명나라 사신의 행차가 다음 날로 미루어졌다. 아마도 그들은 허무했으리라. 이문건은 부인과 딸을 데리고 집으로 돌아오고 싶었다. 그러나 그들은 끝끝내 구경을 하겠다고 했고, 이문건은 그들을 말릴 수가 없어 혼자 집으로 돌아왔다.

다음 날 비가 어느 정도 개자 기다리던 명나라 사신이 한양으로 들어왔다. 이문건 역시 "행차를 구경하니 꿈만 같았다"고 술회했다. 부인과 딸도 이 광경을 구경하다가 저물녘이 되어서야 집으로 돌아왔다. 구경을 위해 하룻밤을 지새우고 돌아온 부인과 딸은 행차를 본 경험을 앞다투어 자랑했다.[10]

윤기의 말처럼, "그렇게 법석을 떨고도 구경하는 것이라곤 펄럭이는 깃발과 무리지어 달리는 군사와 말"을 보는 것에 지나지 않았을지도 모른다. 그러나 이마저 꿈만 같은 일이고 큰 자랑거리다. 이문건의 가족들이 미루어진 행차를 놓치지 않고 볼 수 있고, 인생의 큰 추억으로 삼을 수 있었던 것은 지인의 집을 이용했기 때문이다. 지인의 집을 이용하는 것은 우천으로 일정의 차질이 생기거나 했을 때 특히 요긴했을 것이다.

---

10) 정해은, 〈여성의 외모와 치장〉, 국사편찬위원회, 《몸으로 본 한국여성사》, 경인문화사, 2011, 250~251쪽.

그러나 집을 이용하는 데는 한계가 있었다. 공급이 수요를 따라오지 못하기 때문이다. 길갓집을 구할 수 없을 때에는 거리에 장막을 설치하기도 했다. 이 장소도 그렇게 나쁘지는 않다. 여성들이 머무는 장막 앞에는 화려한 채색 휘장이 둘러졌고 여성들은 그 안에서 음식을 먹거나 담소하면서 행렬을 기다렸다.[11] 휘장은 여성들이 모여 음식과 담소를 나눌 아기자기한 공간을 선사하기도 했다. 또 이 여성들을 가리기 위해 친 가지각색의 휘장은 또 다른 볼거리를 선사하기도 하면서 구경의 분위기를 고조시켰다.

집처럼 편안하고, 장막처럼 특색 있는 곳은 아니지만 구경을 위해서는 누각만 한 것도 없었다. 누각은 사면으로 터져 있고, 높은 곳에 위치하고 있어서 구경의 본래 목적에 딱 맞는 곳이었다. 인산인해를 이룬 사람들 틈에서 제대로 구경을 하기란 어려운 일이다. 더군다나 길거리도 아니고, 집 안이나 장막 안에서 (원칙적으로) 몸을 숨기고 구경해야 하는 사족 여성들은 제대로 구경하기 어려웠다. 그러나 누각에서는 전체 행차의 모습을 볼 가능성이 높다. 누각을 이용할 때 여성들은 몸을 드러내곤 했다. 누각 난간에 기대어 얼굴을 내놓고 구경했다. 이것은 '대놓고' 하는 구경이다. 뒤에서 다루겠지만, 여성들이 구경을 하면서 몸을 드러내는 것은, 누각에서뿐만 아니라 항상 문제가 되었다.

또 가마를 타고 구경하는 것도 하나의 방편이 된다. 단, 가마꾼이

---

11) 정연식, 앞의 책, 251쪽.

좋은 자리를 선점할 수 있었을 때 한해서다. 아마도 윤기의 글에서 가마를 타고 달려가는 모습은 길갓집을 얻기 위한 것일 수도 있지만 가마를 타고 보기 좋은 장소를 선점하기 위한 것일 수도 있다. 1670 년(현종 11년) 청 사신이 서울에 들어올 때 가마를 타고 구경하는 부녀 자가 거리에 북적거렸다[12]는 기록도 있다. 〈동명일기東溟日記〉에서 의 유당 남씨는 일출과 월출을 보러 가는 길에 쌍교마雙轎馬를 타고 시장 을 구경한다. 가마꾼들이 가마를 천천히 몰고 남씨가 가마 안에 앉아 서 좌우 저잣거리를 구경하는 식이다. 그곳에서 남씨는 옷 가게, 채 소 가게 등을 보는데 특히 무명 파는 가게와 포목 파는 가게가 화려 했다고 쓴다. "필필疋疋이 건 것이 몇 천 동을 내어 건 줄 모르겠더라. 각색 옷이며 비단 금침衾枕을 다 내어 걸었으니 일색日色에 눈부시더 라."[13]

얼굴을 드러내지 말고 구경하라

사족 여성들은 대놓고 구경하기보다는 창문 틈으로, 주렴 사이로, 가 마 창으로 엿보는 방식으로 구경하곤 했다. 이런 방식으로 이들이 얼 마나 구경의 욕구를 충족했는지는 잘 모르겠다. 은진 송씨가 공주 관 아로 가는 여정을 쓴 〈금행일기錦行日記〉를 보면, "규중에 매인 몸이라

12) 정해은, 앞의 글, 252쪽.
13) 의유당 남씨, 〈동명일기〉, 류준경, 《의유당관북유람일기》, 신구문화사, 2008, 181~182쪽.

구경도 구차하게 숨어서 해서, 보는 것이 분명한지도 모르겠다"고 불만을 토로[14]한다. 사족 여성들은 구경하기를 욕망했지만, 구경 중에도 완전히 자유롭지는 못했다.

윤기는 집에서 구경을 할 때 여성들이 "창문으로 내려다보고 창호지 구멍으로 훔쳐본다"고 했다. 창문으로 내려다볼 때는 얼굴이 드러나지 않을 수 없다. 그것을 막기 위해 사족 여성들에게는 창문이나 행랑에 발을 치고 구경하게 한다. 하지만 이것도 큰 소용은 없다. 성종 12년(1481) 조석보는 이렇게 간한다.

> 중국 사신[天使]이 올 적에 부녀자들로 하여금 주렴珠簾을 달아놓고 구경하게 하셨는데, 아마 남녀가 서로 섞이는 폐단이 있을까 두렵습니다. 처음에는 비록 발[簾]을 내리고 구경하지만, 끝내는 발을 거두어 그 온몸을 드러내고 맙니다.[15]

조석보는 사족 여성들이 주렴을 달고 구경하는 데 문제가 있다고 본다. 여성들이 주렴발을 거두어 몸을 드러내서 남녀가 섞일 수 있기 때문이다. 그러니 문제를 해결하기 위해서는 아예 사족 여성들의 구경을 금할 수밖에 없다. 성종의 생각은 조석보와는 달랐다.

---

14) 이승희, 〈조선 후기 여성 기행문 연구〉, 인천대학교 석사학위논문, 2006, 18쪽.
15) 《성종실록》, 12년 5월 8일.

연전에 중국 사신이 왔을 적에 대간臺諫에서 부녀자가 구경하는 것을 금지하자고 청하였기 때문에 행랑行廊에다 주렴珠簾을 설치하지 않았는데, 나라의 위용威容에 매우 광채光彩가 없었다. 구경하는 것은 성대盛大한 일인데, 조종조祖宗朝에 있어서도 금지하지 않았기 때문에 주렴과 장막帳幕이 길옆에 서로 잇달았었다. 옛날에 이르기를, '구경하는 자가 담장과 같아서 상인常人과 세족世族의 부녀자를 구분할 수가 없다'고 한 것은 이를 말함인데, 다만 길거리의 여자들도 이를 보게 하면서 규문閨門의 부녀자들로 하여금 구경할 수 없게 하는 것이 옳겠는가?

성종은 사족 여성의 구경을 금지하지 않았다. 주렴과 장막이 잇따라 있는 것도 나라의 위용을 빛낼 수 있는 길이며, 길거리 여자들도 보는 것을 사족 여성에게만 금지할 수는 없다고 했다. 사족 여성의 행차가 대동하는 시각적 화려함의 장점과 여성들 사이의 공정성을 들어 사족 여성들의 구경을 찬성한 것이다. 그러나 논란은 끝나지 않았다.

결국 몇 가지 논의를 더 거쳐서 "경숙經宿하는 것과 얼굴을 드러내고 구경하는 것은 금지하는 것이 옳겠다"는 결론이 난다. 사족 여성이 구경을 하기는 하되, 1박 2일은 안 되며, 얼굴을 드러내서는 안 된다는 것이다.

사족 여성들의 구경 기한과 구경 태도를 결정하는 이런 구체적인 지침들이 잘 지켜졌을까? 여성들이 밤을 지새우고, 얼굴을 드러내고 구경하는 것을 하루아침에 금지할 수는 없었다. 이는 계속 문제가 되었다. 1606년, 선조는 비망기로 우승지 송준宋駿에게 이렇게 전교했다.

> 성 안의 남녀들이 온통 쏟아져 나와 길 양쪽에서 멋대로 구경을
> 했는데, 사족의 부녀자들이 타고 온 가마가 즐비했으며 화장을 짙
> 게 하고 상민과 뒤섞여 있었다고 하니 경악할 일이다. 부인의 도는
> 낮에도 뜰에 나다니지 않고 규문閨門 안에서 날을 보내는 법인데,
> 어찌 교외郊外에 나가 보고 싶은 대로 구경하며 나돌아다닐 수 있
> 단 말인가. 아무리 하천下賤의 부녀자라 할지라도 어찌 길가에 나
> 란히 앉아 대낮에 구경을 하는 것이 옳겠는가. 중국 사람들이 어찌
> 사족과 하천배를 구별하겠는가. 필시 웃음거리가 될 것이다. 내가
> 듣건대, 중국에는 길가에서 구경하는 부인네가 없다 한다. 영조일
> 迎詔日에 구경하는 부인들은 사족이나 하천배를 막론하고 일체 통
> 렬히 금하고, 이를 범할 경우 사족은 가장家長을 치죄하라고 예조
> 와 도감에 이르라.[16]

송준에게 전교한 내용에는 성 안의 남녀들이 멋대로 구경하고, 사
족 부녀자들이 가마를 타고 화장한 얼굴을 드러내면서 상민과 뒤섞
여 있었다고 문제를 지적한다. 그 결과 사족 여성들뿐 아니라 천민
여성들의 구경까지 금하는 강력한 금지령이 내려진다. 급기야 선조
는 중국에는 길가에서 구경하는 부인들이 없다는 이유를 들어 여성

─

16) 《선조실록》, 39년 4월 8일.

들의 구경을 모두 금한다. 성종이, 부인들의 장막이 나라의 위의를 빛낼 수 있다고 보는 것과는 대조적이다. 선조는 사족 여성의 구경을 막기 위해 구경을 하러 나온 사족 여성의 남편을 처벌하도록 명한다.

구경에는 별다른 소품이나 기술이 필요 없다. 그냥 앉아서 오감을 충족시키기 때문에 편안한 놀이라고 생각될 수도 있다. 그러나 조선시대 사대부 여성들의 구경은 그렇지 않았다. 제대로 지켜질 수는 없었겠지만, 숙박이 가능한지 아닌지, 몸을 내놓아도 되는지 아닌지를 결정해야 했다. 때에 따라서는 가장의 처벌을 감수해야 하기도 했다. 집 안에만 있던 사족 여성들은 구경을 위해서 이런 심리적 불편 외에 다른 불편도 감수해야 했다.

여행하는 구차함, 구경하는 불편함

1845년 3월 어느 날, 은진 송씨에게 반가운 일이 생긴다. 시숙이 공주 판관으로 부임해 있었는데 그곳으로 송씨를 초청한 것이다. 송씨의 여행은 지금 보면 나들이 수준이다. 논산에서 공주로 가는 것이니, 반나절이면 왕복 가능한 코스다. 그러나 송씨는 이 짧은 구간을 최대한 만끽하고자 한다. 그녀는 곳곳의 풍경뿐 아니라 관아의 구조나 기생 점고 같은, 새로 접하는 모든 것을 구경하며[17] 천천히 다닌다. 관아 방의 화려함에 감탄하고, 대청이 작고 뒤로는 막혀 있어 답답하다

---

17) 이승희, 앞의 글, 16쪽.

고도 하며, 다락은 전혀 쓸모가 없다고 한다. 그리고 수청 방을 보면서 "침실로 문이 나서 방사房舍가 절묘하다"고 쓴다.

송씨가 기생 점고를 구경하는 부분은 재미있다. 구경하는 곳 옆에는 측간이 있고 앞에는 마구간이 있어 악취가 심했다. 그렇게 구경해야 하는 스스로에 대해 "구차도 막심莫甚하다"라고 말한다. 그러면서도 "구경의 욕심[慾心]"으로 처음부터 끝까지 지켜보게 된다. 그러고는 점고 절차가 어느 고을이나 다를 것이 없으며 기생들의 생김새와 복장도 볼 것 없다고 한다.[18] 힘들게 구경했으니 대단한 것을 보았으면 싶지만 좀 맥이 빠진다. 그러나 아마도 그녀는 논산에 돌아가 자랑스럽게 말할 것이다. 공주 관아의 기생 점고는 볼 게 없더라고. 볼 게 없다고 말할 게 없는 것은 아니다. 관아의 기생 점고를 비교하는 것은 아무나 할 수 없는 일이다.

잘 알려진 〈동명일기〉의 작가 의령 남씨도 동명의 일출과 월출을 보기 위해 고군분투한다. 〈동명일기〉는 일출의 장관을 섬세하고 치밀하게 묘사한 것으로 유명하지만, 그것을 보기까지의 과정도 흥미롭다. 일출을 보기 위한 남씨의 집념이 생생하게 느껴지기 때문이다.

의령 남씨는 1769년 8월에 서울을 출발해서 9월 2일에 함흥에 도착한다. 남편 신대손申大孫이 함흥 판관으로 부임하게 되었기 때문이다. 함흥으로 온 의령 남씨는 동명의 일월출이 볼 만하다는 소문을 듣고 남편에게 보러 가기를 청한다.

---

18) 이승희, 같은 글, 17쪽.

그녀는 남편에게 총 네 번에 걸쳐 일출과 월출을 보러 갈 것을 요청한다. 첫 번째 요청은 여자의 출입이 가벼울 수 없다는 이유로 허락받지 못한다. 이렇게 한 번 거절당하고도 그녀는 "신묘년(1771)년에 마음이 다시 들썩여" 간절히 청하여 허락을 얻어내고 남편과 동행한다. 그러나 애석하게도 날이 좋지 않아 목적을 이루지 못한다. 그녀는 포기하지 않고 임진년(1772)에 세 번째로 일출과 월출을 보러 갈 것을 청하는데 남편이 허락하지 않는다. 때마침 친척의 상도 당하고, 서울을 떠난지 4년이 되어 친척들이 그립고, 조카인 종이조차 서울로 가서 우울함을 돋운다. 그녀는 마지막으로 남편에게 이렇게 말한다.

인생이 얼마나 되오? 사람이 한 번 돌아가면 다시 오는 일이 없고, 마음의 근심과 지극한 고통을 쌓아 매일 울적하니, 한 번 놀아 마음의 울적함을 푸는 것이 만금과도 바꾸지 못하리니 덕분에 가고 싶습니다.[19]

자신의 심적 고통을 담보로 한 강력한 요청이다. 드디어 남편이 그녀의 여행을 허락한다. 신대손이 역사에 남은 가장 큰 이유가 바로 〈동명일기〉를 쓴 의령 남씨의 남편이기 때문이다. 이 허락은 그를 위해서도 현명한 일이었다.

---

19) 의유당 남씨, 〈동명일기〉, 류준경,《의유당관북유람일기》, 신구문화사, 2008, 180쪽. 현대어 윤문은 필자.

남씨는 9월 17일에 떠나기로 한다. 마지막 기회일 것이라고 생각했을 것이다. 그러니 전전긍긍, 노심초사할 수밖에 없다. 일출과 월출을 보기 위해서는 날씨가 무엇보다도 좋아야 한다. 전날부터 기생들은 치장하고, 밤에는 뜰에 내려가 하늘을 보면서 날씨를 점친다. 남씨도 날짜를 정한 사람으로 날이 흐릴까 "민망하여 마찬가지로 하늘을 우러러" 본다. 월식 끝이라 하늘에는 검은 구름이 끼어 있으니 "모든 비복과 기생이 발을 굴러 혀를 차 거의 미칠 듯 애를 쓰니 내 또한 초조하여 겨우 새워" 17일, 날도 밝지 않았는데 바삐 일어나 하늘을 본다. 길 떠나기 전까지 그녀는 "하늘을 무수히" 본다.

다행히 밤에 월출을 보고 나서 "행여 일출을 못 볼까 노심초사"하여 밤새도록 자지 못하고 사공에게 날씨를 묻게 한다. 닭이 울자마자 기생과 비복을 마구 흔들어 깨운다. 급창이 와서 너무 일러 출발하지 못한다고 전하지만 "곧이 아니 듣고 발발이 재촉하여 떡국을 쑤었으되 아니 먹고 바삐 귀경대에" 오른다. 이렇게 서둘렀으니 바닷가에는 별이 초롱초롱 하고 날씨는 춥다. 남편이 한 소리 한다. "상常 없이 일찍이 와 아이와 부인 다 큰 병나게 하였다." 실제로 서두른 건 부인 자신이니 "마음이 불안하여 한 소리를 못 하고 감히 추위하는지 눈치도 못 채게 죽은 듯이" 앉아 있다.

이후 물색이 바뀌니, 일출 여부를 두고 기생들, 하인들, 봉의 어미, 사공이 온갖 억측을 한다. 남씨가 가마에 들고, 성격 급한 몇몇 기생들은 돌아가기도 한다. "홍색紅色이 거룩하여 붉은 기운이 하늘을 뛰놀더니"로 시작하는 일출의 명장면은 이렇게 지난한 사건들이 있고 나서야 가능했다. 이들이 본 일출은 고난에 대한 보상이자 인내에 대한 대가다.

은진 송씨도 기생 점고를 구경하기 위해 화장실과 마구간 사이의 악취를 마다하지 않는다. 의령 남씨도 일월출을 보기 위해 많은 육체적 불편함을 감수한다. 식사도 제대로 하지 못하고 밤에 잠도 설친다. 추운 새벽, 바닷바람을 맞으며 벌벌 떨기도 한다. 마음으로도 노심초사한다. 하늘에 구름이 끼어 민망스러워 하고, 날씨를 알아보려고 조바심을 내고, 남편의 말 한마디에 불안해한다. 남편에게 인생이 얼마나 되겠냐며 울화를 풀고 싶다고 하던 것과는 딴판이다. 오로지 구경 하나를 위해 안방마님은 때로는 소심했다가 때로는 대담해진다.

그들은 구경을 위해 집단적으로 단합하기도 했다. 조선시대 여성들의 규제에 대해 연구했던 정지영은 여성들의 온천 여행에 대해 다음과 같이 언급했다.

사족의 부녀자들은 온천이나 냉천 등을 찾아다니며 목욕을 즐겨 했다. 온양 온천의 경우 재상과 사족의 부녀들에게 개방된 곳이었다. 또, 명종 18년에는 광주 땅 논 가운데에서 솟은 냉천에 부녀들이 가마를 타고 일시에 몰려와 30여 채의 가마가 늘어서는 등의 일이 화제가 되었다. 가마를 타고 올 수 있었던 여성들은 꽤나 지위가 높은 집안의 부녀들이었을 것이다. 재미있는 것은 그녀들은 개별적으로 조용히 움직이지 않고, 일시에 30여 채의 가마가 함께 몰려오는 방식으로 집단적으로 몰려다니며 유흥을 즐겼다는 사실이다.[20]

윷 놀고, 꽃 보고, 술 마시며 노는 마님들

구경하고자 하는 욕망은 놀고자 하는 욕망의 일부다. 윤기가 한탄한 것처럼, 구경거리가 있으면 남녀노소 모두 하던 일을 제쳐두고 뛰쳐 나갔다. 하던 일을 중단한다고 모두 노는 것은 아니다. 일의 중단은 일도 아니고 놀이도 아닌 어중간한 지점을 만들기도 한다. 그러나 구경은 그런 어중간한 지점이 아니다. 대담하고도 역동적인 활동 영역 이다. 그렇다면 구경 외에도 양반 여성들이 즐겼던 놀이에는 어떤 것 이 있을까?

> 여자가 윷놀이를 하고 쌍육을 치는 것은 뜻을 어그러뜨리고 위의 를 망치는 일이며 이는 나쁜 습속이다. 종형제, 내외종형제, 이종 형제의 남녀가 둘러앉아서 경기를 하며 점수를 계산하고 소리를 지르며 말판의 길을 다투면 손이 서로 부딪히게 되며, 다섯이오, 여섯이오 부르면 그 소리가 주렴 밖으로 나가니 이는 진실로 음란 함의 근본이다. 유객주留客珠나 유객환留客環[21]이 규문 안에 들어와 서는 안 된다.[22]

---

20) 정지영, 〈금하고자 하나 금할 수 없었다: 여성에 대한 규제와 그 틈새〉, 규장각한국학연구원 엮음, 《조선 여성의 일생》, 글항아리, 2010, 174~176쪽.

21) 제갈량의 아내가 만든 것으로, 손님이 왔을 때 미처 음식을 장만해 내가지 못하면 이 오락기구를 내보내 손님이 가지고 놀도록 해 시간을 끌도록 했다고 한다.

22) 이덕무, 〈부의〉, 서경희 역주, 《18세기 여성생활사 자료집》 6권, 보고사, 2010, 419쪽.

양반 여성들은 남성들과 함께 놀이를 하기도 했다. 이덕무에 따르면, 여성들은 친척들끼리 윷놀이나 쌍육을 두었고, 또 유객주나 유객환을 즐기는 경우도 있었다. 유객주는 한쪽 끝의 구슬을 다른 쪽 끝으로 옮기며 노는 것이며, 유객환은 여러 개의 고리를 넣었다 뺐다 하며 노는 것이다.

이덕무는 여성의 놀이를 금해야 한다고 말한다. 그에게 윷놀이나 쌍육은 질 나쁜 놀이다. 남녀가 둘러앉아 놀면서 서로 손이 부딪히고, 경기하면서 외치는 소리가 문밖으로 나가게 된다. 이덕무가 유객주나 유객환에 대해서도 불편해하는 이유는 잘 모르겠다. 남녀가 한 팀을 이루며 놀았기 때문일 수도 있고, 시간 가는 줄 모르고 놀이에 열중했기 때문일 수도 있다. 원래 이 놀이들은 미처 음식을 장만하지 못했을 때 손님들이 지루함을 잊도록 마련된 것이었다. 유객주나 유객환을 하면서 배고픔도 잊었을 것이니, 여성들이 이 놀이를 하다보면 바느질하고 길쌈하는 규방의 본업에 충실하기 어려웠을 것이다.

> 집에 산대山臺, 철괘鐵栝, 만석蔓碩과 같은 음란한 놀이를 벌여두고 부인들에게 구경시켜서 웃음소리가 밖으로 나오게 하는 것은 집을 바르게 다스리는 도리가 아니다.[23]

이덕무에게는 산대, 철괘, 만석 같은 놀이들도 모두 음란하다. 산대

23) 이덕무, 〈부의〉, 같은 책, 432쪽.

는 지금의 가면극과 유사하고, 철괘는 추악하게 생긴 데다 다리까지
저는 '철괘'라는 사람을 흉내 내는 놀이이고, 만석은 황진이에게 매
혹되어 수도를 망친 중인 망석을 희롱하는 놀이다. 이덕무가 이 놀이
들을 음란하다고 한 이유는, 만석처럼 극 가운데 성적인 내용들이 포
함되어 있기 때문이기도 하지만, 이를 보는 여성의 웃음소리가 밖으
로 새어 나가기 때문이기도 하다. 오늘날 윷놀이나 쌍육이나 연극 관
람은 건전한 놀이지만 조선시대 양반 여성들이 즐기기에는 바람직
하지 않은 놀이로 생각되었다.

　양반 여성들이 이런 놀이를 즐기게 된 연유와, 즐기는 방법에 대해
서는 19세기 영국의 여행가이자 작가인 이사벨라 비숍Isabella Bishop의
글에 잘 설명되어 있다.

　　여자들이 집에만 있어야 한다는 계율은 결혼 후에도 계속되는데,
　　특히 상류계층에서 중인계층까지는 가능한 한 철저하게 지켜진
　　다. 이 계층의 부녀자들은 완전히 밀폐된 가마를 타지 않는다면 대
　　낮에 외출할 수가 없다. 밤이 되어야, 시중드는 하녀와 하인 하나
　　씩을 대동하고 쓰개치마로 얼굴을 가린 채 밖을 나가거나 여자 친
　　구 집을 방문할 수 있다. 물론 남편의 허락이 없이는 절대로 불가
　　능하며, 남편들은 실제로 거기에 갔었다는 물증을 받아오라고 요
　　구하기도 한다. 시장보기는 하인들이 담당하며 상품들은 대개 조
　　신하고 분별 있는 행상인들에 의해 툇마루로 가져온다. …… 만약
　　아내가 정말로 권태로울 때는 남편의 허락 아래 광대나 가객을 안
　　채로 불러올 수 있다. 그러면 그녀는 창문 틈을 통해 그들을 구경

하는 것이다.[24]

비숍 부인은 1894년 겨울과 1897년 봄 사이에 네 차례에 걸쳐 조선을 방문했다. 그녀는 조선의 사대부 여성들이 대부분 집에서 시간을 보내야 했고, 남편의 허락을 받아 제한된 외출을 했으며, 견디기 힘들 만큼 권태로울 때에는 남편의 허락 아래 광대나 가객을 불러 즐겼다고 했다. 이덕무가 언급한 산대, 철괘, 만석 등의 놀이가 벌어지는 이유는, 비숍의 글을 참고하면 여성들의 요청에 의해서였음을 알수 있다. 또한 여성들이 외출의 제한으로 인한 권태로움을 달래기 위해서 라는 것이다. 여성들이 집 안에서 벌어지는 놀이를 구경하는 방식도 왕의 화려한 거둥을 구경하는 방식과 다르지 않았다. 얼굴을 숨기고 창문 틈을 통해 구경하는 것이 원칙이었다.

여성들이 웃음소리도 내기 어렵고, 얼굴 드러내기도 어려운 가운데 즐기는 놀이. 놀이는 일상에서 일탈의 순간이다. 일탈이 의미 있는 것은 창조적인 에너지를 공급하기 때문이다. 제대로 노는 것은, 자신을 잊을 만큼 노는 것이다. 양반 여성들이 이런 신체적 제약들을 지키면서 자신을 잊을 만큼 놀 수 있었는지는 의문이다.

그래도 사족 여성들에게 공인된 놀이가 있었다. 화전놀이였다. 화전놀이는 음력 3월에 이루어졌다. 지금의 꽃놀이처럼 봄에 새로 핀 꽃들을 감상하는 것은 비슷하지만, 의례적인 성격을 가진다. 유생은

---

24) 이사벨라 비숍, 이인화 옮김,《한국과 그 이웃나라들》, 살림, 2004, 144쪽.

유생끼리, 부인은 부인끼리, 매년 봄 빠지지 않고 모여 놀았다. 화전
놀이에서 여성들이 놀면서 해먹는 음식은 선비들이 즐기는 음식과
다르다. 선비들은 포식을 지양하며, 최소한의 음식을 먹는 것을 귀하
게 여긴다. 화전놀이에서 아낙들은 포식을 지향하며, 다양한 음식의
맛과 풍미를 풍성하게 느끼고자 한다. 여성들의 음식에 대한 탐닉이,
평소 풍성한 음식을 잘 먹지 못하던 데 대한 반작용이며, 결핍을 충
족하고자 하는 욕망에서 기인한다고 보기도 한다.[25]

〈화전가〉를 보면 여성들이 모여서 화전만 부쳐 먹은 것은 아니다.
그녀들은 술도 마신다.

> 청유백유 지져 놓고 봄 향기 맛을 보니
>
> 입맛도 좋거니와 마음조차 상쾌하여
>
> 한잔 술을 마시고서 두루 걸어 산보하니
>
> 취흥이 도도하여 글 한 수 지어보세
>
> 꽃 가운데 춤추는 나비 어지러이 날리는 눈이고
>
> 버들 위 나는 꾀꼬리 조각조각 금이로다
>
> 시중천자 이태백은 채석강 밝은 달에
>
> 포도주를 취하도록 먹고
>
> 하루에 삼백 잔 씩을 기울여 매일 취하였건만
>
> 우리는 여자되어 선인의 지적을 어찌 본받으리오[26]

---

25) 유정선, 앞의 글, 69~70쪽.

경치 좋은 곳에서 전을 지져 먹으면 술 생각나는 것이 인지상정이다. 이 아낙들은 술 '한 잔' 마시고 나서 산보를 한다. 취흥이 일어나면 시도 읊는다. 나비가 춤추고 꾀꼬리가 나는 봄 기운 흠뻑한 시. 사방도 봄이고 먹거리도 봄이고 시도 봄이고 마음도 봄이다.

사대부 여성들의 경우, 여행 중 술을 마시는 일도 자주 있었다. 연안 이씨는 1800년, 65세의 나이로 안동 하회에서 부여로 가는 여행을 한다. 큰 아들 유태좌가 부여 현감으로 부임했기 때문이다.

부강扶江에 좋은 맛을 노래老來에 다시 보니

아해兒孩야 술부어라 취토록 마시리라

한태부漢太傅 남궁연南宮宴이 이같이 즐겁더냐

큰 아들이 현감이 되어 부임한 곳에서 마시는 술이다. 화전가의 여성들이 한 잔 술을 마시고 산보하고 시 읊으며 이태백이 장취長醉했던 것을 경계하는 것과는 다르다. 그녀는 세상을 다 가진 것마냥 호기롭게 마신다.

여행도 일상에서의 일탈이고 술을 마시는 것도 일탈이니, 여행 중 마시는 술은 흥겨울 수밖에 없다. 화전놀이에서 마시는 술도 마찬가지다. 우리는 앞서 소주를 마시며 한스러움을 풀던 여성을 기억

___

26) 〈태장봉화전가 3〉, 유정선, 〈화전가에 나타난 여성의 놀이 공간과 놀이적 성격〉, 《한국고전연구》, 19집, 2009, 73쪽 재인용. 현대어 번역은 필자.

한다. 그러나 여행지나 화전놀이에서 마시는 술은 그것과는 다르다. 혼자서 홀짝이는 술이 아니라, 어울려 마시는 술이다. 신세를 되새김질하는 술이 아니라 회포를 푸는 술이다.

금기와 위반의 시소게임

사족 여성들의 구경과 놀이문화는, 출입 금지와 그에 대한 위반, 노출 금지와 그에 대한 위반, 여성의 법도와 그에 대한 위반의 과정이기도 하다. 금지와 위반은 어느 곳에나 있다. 서구에서도 상복을 입게 된 여성들은 다른 사람의 시선을 끌기 위해 눈에 잘 띄지는 않지만 무시할 수 없는 다양한 장식을 달기도 했다.

이런 일은 여성에게만 해당하지는 않는다. 가령, 조선시대 문예물의 유입과 유통을 성性에 대한 금기와 위반의 작용으로 이해하기도 한다. 조선 후기 청나라와 일본과의 사행으로 다양한 문예물, 춘화와 야한 소설들이 국내로 흘러 들어왔고, 이는 예교라는 이름으로 각인된 금기를 파기하는 역할을 하게 되었다는 것이다. 이런 문예물은 위반을 넘어 금기의 파기를 요구하는 양상까지 나아갔다.[27] 이 문예물의 주된 향유자들은 중인 이상의 남성이었다.

가령 동네 원로들이 강력한 처벌을 전제로 성황당 뒷산 입산을 금

---

27) 진재교, 〈조선조 후기 문예공간에서 성적 욕망의 빛과 그늘: 예교, 금기와 위반의 拮抗과 그 辨證法〉,《한국한문학연구》제42집 한국한문학회, 2008, 87면.

지시켰다고 하자. 성황당 뒷산에는 예전에 없던 성스러운 후광이 감돌게 된다. 만일 어떤 행위가 강력한 금기의 대상이라면, 이전에 그 행위가 강렬한 욕망의 대상이었다는 것을 반증한다.[28]

성적·종교적 금기뿐 아니라 거의 모든 금기는, 그 이전에는 없던 특수한 아우라를 가지게 된다. 그래서 금기의 대상은 강렬한 욕망의 대상이 되기도 한다. 이것은 조선시대의 많은 사례에서 나타난다. 특히 사족 여성들에게는 많은 "금기"가 부과되었다. 자유로운 이동의 금기는 오히려 금기로 인해 그러한 행위들을 더욱 "후광"에 휩싸이게 만들고, 나아가 그 행위에 대한 갈망을 창출하게 만들었다. 억압된 욕망이 더욱 큰 소망을 불러오게 되는 것이다.

정지영은 여성의 놀이문화를 둘러싼 조정과 규방 사이의 줄다리기에 대해 연구하면서 이렇게 언급한다. "절에 올라가지 말라는 금제를 어긴 여성들을 처벌해야 하지만 부녀들은 지각이 없으므로 처벌하기 어렵다는 것이 왕의 입장이었다. 그래서 중들의 직첩만 거두고 여성에게 장 80대의 처벌을 내렸지만 속전을 받는 것으로 대신한다. 가장을 대신 벌주고자 하는 요청도 있었으나 직접 죄를 범하지 않은 가장을 함부로 처단하기도 어려워 결국 아무에게도 벌을 주지 못했다. "금하고자 하나 금할 수 없다"는 탄식이 왕의 입에서 끊임없이 나온다.[29]

---

28) 유기환, 《조르주 바타이유》, 살림, 2006, 148~149쪽.
29) 정지영, 앞의 글, 182~184쪽.

금기는 위반을 부른다. 금지를 위반한 여성들의 행위를, 남편에 대한 혹은 조정과 국가에 대한 작은 저항으로 보는 시각도 있다. 나는 여성들이 모종의 계획하에 혹은 무의식적으로나마 은밀하게 국가 권력에 '저항'했다고 보지 않는다. 그들은 그저 금지된 것을 욕망했을 뿐이다.

재난을 극복하기까지

8

전쟁보다 더 전쟁같이 산 아내들

호랑이를 쫓아간 여성들

조선시대 여성이든 남성이든 간에 가장 무서운 일은 '호환마마'였다. 호환은 호랑이에게 물려가는 것을, 마마는 천연두 같은 전염병에 걸리는 것을 의미한다. 이 '호환마마'는 현대 한국 사회에서 폭력적인 영화, 악성 댓글, 보이스 피싱의 폐해를 비유하기 위해 자주 쓰인다. 심지어는 "호환마마보다 무서운 사춘기"라는 표현도 있다.

《조선왕조실록》에 따르면 호식虎食당하는 수가 태종 2년에 수백 명이라 했고, 영조 30년에는 경기도에서 한 달 동안 무려 120명이 호랑이에게 당했다고도 했다. 조선시대 호환은 국가적 차원에서 대비책을 만들어야 했던 재난이었다. 호랑이를 잡는 것을 '포호捕虎' 또는 '착호捉虎'라고 했는데, 호환은 민생의 안정을 보장하는 치안과 직결되기 때문에 국가는 이를 해결하기 위한 시행 세칙을 자주 반포했다.

1년의 반은 사람이 범을 잡으러 다니고, 나머지 반은 범이 사람을

잡으러 다닌다는 말도 있었다. 중국인들은 심지어 "조선 사람들은 1
년의 반은 범을 잡으러 다니고, 나머지 반은 범에게 물려 죽은 사람
문상을 다닌다"고도 했다. 조선시대에 길을 걸어가다가 산길가 쪽에
짚신짝과 찢어진 옷 조각이 나뒹구는 모습을 본다면 그건 틀림없이
호랑이가 사람 하나를 물어 잡아먹은 흔적이라 생각했다. 밤에 물 길
러 간다고 나간 마누라가 이튿날 다리 한 짝만 남기도 했다. 저녁에
개가 유달리 짖는다 싶으면 여지없이 가축이 사라지고 호랑이 발자
국이 어지럽게 늘어서 있었다.[1]

　호환은 무서운 것이었지만 흔한 것이었다. 옛 설화에는 그 무서운
호환에서 남편을 구한 여성들의 이야기가 종종 나온다.

> 옛날 어느 마을의 한 선비 집에 혼인 잔치가 있었다. 그런데 잔치
> 를 막 끝낸 신랑 신부가 신방으로 들어갔을 때 갑자기 천둥벼락
> 치는 소리가 나더니 황소만 한 호랑이가 달려들었다. 눈 깜짝할 사
> 이에 신랑을 물고 달아나려는 호랑이의 뒷다리를 신부는 겁도 없
> 이 와락 끌어안고 매달렸다.
> 입에는 신랑을 물고 뒷다리는 신부에게 붙들린 채 호랑이는 산으
> 로 달려갔다. 산에 오른 호랑이는 나는 듯이 뛰고 또 달렸는데, 그
> 럴수록 신부는 죽을힘을 다해 호랑이 다리를 꼭 붙들었다. 호랑이
> 의 다리 밑에서 신부의 몸은 마구 끌리고 튕겨지며 바윗돌, 가시덤

---

1) http://valley.egloos.com/viewer/?url=http://dealist.egloos.com/5726466

굴, 나뭇가지에 긁히고 부딪혔다. 옷은 찢겨 너울댔고, 상처투성이 몸에서는 피가 흐르는 신부의 모습은 무섭고도 끔찍하게 망가져 갔다. 그럼에도 불구하고 신부는 죽을 각오로 호랑이 다리를 붙잡고 놓지 않았다.

그렇게 얼마를 갔을까. 호랑이는 마침내 지쳐서 신랑을 비탈 위에 내려놓았다. 신부는 정신을 가다듬어 신랑 옆으로 기어 와 아직 신랑이 살아 있음을 확인하고 주변을 살펴보았다. 그런데 마침 저 비탈 아래 숲 사이로 등불이 하나 깜빡거리는 것이 눈에 들어왔다.

'아! 저기 사람 사는 집이 있구나!'

신부는 온몸에 생긴 상처는 아랑곳하지 않고 비탈 아래로 미끄러지듯 달려 내려갔다. 그러자 그곳에는 외딴 집이 하나 있었는데, 마침 방 안에는 대여섯의 장정들이 둘러앉아 잔칫상을 벌이고 있었다.

그런데 장정들은 분칠을 한 얼굴에 머리카락이 마구 감기고 시뻘건 피가 흐르는 신부의 모습을 귀신으로 착각하여 "제 목숨만 살려주십시오!"라고 말하며 엎드려 빌기 시작했다. 부인은 다 죽어가는 목소리로 "뒷산 비탈에 사람이 죽어 가고 있습니다. 제발 부탁이오니 어서 가서 구해주십시오!"라는 말을 남긴 채 그 자리에 쓰러져 의식을 잃었다. 까닭을 안 장정들은 횃불을 들고 산으로 올라갔고, 기절한 신부를 안방에 눕혀 간호를 했다. 장정들이 신랑을 업고 내려오자 바깥채에 있던 집주인은 기절할 듯 놀라 소리를 질렀다.

"아니 이건 내 아들이 아니더냐!"

알고 보니 그 집주인은 그날 신랑을 신부 집에 데려다주고 돌아와서 이웃 사람들에게 술대접을 하던 참이었다. 얼마 후 신랑과 신부는 정신을 찾았고, 자초지종을 들은 식구들은 몹시 놀랐다. 호랑이가 공교롭게도 신랑 집 뒷산까지 온 것도 신기했으며, 자신의 몸을 던져 가며 신랑을 구해 낸 신부의 용기 있는 행동에 감탄하였다. 얼마 후 이 모든 사실을 알게 된 고을의 원님은 신부를 크게 칭찬하고 열녀문을 세워주었다고 한다.[2]

젊은 여자에게 어두운 산길은 무서운 곳이다. 신부는 호랑이에게 매달려 어두운 산길을 정신없이 간다. 호랑이에게 물린 신랑을 쫓는 새 신부의 모습은 용감하고 집요하기 이를 데 없다. 무서운 호랑이의 뒷다리에 붙어서 바윗돌, 가시덩굴, 나뭇가지에 긁히고 부딪혀도, 옷이 찢기고 피투성이가 되어도 절대 놓지 않는다. 마침내는 신부에게 질린 호랑이가 신랑을 놓고 가버리고, 신부는 인근에 있던 신랑 집 손님들의 도움으로 신랑을 살릴 수 있었다. 이 신부는 남편을 살린 대담한 용기로 정려의 포창을 받는다.

한편 안타깝게도 이미 호식당한 남편을 만나는 여성들도 있다. 구전 설화 가운데 다음과 같은 이야기가 있다. 어느 나그네가 산골 집에 유숙하러 들어갔다. 나그네는 오던 길에 가방을 주웠는데, 그것이 바로 이 산골 집 바깥주인의 것이었다. 안주인은 남편이 호랑이에

---

2) 이희준, 《계서야담》 80화.

게 잡혀간 것 같다며 쉬고 있는 손님을 끌고 컴컴한 산길로 들어간다. 그리고 호랑이를 만난다. 호랑이는 남편의 시체를 먹어치우려는 중이었다. 끔찍한 광경이다. 부인은 들고 간 횃불로 호랑이를 겁주어 쫓아내고는 나그네에게 묻는다.

"이 시체를 가지고 가시겠어요? 아니면 횃불을 들고 따라오시겠어요?"

그에게는 둘 다 택하고 싶지 않은 선택지다. 그래도 나그네는 피 뚝뚝 흐르는 시체를 지고 가기보다는 횃불을 들고 따라가는 게 훨씬 낫겠다 싶어 횃불을 들고 뒤에 가려 한다. 그러자 먹이를 빼앗긴 호랑이가 뒤에서 덮칠 듯이 덤벼든다. 나그네는 바꿔서 횃불 대신 시체를 든다. 등이 피와 땀으로 흥건하게 물든다. 헐떡헐떡 정신없이 달린다. 횃불을 들고 가는 부인, 뒤에는 호랑이가 쫓아오고 등에는 피를 흘리는 죽은 남편의 시체가 있다. 더군다나 장소는 한밤중 깊은 산골. 이 무시무시하고 절박한 상황 속에서 부인이 지키고자 한 것은 남편의 목숨이 아니라 시체다. 호식이 무서운 이유 가운데 하나는 갑자기 당하는 재난이기도 하지만 시체를 찾을 수 없는 죽음이기 때문이다. 전통사회의 장례에서 죽은 사람의 신체를 보존하는 것은 중요한 일이었다.

부인은 남편을 살리지는 못했지만 시신을 갈무리한다. 시신을 훼손하지 않고 잘 보존하는 것은 당시엔 죽은 사람에 대한 가장 큰 예의였다. 이상한 것은 그 뒤의 일이다. 그렇게 손님을 득달해 남편의 시체를 가져왔으면 잘 장사지내면 되는데, 결국 그녀는 집에 불을 지르고 남편과 함께 타 죽는다.[3]

이들은 왜 이렇게 용감할까? 호랑이의 뒷다리를 움켜쥐고 한밤의 산길을 수십 리 달리는 신부나, 호랑이가 뒤쫓아오는데 피로 흥건한 남편의 시체를 앞세우거나, 이고 지고 달리는 부인의 용기는 어디에서 나오는 것일까. 신랑을 처음 본 신부가 신랑에게 남다른 애정을 품어서 그럴 리는 없을 것이다.

이들은 특별한 애정이 없는데도 죽음을 무릅쓰고 남편을 살린다. 또 남편이 죽자 자신도 죽는다. 남성의 죽음과 여성의 삶은 뗄 수 없는 관계다. 남편이 죽은 후 여성의 삶은 '투생偸生'으로 표현된다. 죽는 게 마땅한데 죽지 않고 삶을 훔쳐 구차하게 산다는 의미다. 이 여성들의 용기는 삶을 죽음과 다름없이 생각한 데서 나온다. 남편 없는 삶이 남편 따라 죽는 삶보다 못하다. 이들이 위기의 순간 가차 없이 목숨을 걸거나 목숨을 버릴 수 있는 것은, 살아 있는 여성의 삶을 죽음과 다름없이 자리매김하는 사회적 분위기에서 기인하는지도 모른다.

아버지와 오빠가 죽고, 조카는 노비로

양반 여성들에게는 사화士禍가 아마도 호환마마만큼이나, 혹은 그 이상으로 무서운 것이었다. 정도의 차이는 있겠지만 반역죄에 연루되는 경우에는 해당자는 사사되고, 가산이 적몰되며 3대에 이르기까지

---

3) 아녀, 〈남편을 위하야 호랑이 잡고 순사한 산중가인〉, 《동명》 3권 2호, 1928년 5월. 단국대학교동양학연구소, 《구비문학관련자료집(한국어·일본어 잡지편 1)》, 민속원, 2010, 258쪽.

형벌이 주어졌다.

사화 가운데 신임사화는 당사자는 물론 아들과 손자, 여성, 노비까지 연루시켜 유배를 보내거나 장살 혹은 교사하는 등 그 피해 규모가 가장 컸다.[4] 이 사화에서 가장 큰 화를 입은 사람들은 김창집金昌集, 이이명李頤命, 이건명李健命, 조태채趙泰采 등 노론 4대신이었다. 그밖에 170여 명의 노론계 인사들이 살육되거나 가혹한 형벌을 받았다.[5] 이 사화는 크게 신축년(1721)과 임인년(1722) 두 가지 일로 이루어진다.

숙종과 장희빈張禧嬪의 아들 경종(1688~1724) 때였다. 경종의 재위 기간은 노론과 소론 당쟁의 절정기였다. 경종은 자식이 없고 병약해서 이복동생인 연잉군을 세제世弟(이후 영조)로 책봉했다. 또 노론의 압박으로 세제에게 대리청정을 맡기고 물러나기도 했다. 신임년, 노론을 일망타진하기 위해 소론은 고심한다. 그 결과 신축년에 세제의 대리청정을 강행하려 한 노론 대신 네 명을 역모로 공격한다. 그러고는 그들에 대해 경종에 대한 불경죄와 불충죄를 최대한 부각시켰다. 세력의 반전을 꾀하기 위해서다.[6]

임인년, 소론은 또다시 목호룡睦虎龍의 고변告變을 계획했다. 목호룡이 김창집의 손자 김성행金省行, 이이명의 아들 이기지李器之와 조카 이

---

4) 오갑균, 〈신임사화에 대하여〉, 《논문집》 제8집, 1972, 204쪽. 황수연, 〈사화의 극복, 여성의 숨은 힘〉, 《한국고전여성문학연구》 22집, 한국고전여성문학회, 2011, 73쪽 재인용.

5) 이성무, 《조선시대 당쟁사 2》, 아름다운날, 2007, 134쪽.

6) 이성무, 같은 책, 133쪽.

희지李喜之, 사위 이천기李天紀, 그리고 김춘택의 재종제 김용택金龍澤 등 노론 명문가 자제들이 환관·궁녀들과 결탁해서 왕을 죽이려 했다는 것이다.

이 고변에 의하면, 이들은 3급수三急手로 왕을 죽이려 했다. 3급수란 먼저 대급수大急手로 자객을 궁중에 침투시켜 왕을 시해하려 한 것이다. 그다음은 소급수小急手로 궁녀와 내통해 음식에 독약을 타서 독살하려 한 것이다. 마지막은 평지수平地手로 숙종의 전교를 위조해 경종을 폐출시키려고 한 것이다. 이 3급수에는 애매한 부분이 많았지만, 연루자들 모두 심한 고문에도 승복하지 않고 죽었다.[7]

황수연은 노론 4대신 가문의 여성들이 신축년과 임인년의 재앙을 극복하기 위해 어떤 일을 했는지를 살피고 있다.[8] 노론 4대신의 한 명인 이이명의 집안은 신임사화로 풍비박산이 난다. 이이명이 죽고, 아들 이기지도 5일 뒤에 고문으로 죽는다. 이이명의 부인 김씨와 이기지의 아내 정씨, 손자 이봉상李鳳祥의 아내 김씨는 전라도 부안으로 유배된다.

이 여성들 가운데 특히 이이명의 넷째 딸, 김신겸의 부인은 사화를 극복하는 데 중요한 일을 한다. 이이명의 다섯 딸들은 모두 똑똑했다고 한다. 그 가운데에서도 넷째 딸은 특별했다. 이이명이 신임년에

---

7) 이성무, 같은 책, 133쪽.

8) 이 장에서 신임사화 때 이유인의 행적은 황수연의 다음 논문을 주로 참고했다. 황수연, 앞의 글, 71~108쪽.

남해로 귀양갈 때에도 "너는 반드시 살아서 자세히 살피거라" 하고 넷째 딸에게 집안일을 당부하기도 했다.

1722년에 오빠 이기지가 잡혀가자 넷째 딸은 어머니와 오빠의 자식들을 데려다 위로하고, 옥졸을 매수해 편지를 전달하고, 혼자 본가로 가서 문집을 찾아 간수한다. 집안이 어수선한 가운데 술에 취한 노비가, 이기지가 거짓으로 자백했다고 전하는 일이 있었다. 고문 끝에 자신이 하지도 않은 역모를 고백했다는 것이다. 이 말을 듣고 이기지의 어머니는 목숨을 끊으려 한다. 하지만 노비의 말은 유언비어였다. 넷째 딸은 다시는 종들이 그런 일들을 입에 담지 못하도록 단속한다. 비극과 비극적 해프닝 가운데에서 그녀는 분주하게 움직인다.

이이명은 1721년에 남해로 유배되었다가 1722년 죽었다. 목호룡의 무고無告가 있고 나서 한양으로 압송되어 한강변에서 사사당했다. 당장 그의 장례를 치르는 일이 문제였다. 작은 아버지와 사촌 오빠들도 모두 유배 간 상황에다가 염하는 물건은 남해에서 아직 도착하지도 않았다. 넷째 딸은 큰딸과 함께 하룻밤 사이에 물건을 마련해서 때를 맞춰 간신히 염을 한다. 그녀는 자신이 가진 장신구와 재산을 처분하고 아버지의 화상을 구하기 위해 동분서주한다. 그러나 그것으로 끝이 아니었다. 또 며칠 뒤에는 오빠가 죽고 노적하라는 명령이 내려진다. 그녀는 하늘이 무너지는 슬픔을 느끼면서도 같은 일을 반복한다.

이 가운데에서도 기록할 만한 일은 조카 이봉상을 피신시킨 것이다. 그녀의 집안에서는 죽음과 유배가 줄을 잇는다. 이런 상황이라면 누구라도 제정신으로 있기 힘들 것이다. 그러나 그녀는 넋을 놓지 않고 계속해서 자신이 해야 할 일을 한다. 가장 중요한 것은 장조카 이봉상을 피신시키는 일이다. 이봉상에게도 수노의 명령이 떨어진 상태다. 할아버지와 아버지가 죽자 가문을 승계할 유일한 남성이 조카 이봉상이었다. 그러나 이봉상은 수노의 명을 따르지 않고 화를 피해서 3년 동안 숨어 산다. 넷째 딸이 조카가 죽은 것으로 꾸몄기 때문이다.

> 처음에는 종들이 겁을 내어 모두 응하지 않았는데 유인(넷째 딸)이 울면서 3일을 부탁하자 비로소 감동하여 허락하였다. 여종의 아이 중에 나이와 모습이 봉상과 비슷한 아이가 있었는데 강 속에 빠뜨리고 봉상이 무덤에서 내려와 강에 빠져 죽었다고 말하고 그 시체를 거두어 부인이 직접 염습한 후에 상복을 입혔는데 이 또한 유인이 준비하여 가져온 것이었다. 한두 명의 늙은 비복 외에 비록 일을 맡아 한 사람도 능히 알지 못했다. 관에서 시신을 검시하러 온 사람들도 끝내 의심할 것을 찾지 못해 일이 이루어졌으니 이것은 유인의 힘이다.[9]

이렇게 해서 이봉상은 살아남는다. 그러고는 3년 뒤인 1725년, 영조에게 등용되어 지평持平에 이른다. 그의 아들 이영유李英裕는 정조 때 음악가로 장악원이란 벼슬을 하기도 했다. 이 집안이 역적 모의 혐의

---

9) 김신겸, 〈망실행장亡室行狀〉, 《증소집橧巢集》, 규장각 소장 필사본. 황수연, 앞의 글, 76~77쪽 재인용.

에도 대를 이을 수 있었던 것은 넷째 딸의 공로다.

이이명의 넷째 딸의 행적을 자세히 추적한 황수연은 "이봉상 대신 강물에 빠져 죽은 아이가 주인집에 대한 인정적·가족적 유대감에서 자발적으로 따른 일인지 모종의 거래가 있었는지 알 수 없지만 이유인은 이 사건을 계획하는 과정에서 자신이 활용할 수 있는 자원을 최대한 이용하였고 그러기 위해 끈질기게 설득하여 계획을 이루어냈다"라고 평가한다.[10] 그녀가 벌인 일은 소름 끼칠 만큼 치밀하고 잔혹하다. 윤리적으로도 옳지 않다. 그럼에도 그녀는 친정 가문을 위해 이 모든 일을 계획하고 성공시킨다.

눈을 녹여 물 마시고, 바닷물에 쌀 씻고

〈동국신속삼강행실도東國新續三綱行實圖〉에는 전란 때 죽음으로 절개를 지킨 여성들의 모습이 많다. 전쟁은 여성들의 순결을 끊임없이 시험하는 혹독한 계기였다. 이들은 왜구의 위협에 팔이 잘리고, 손가락이 잘리고, 목을 매면서 저항했다. 그러나 살아 있는 여성의 삶도 녹록치는 않았다. 나라를 지킨 것도 아니고 순결을 지킨 것도 아닌 여성들, 이 여성들의 이야기는 역사에서 쉽게 누락되었기 때문에 좀더 살펴보고 싶다.

국토가 전쟁터로 바뀌었어도 산 사람은 살아야 했던 시대다. 농사

---

10) 황수연, 같은 글, 78쪽.

를 지어야 하고, 옷도 갈아입어야 하고, 조상의 제사도 지내야 하고, 죽은 사람의 장례도 치러야 했다. 남자들이 부재하던 때, 부인들이 이를 모두 책임져야 했다.

남평 조씨의《병자일기》는 바로 그런 때 쓰였다. 앞서 언급했지만 남평 조씨의 남편 남이웅은 병자호란 때 남한산성에 있다가 소현세자가 볼모로 심양瀋陽에 잡혀갈 때 세자를 호종護從한다. 《병자일기》는 병자호란이 일어나 급히 피난길에 오르는 1636년 12월부터 시작한다. 남평 조씨가 "짐붙이는 생각하지도 말고 밤낮으로 피난"하라는 남편의 편지를 받고 나서의 일이다. 눈이 내려 말 외에는 모두 얼어붙고, 종들을 잃어버리고, 길마다 사람들은 넘쳐 정신이 없는데 피난을 가려는 곳에는 이미 왜적이 와 있다는 풍문이 자자하다. 갈 길은 바쁜데 종은 아파서 누워 있고 남편은 죽었는지 살았는지 소식도 없다. 다음해 1월이 되어도 사정은 나아지지 않는다. 조씨는 일정을 바꾸어 죽도竹島로 들어간다.

아침에 물가에 내려 대를 가리고 지어간 찬밥을 일행이 몇 순갈씩 나누어 먹었다. 충이와 어산이가 연장도 없이 대나무를 베어, 가까스로 이간二間 길이나 되는 집을 짓고 문 하나를 내어 명매기(새의 이름)의 둥지처럼 조그만 움을 묻고 생댓잎으로 바닥을 깔고 댓잎으로 지붕을 이어 세 댁의 내행차內行次 열네 사람이 그 안에 들어가 지내고 종들은 대나무를 베어 막을 하여 의지하고 지내나 물이 없는 무인도라 대나무 수풀에 가서 눈을 긁어모아 녹여서 먹었다. ……
양식을 찧어 날라다가 바닷물에다 애벌 씻어서 밥을 해먹었다.

피란 온 사람들이 모두들 거룻배로 나가 물을 길어오나 우리 행차는 거룻배도 없고 그릇도 없으니 물 한 그릇도 얻어먹지를 못하고 주야로 산성山城을 바라보며 통곡하고 싶을 뿐이었다. 마음속으로 참으려 날을 보내니 살아 있을 날이 얼마나 되랴. 그래도 질긴 것이 사람의 목숨이니 알지 못할 일이다. …… 망국 중에 나라가 이렇게 된 일을 부녀자가 알 일이 아니지마는 어찌 통곡하고 또 통곡하지 아니하겠는가.[11]

피난길에는 연장도 없고 물도 없고 물 뜰 그릇도 없다. 추위와 바닷바람을 피해 잘 곳도, 쉴 곳도 없다. 하인들이 댓잎으로 바닥을 깔고 지붕을 이어서 간신히 움집을 만들고 아녀자들만 들어간다. 숲에서 눈을 긁어모아 녹여서 먹고 바닷물에 쌀을 씻어 밥을 한다. 참혹한 정경이다.

그 며칠 뒤에는 함께 피난 간 부인들 가운데 한 명이 아이를 낳았다는 일기를 쓰기도 한다. 그 부인은 물조차 없는 차가운 섬 가운데에서 해산을 했다. 아기와 산모도 그렇지만 주변 사람들도 심란하고 고통스럽다. 그 며칠 뒤에는 남한산성에 있을 거라고 믿었던 남편이 오랑캐 땅으로 갔다는 연락을 받는다.

그녀는 엄동설한에 피난지를 전전하면서, 남편의 생사를 몰라 전전긍긍하면서도 일기 쓰기를 멈추지 않는다. "심신이 아득하니 어찌

---

11) 《병자일기》, 1637년 1월 17일.

다 기록하라", "망극 망극하여 애가 끓는 때라 다 기록하겠느냐"라고 하면서도 기록한다. 전쟁이 일단락되고 나자 그녀는 생계를 위해 기록한다.

> 오라버니가 백미 다섯 말, 메조 다섯 말, 팥 두 말, 참깨 한 말, 꿀 두 되, 백지 두 권, 고리와 키 각각 하나, 누룩 한 묶음, 말린 꿩 두 마리를 보내셨다.[12]

그녀는 하루에도 여러 차례 선물을 받기도 하는데 이를 모두 기록한다. 또 남평 조씨는 농사짓기에도 애썼다. 충주에서 잠시 체류하면서도 김매기에 70명이 넘는 사람들을 동원하기도 한다. 봉제사도 빠트림 없이 행했다. 그녀에게는 제사 지낼 사람들이 유독 많았는데, 남편이 양아들로 입적했기 때문이기도 했다. 시가 쪽으로 시부모, 양부모, 양조부모, 양증조부모, 외조부모, 양외조부모가 모두 그녀의 손으로 제사를 지내야 할 사람들이었다.[13] 게다가 일찍 죽은 두 며느리의 생일 다례와 기제사도 지냈다. 어떤 때는 며칠 걸러 한 번씩 제사를 지내기도 한다. 한양의 집으로 돌아올 때는 그 신주들을 정성스레 모시고 온다.

───

12) 《병자일기》 1637년 4월 14일.
13) 《병자일기》에 나타난 남평 조씨의 가계 경영에 대해서는 문희순, 〈남평 조씨 3년 9개월의 가정家政과 인간경영〉, 《한국언어문학》 75집, 한국언어문학회, 2010, 322~335쪽을 참고했다.

호랑이를 쫓아가는 여성의 두 얼굴

서두에서 호랑이를 쫓아가 신랑을 구해온 여성의 이야기를 했다. 여성이 호랑이를 쫓아가서 구해온 사람은 남편만이 아니다. 호랑이를 쫓아가 어머니를 살린 여성도 있다.

판윤 이의만李宜晚이 충주에 살 때에 촌가에 열세 살 된 소녀가 있었다. 그의 어머니가 호랑이에게 물려 가자 몽둥이를 들고 끝까지 쫓아가니 호랑이도 질려서 어머니를 놓아두고 달아나 마침내 살아서 돌아왔다. 온 고을 사람들이 열렬한 효녀라고 일컬었고 이공도 기특하다고 입이 마르도록 칭찬하였다.

그 후 이공이 벼슬하여 도성으로 들어갔는데 평소 그와 잘 알고 지내던 사람이 있었다. 그 노인은 외아들을 위하여 며느리를 구하는 중이었다. 이공이 말하였다.

"그대는 효부를 얻기를 원하는가? 그렇다면 우리 고을의 아무개 집 딸만 한 이가 없네."

그 사람은 평소 이공을 존경하고 신임하던 터라 그 효녀와 기꺼이 혼사를 맺었지만, 시집왔는데 보니 아주 사나운 여자였다. 시부모와 남편이 견디다 못해 이공에게 자기 집을 망쳤다고 울면서 하소연하니, 이공도 그 부인을 매우 괘씸히 여기다가 한성 판윤이 되자 체포하여 그 불효한 죄를 낱낱이 들어 꾸짖고 심하게 매를 쳤다.

효녀라고 칭찬한 것도, 불효부라고 비방한 것도 모두 이공이었다. 대체로 부인의 도리는 유순함을 정도로 삼으니 평범치 않은 일은 상서롭지 못하다. 맹렬한 효도도 부녀자에게는 적절한 일이 아니

니 너무 지나치면 더러는 사나움이 되기도 한다.[14]

　몽둥이를 들고, 어머니를 물어 간 호랑이를 쫓아간 효녀. 이 여성
은 시집가서 알고 보니 사납기 그지없는 여자였다. 이 글을 쓴 성대
중成大中은 "지나치면 사나움이 되기도 한다"고 말한다.
　여성들은 피투성이가 되어서 호랑이를 문 남편을 쫓아가고, 손가
락이 잘려도 왜적에게 더럽다고 욕을 하며, 어린 노비를 대신 죽여
서 조카의 죽음을 위장한다. 극한極限의 삶이 아닐 수 없다. 전란 중에
남의 집에 임시로 기거하면서 70명이 넘는 사람을 동원해서 농사를
지은 남평 조씨의 삶도 그렇다. 평화로운 시대에 전쟁 같은 삶을 산
여성들도 있었다.

　　안인은 받드는 웃어른과 부리는 아랫사람이 20명이 넘었으나 한
　　해 수입은 몇 달을 유지하기도 어려워 백방으로 빌려서 아침저녁
　　끼니를 때웠고, 혼수가 없어지고 나서는 토지에서 거두어들이는
　　것으로 이어갔다. 평생 허둥지둥 환란을 당한 것처럼 살아야 했으
　　니 세속에서 비루하고 사소하게 처리하고 도모하는 일에 대해서
　　는 한 번도 연연해한 적이 없었다.[15]

────

14) 성대중, 《청성잡기》 제4권, 〈성언〉.
15) 이간, 〈망실안인윤씨행장亡室安人尹氏行狀〉, 강성숙, 앞의 책, 327~328쪽.

이간李柬(1677~1727)은 과거에 뜻을 두지 않고 학문에만 전념했다. 그의 학문은 후에 북학파에게도 영향을 미친다. 아내가 살아있을 때 그는 학행으로 이름이 나서 이런저런 벼슬에 천거되었지만 모두 거절했다. 그는 이렇게 말한다. "지아비는 정말이지 가져다주는 것이 없었다"고, 자신의 아내는 "평생 환란을 당한 것처럼", "허둥지둥" 살았어야 했다고.

인간이란 어떤 시련도 넘어서는 괴물이라기보다는 "아프면 쉬어 가고 힘들면 누웠다 가고 피곤하면 자다 가는 그런 존재"[16]여야 한다. 그러나 여성을 괴물로 만드는 상황들이 조선시대에는 존재했다. 자연재해로는 호환이 대표적이었고, 인재人災로는 전쟁이 대표적이었다.

전쟁이 없는 시기라고 해서 마냥 편하지만은 않았다. 사대부 부인들에게 사화는 언제 닥칠지 모르는 정치적 재해였다. 학문에 뜻을 둔 선비의 아내에게는 일상이 전쟁이었다. 사나운 여성, 독한 여성, 괴물 같은 여성은 태어난 것이 아니라 시대에 따라 만들어진 것이다.

---

16) 우석훈, 《1인분 인생》, 상상너머, 2012, 333쪽.

애처로운 사랑을 숨긴 상자

마지막으로 아내의 방에 들어가 본다. 아내는 상자를 많이 갖고 있다. 어떤 상자에는 그녀가 한 계절 내 손가락을 찔려 가며 십자수를 놓은 탁자보가 들어 있고 어떤 상자에는 편지 뭉치가 들어 있다. 아내가 임신했다는 소식을 듣자마자 호들갑스러운 친구가 사 주었다는 하얀 배냇저고리가 든 상자도 있다. 그 아이가 삼 개월 만에 자연 유산된 후 아내는 또 다른 아이를 가지지 못한다.

그런데도 아내는 그런 물건을 간직했다. 아내의 상자에는 지난 시간 동안 그녀를 스쳐 지나간 상처들이 담겨 있었다. 맨 위의 상자 하나를 열어 보니 신혼 여행지였던 해변의 기념품 상점에서 산 조잡한 조개껍데기 목걸이가 누워 있었다. 하지만 아내는 이제 여기 없다. 아내라는 존재는 폐기되었다. 내일이면 포장 이사 회사의 일

꾼들이 와서 이 방을 통째로 커다란 상자에 담아 내갈 것이다. 그
러면 아내의 방은 없어진다.[1]

이 소설을 살펴보면, 주인공의 아내가 죽은 다음 발견하게 된 상자
에는 온갖 것들이 들어 있다. 그녀는 추억, 상처, 일상을 차곡차곡 상
자에 담아 쌓아 놓았다. 이 상자들은 신도시의 아파트처럼 답답하고
폐쇄적이다. 아내의 상자는 그녀가 살았던 삭막한 삶의 단편이다.

조선시대에도 많은 아내들이 상자를 가지고 있었다. 이들이 죽은
다음 내용물이 확인된다는 점에서 은희경의 〈아내의 상자〉 내용과
비슷하다. 이 상자들은 규방의 깊은 곳에 보관되어 있다가 주인의 죽
음으로 양지에 나온다. 이 상자를 통해 그들의 고단하지만 정성스러
웠던 삶을 만날 수 있다. 이것은 삭막하기보다는 애처롭거나 따뜻한
상자다.

어떤 상자에는 시집 올 때부터 가지고 있던 머리 장식과 구슬 등의
패물이 간직되어 있었다. 죽을 때까지 패물이 남아 있는 경우는 별
로 없었고, 패물을 팔아야 하는 때가 많았다. 대표적인 경우가 상례
를 당해서다. 김주신金柱臣(1661~1721)은 형수의 상을 당했다. 형님은
어머니 상중에 죽었다. 그래서 형수를 염할 만한 오래된 치마, 저고
리조차 없었다. 종들은 "두 분 초상으로 3년 제사를 지내면서 비용이
부족하면 비녀며 귀걸이를 내다 팔아 대셨는데, 치마, 저고리가 어찌

---

1) 은희경, 〈아내의 상자〉, 《한국현대문학대사전》 〈아내의 상자〉 요약 참조.

아직껏 남아 있겠습니까?" 하고 말한다. 시어머니와 남편 상을 치르고 제사를 지내느라 형수의 상자는 텅 비었다.[2] 이 상자는 남편의 부재와 그로 인한 가계의 궁핍을 증빙하는, 고달픈 삶의 동반자다.

부인들에게 제대로 된 치마 하나 없는 경우도 있었다. 누덕누덕 기운 곳이 더 많은 치마를 입기도 하고, 빨아 널면 갈아입을 치마가 없기도 했다. 그렇게 지내던 부인이 죽고 나면 집에 염할 것이 없어 다른 데서 빌리기도 한다. 김주신의 형수도 그랬을지 모른다. 한 부인은 자신의 상자 속에 있던 예복禮服을 꺼내 염할 집에 주기도 한다.[3] 이 예복은 제사 때마다 입던 것이었는데, 앞으로도 입을 날이 많이 남아 있었다.

박문수朴文秀(1691~1756)의 어머니는 "종종 상자를 헐어 베푸시곤 했다. 천금도 흙이나 지푸라기처럼 주니 원근 친척 가운데 가난하여 먹고 입지 못하거나 시집보내고 장례 치르지 못하는 사람들이 시장에 가듯 왔으나 밤낮을 가리지 않고 도와"주기도 한다.[4] 이렇듯 이 상자는 나누는 삶을 실천하는 작은 곳간이기도 했다.

조씨 부인은 편지 상자를 귀중하게 보관했다. 시아버지, 시어머니, 어머니, 아버지 등 발신자별로 따로 표시를 해서 섞이지 않도록 나

2) 김주신, 〈형수 나주임씨 묘지兄嫂孺人羅州林氏墓誌〉, 김남이 역주, 《18세기 여성생활사 자료집》7권, 보고사, 2010, 78쪽.

3) 김주신, 〈큰어머니 숙인 한산 이씨 묘지伯母淑人韓山李氏墓誌〉, 김남이 역주, 같은 책, 83쪽.

4) 조현명, 〈정경부인 이씨 묘지명貞敬夫人李氏墓誌銘〉, 김경미 외 3인 역주, 《18세기 여성생활사 자료집》3권, 보고사, 2010, 45쪽.

누었다. 시집오기 한참 전, 여덟 아홉 살 때 외할아버지, 친할머니에게 받았던 것도 있다. 조씨 부인은 자신의 관에 편지들을 같이 묻어 달라고 유언했다.[5] 현대 묘에서 출토된 편지들은 대부분 이런 과정을 거쳤다. 이들은 몇십 년 간 가족과 친지들의 편지를 간직한다. 부인들은 상자에 든 편지를 때때로 꺼내 읽었다. 또 다른 부인은 죽기 전 부모님께 쓴 편지를 상자에 넣어 두었다가 자신이 죽고 나면 전해 드리라고 하기도 한다. 이 상자는 떨어져 있는 가족에 대한 그리움을 간직한 정성스런 세월을 보여준다.

또 다른 상자에는 옷감이 간직되어 있다. 과부가 된 조태억趙泰億 (1675~1728)의 어머니는 아들을 엄하게 키웠다. 아이들이 산으로 들어가 공부하고자 하면 이자를 주고 빌려서라도 꼭 양식을 후하게 마련해 보내주며 빨리 돌아오지 말라고 했다. 조태억이 돌아온 밤, 그날은 유독 추웠다. 아들의 등을 문지르며 그녀가 한 마디 한다.

"네가 추웠구나."

그녀는 자신의 상자에서 굵은 명주를 꺼내 옷을 짓는다. 아들이 곤히 잠든 옆에서 밤새도록 바느질을 한다. 두둑하게 솜도 넣는다. 그리고 아침에 아들에게 주고는 말한다. 빨리 스승에게 돌아가라고.[6] 상자 속 옷감으로 어머니는 당장 급하게 옷을 지으며 엄한 사랑을 실

5) 김주신, 〈어머니 행장先妣行狀〉, 김남이 역주, 앞의 책, 101~102쪽.
6) 조태억, 〈정경부인에 추증된 어머니 남원 윤씨 묘지先贈貞敬夫人南原尹氏墓誌〉, 강성숙 역주, 《18세기 여성생활사 자료집》 4권, 보고사, 2010, 307~308쪽.

천한다.

어유봉이 쓴 조카며느리 황씨의 묘지명을 보면, 황씨는 열일곱 살에 시집와서 서른두 살에 죽었다. 15년의 결혼 생활을 했고 이미 4남 1녀가 있었다. 그녀는 막내를 낳고 산병疝病이 심해져서 네 달 만에 죽었다. 이처럼 묘지명이나 행장을 보면 젊은 아낙들의 죽음을 자주 만날 수 있다. 이들 대부분은 산병으로 죽는다. 임신과 출산이 축복만은 아니었던 시대다.

황씨는 임종날 저녁에 유모에게 아기를 안고 와달라 하고는 말한다.

"내 상자 안에 따로 넣어 둔 것은 없지만 그래도 패물이 좀 있어요. 며느리 맞고 딸 시집보내려 했는데, 지금 이미 이렇게 돼버렸네."[7]

어린 아이들을 넷이나 두고 죽어가는 여성, 마지막 가는 길, 먼 훗날의 결혼식을 위해 자신의 보잘 것 없는 상자를 턴다.

더 애처로운 상자도 있다. 전해줄 피붙이 하나 없어서 먼지와 때를 잔뜩 뒤집어 쓴 채 여종에게 가 있는 상자[8] 말이다.

재능을 숨긴 상자

가장 특별한 경우는, 상자에서 부인이 쓴 글들이 발견되는 경우다. 어떤 부인은 총명해서 경사經史를 알고, 자식들에게 시사詩史를 알려주

---

7) 어유봉, 〈유인 황씨 묘지명孺人黃氏墓誌銘〉, 강성숙, 앞의 책, 22쪽.
8) 김주신, 〈여동생 제문祭亡妹文〉, 김남이 역주, 앞의 책, 121쪽.

기도 했다. 가족들은 아무도 몰랐지만, 부인은 시를 쓸 줄 알았다. 시를 적은 쪽지들이 죽은 뒤에 상자 속에서 발견된다. 죽은 뒤에야 알려지는 망자의 재주에 가족들은 놀란다. 게다가 이 시들은 운과 청아함을 가진, 감탄할 만한 것들이다.[9] 조선시대를 통틀어 시를 쓸 줄 아는 여성들은 손에 꼽을 수 있을 정도였다. 대부분 자신들의 시재를 자랑하기는커녕 숨기기 바빴다. 재주는 주머니에 쑤셔 넣은 송곳처럼 불쑥 튀어나오기 마련이다. 아내의 상자는 여성의 시재를 은닉하는 주머니이기도 했다.

아내의 상자 속에 있던 원고들은 대부분 가족들끼리 읽고 간직했다. 이런 점에서 강정일당의 경우는 더욱 특별하다. 상자 속에 있던 유고遺稿가 문집으로 당당하게 출판되었다. 강정일당의 남편 윤광연尹光淵은 부인이 죽고 난 4년 뒤, 그녀의 문집을 간행했다. 그는 아내의 문집을 가지고 친척인 대사간 윤제홍尹濟弘에게 간다. 그 사연이 《정일당유고靜一堂遺稿》 서문에 적혀 있다.

> 어느 날 소맷자락에서 작은 책자를 내놓는데, 제목을 《정일당유고》라고 하였다. 그리고 흐느끼면서 내게 말하는 것이었다. "이것은 저의 죽은 처가 지은 시문으로 상자 속에 들어 있던 것을 정리한 것입니다. 제 처는 일찍이 시문은 부녀자들이 할 일이 아니라고

---

9) 윤봉구, 〈정부인 이씨 묘지貞夫人李氏墓誌〉, 이경하 역주, 《18세기 여성생활사 자료집》 2권, 보고사, 2010, 98쪽.

여겨서 한 번도 내놓지 않았습니다. 그 사람이 비록 죽었지만 평소
의 뜻을 손상시키고 싶지는 않습니다. 그러나 또한 이 책을 영구히
없어지게 내버려 둘 수는 없습니다.[10]

아내의 유고를 앞에다 두고 울음을 터트리는 남편. 그에게 부인은
매우 특별했다. 부인이 낳은 아홉 남매들은 가난으로 인해 모두 첫
돌을 맞이하기 전 세상을 떠났다.

윤광연의 본가는 찢어지게 가난해서 온 가족이 유랑하기도 했다.
아버지가 돌아가시고 윤광연은 상복을 입은 채 충청도와 경상도를
다니며 생계를 꾸려야 했다.[11] 이런 남편에게 부인은 자신이 바느질
과 베짜기를 밤낮으로 해서 죽이라도 끓일 테니 학문을 하라고 하며
글공부를 권했다.

그녀는 쉼 없이 노동했다. 바느질하고 음식하고 난 끝에는 밤늦게
까지 공부를 했다. 쥐가 난 밤과 상한 고기를 손질해서 술과 함께 보
내며 열심히 공부하라는 쪽지를 남긴 것도, 아내의 병을 구실로 손님
을 그냥 보낸 남편을 준엄하게 꾸짖은 것도, 남편이 자신을 사랑해서
덕을 쌓는 데 방해가 된다면 죽어 없어지겠다고 한 것도 그녀였다.
강정일당은 남편에게 아내이자 "멘토"였다.[12]

──

10) 윤제홍, 〈정일당유고서〉, 이영춘, 《강정일당》, 가람기획, 2002, 47쪽.
11) 박무영 · 김경미 · 조혜란, 《조선의 여성들, 부자유한 시대에 너무나 비범했던》, 돌베개, 2004,
    266~268쪽.
12) 조혜란, 〈남편의 스승이 된 여인〉, 같은 책, 271쪽.

강정일당은 살아 있을 때 남편이 써야 할 글을 대신 짓기도 했다. 이런 글들 가운데 한 편이 이직보李直輔(1738~1811)에게 들어갔다. 정조의 스승이기도 했던 그는 정일당의 시를 칭찬했다. 정일당은 우쭐하기는커녕 자신의 저술을 남에게 보이지 않기로 한다. 다른 조선시대 여성 문인들처럼 자신의 문재文才를 자랑하고 싶어 하지 않았다.

이후 10여 명이 넘는 조선의 문사들이 강정일당의 죽음을 추모하는 만장輓章을 지었다. 강정일당의 행장은 삼종 형제였던 강원회姜元會가 짓고, 묘지명은 형조판서 홍직필洪直弼이 찬술하고, 유고집 발문은 남편의 스승이었던 송치규宋穉圭가 지었으며 서문은 윤제홍이 썼다.[13] 여성으로서는 유래가 없는 일이다.

삶이란 자질구레함의 총체

여성들이 간직했던 상자에는 패물, 편지, 옷감과 옷이 보관되어 있었다. 하지만 한 번 상자에 들어왔다고 주인의 물건이 되는 것은 아니었다. 상자의 주인들은 필요한 때에, 필요한 사람을 위해 언제든지 상자를 헐었다.

어떤 경우 상자에는 지극히 개인적인 물건들, 예컨대 빠진 이 같은 것이 간수되어 있었다. 여성들 자신이 쓴 유서가 발견되는 곳도 상자

---

13) 〈못내 정겨운 여인들의 비석: 강정일당 진주강씨〉, 동방문인진흥회, 《동인》, 2005년 3월호.
　　(http://blog.naver.com/bhjang3?Redirect=Log&logNo=140019500711)

였다. 여성들이 보관한 상자는 그들의 재주, 그리움, 사랑, 일상에 대한 기록이자 죽음에 대한 기록이기도 했다.

> 초상을 치르면서 빠진 이를 담아 놓은 주머니를 찾으러 나갔다가 유서 한 장을 얻었는데, "내 제사에는 떡 한 말과 과일 네 가지, 탕 세 가지, 전 두 접시만 차려라. 비록 재물이 있다 하더라도 힘써 더 하지 마라. 유밀과는 쓰지 마라"라고 하였다.[14]

이 여성은 제사에 쓸 음식의 종류와 접시 숫자까지 알려준다. 꼭 집어 유밀과는 쓰지 말라고 말한다. 유밀과는 밀가루나 쌀가루를 꿀과 참기름으로 반죽해서 다식판에 찍어내거나 완자형으로 썰어서 바싹 말린 다음에 기름에 튀겨 낸 것으로 꿀에 담가두었다가 먹는다. 귀한 재료를 쓰는 데다가 손이 많이 가는 음식이다. 제사상에 빠지지 않는 음식이지만 이 여성은 자신의 제사상에는 올리지 말라고 한다. 이렇듯 자신의 제사를 위한 당부는 검소하고도 구체적이다.

> 할머니께서는 병이 위독해지자 막내 여동생인 윤씨 부인에게 이렇게 말씀하셨다.
> "내가 작은 상자를 벽장 속에 두었는데, 잘 간수하고 잃어버리지

14) 어유봉, 〈정경부인에 추증된 할머니 원씨 행장祖妣贈貞敬夫人元氏行狀〉, 강성숙 역주, 앞의 책, 32쪽.

말거라."

할머니께서 돌아가신 뒤에 어머니께서 여동생들과 함께 그것을 가져와서 열어보니, 그 속에 작은 종이 두 장이 있었다. 그 한 장은 집안일을 구분해서 처리한 것이고, 또 다른 한 장은 이 부인의 유사遺事 서너 항목을 손수 써두신 것이었다.[15]

여성들의 유서에서 가장 자주 발견되는 것은 바로 자신이 죽고 난 후 집안일에 대한 지침이다. 유서에는 노비문서가 있는 곳, 제사 날짜 등을 빠짐없이 적어 두곤 했다. 여성들은 마지막으로 제사에 대해 말한다. 여종에게 오이를 따서 제수에 보태라고 이르기도 하고[16], 문설주 위 생선과 쌀을 돌아가신 친정아버지의 기일에 맞추어 보내드리는 것을 잊지 말라고도 한다.[17]

지금처럼 먹을 것이 넉넉하지 않고, 필요한 물건들을 한 번에 구입할 수도 없었던 시절, 제사는 큰 걱정거리였다. 미리 준비하는 것 외에는 방법이 없었다. 집 마당에 오이가 잘 자라면 다행히 제수 한 가지를 하겠구나 생각했고, 귀한 생선이 들어오면 남겨서 잘 보관해야 했고, 쌀도 미리 덜어 놓아야 했다. 제사 한 번 지나면 잠깐 한숨 돌리

---

15) 이덕수, 〈어머니 행록先妣行錄〉, 강성숙 역주, 앞의 책, 191쪽. 아들 이산배가 쓴 것인데, 이산배가 죽고 난 후 이덕수가 가져다 썼다. 그래서 호칭이 '할머니'로 나온다.

16) 어유봉, 〈육촌 형수 유인 신씨 묘지명再從嫂孺人申氏墓誌銘〉, 강성숙 역주, 앞의 책, 25쪽.

17) 조덕린, 〈공인 홍씨 묘갈명共人洪氏墓碣銘〉, 김남이 역주, 앞의 책, 34쪽.

고 곧 또 다른 제사를 준비했을 것이다. 제사의 차림이 부족하면 염치없어 했을 것이다.

제사는 죽는 순간까지 자유로울 수 없는 선비 아내들의 굴레였다. 이는 위독한 상황에서도 마찬가지였다. "너희 아버지의 제삿날에 죽는다면 가난한 집안에 제사 한 번을 줄일 수 있으니 어찌 다행이 아니겠느냐"고 말한 부인도 있었다.[18] 그 부인은 소원대로 남편과 같은 날 죽어서 자식들에게 제사 한 번을 줄여준다.

어떤 여성들은 1년 뒤의 제사를 미리 준비하기도 한다. 원씨 부인이 아흔 한 살이던 해 3월, 친정아버지의 기일 제사가 있었다. 이 집안은 아들과 딸이 돌아가면서 제사를 지내는데, 부인이 다음 차례였다. 다음 해에 쓸 제수를 준비하고 종실 조카에게 편지를 주었다. "내년 이날, 사람 일을 미리 알 수 없어서 지금 준비하여 보내니 너는 그렇게 알고 있어라."[19]

선견지명이 있어서 1년 뒤의 제사를 준비하는 것이 아니다. 선견지명이 있는 사람들은 먼 미래의 예기치 않은 일을 안다. 가령 김천일의 부인은 10년 뒤 일어날 임진왜란을 예견했다. 평화로운 땅에 전쟁이 발발하리라는 것을 미리 안다. 조짐을 읽어낸 것이 아니라, 타고난 남다른 능력을 발휘한 것이다. 이에 비하면 다음 해 제사를 준비하는 것은 별다른 능력이 아니다. 그러나 써야 할 현금을 미리 찾지

---

18) 이의현, 〈둘째 누님 유인 묘지仲姉孺人墓誌〉, 김남이 역주, 앞의 책, 297~298쪽.
19) 어유봉, 〈정경부인에 추증된 할머니 원씨 행장〉, 강성숙 역주, 앞의 책, 31쪽.

못해 은행 수수료를 내거나, 필요한 물건을 사놓지 못해 낭패를 보는 일이 비일비재한 것이 현대인의 삶이다. 준비는 삶을 규모 있게 만들며, 통제 가능하게 한다.

죽음이 임박해 숨이 넘어갈 지경인데도 그녀들은 일상을 챙긴다. 자신이 병이 들어 침상에 몸을 맡기게 되었을 때 오빠가 병상을 돌보자, 아침저녁으로 어린 종을 불러 오빠의 먹거리를 귓속말로 챙기는 여인도 있었다. 그녀는 죽던 날 저녁에도 실낱같은 호흡으로 여종에게 말한다.

"단지의 곡식을 팔아 술을 사서 오라버니께 올려라."[20]

자신의 죽음을 뒷전으로 생각하고 곁을 지키는 사람들의 술을 챙긴다. 임종하던 밤, 병세를 물으러 온 남편을 챙기기도 한다.

"밤이 이미 깊었는데 어째서 주무시러 가지 않으십니까?"

그러고는 모시고 있던 여종들에게 말한다.

"새로 오실 마님을 잘 섬기고, 내가 없다 하여 혹 소홀하지 말아라."[21]

한편 저녁에 급히 밥을 지어 자식들을 먹이고 밤에 세상을 떠난 부인도 있다. 조용히 술을 가져오게 하여 두 아들에게 주고 이별하기도 한다. 임종 하루 전날 칼과 자, 남은 실들을 꺼내 딸에게 주기도 한다. 내일 지구가 망한다고 해도 한 그루의 사과나무를 심을 여인들이다.

---

20) 김주신, 〈여동생 묘지亡妹墓誌〉, 김남이 역주, 앞의 책, 72쪽.
21) 오원, 〈아내 안동 권씨 행록亡室孺人安東權氏行錄〉, 김경미 외 3인 역주, 앞의 책, 344쪽.

이들의 죽음은 종결보다는 연장 같다.

선비의 아내들은 마지막 순간까지도 삶을 산다.

"죽고 사는 것은 낮과 밤 같은 예삿일입니다. 어찌 슬퍼하면서 가는 자의 마음을 어지럽게 하십니까?"[22]

그들은 제사에 쓸 오이를 따라고 하고, 자신의 제사에 쓸 음식의 종류와 가짓수를 정하고, 오라버니에게 올릴 술을 걱정하고, 늦게까지 깨어 있는 남편의 잠을 재촉하고, 아들의 밥을 지어 먹인다.

아내들의 삶은 마지막까지 자질구레하다. 하지만 삶이란 원래 자질구레한 것의 총체가 아닐까. 별 것 아닌 것들로 인해 삶은 별 것이 된다.

―

22) 신경, 〈어머니 유사〉, 김경미 외 3인 역주, 앞의 책, 222쪽.

조선 후기의 서화가 이광사李匡師는 아내 문화 유씨의 생일 아침에 아내와 이런 말을 주고받는다.

> "오늘은 보통날과 다르니 함께 한 상에서 먹읍시다. 또 아이들과
> 손자들 모두 함께합시다."
> "제가 무엇이 존귀하다고 제 태어난 날로 번거롭게 하겠습니까?"
> "두 아들이 이미 장가를 가서 집안을 주관하는 어머니가 되었으니
> 어찌 존귀하지 않다고 하겠는가."[1]

유씨 부인은 생일마저 남편과 겸상을 하지 않았다. 자신은 그만큼

---

1) 이광사, 〈유인 생일 제문孺人生日祭文〉, 김경미 외 3인 역주, 앞의 책, 467쪽.

존귀하지 않다고 생각했다. 두 아들을 잘 키워 장가보내고 집안을 주관하는 어머니가 되었지만 그것도 특별한 일은 아니라고 생각했다. 아들을 키워 장가보내고 장가간 아들의 손자를 보는 것. 이광사의 아내는 부정했지만, 그것은 선비의 아내가 했던 가장 위대한 일 가운데 하나였다.

이 자연스러운 일이 왜 위대한 일이 될 수 있는지, 나는 이 책에서 그것을 설명하고 싶었다. 평생을 환난을 만난 것처럼 허둥지둥 살 수밖에 없었던 그녀들의 일상에 대해, 그리고 선비의 아내에게 짐을 넘길 수밖에 없었던 시스템에 대해서도 이야기하고자 했다.

선비의 아내는 외계인이나 슈퍼우먼이 아니다. 그녀들은 남편과 소통하고자 하는 욕망, 구경하고자 하는 욕망을 가진, 우리와 별 다를 바 없는 사람들이다. 이 책을 읽는 독자들이 그녀들에게서 지금 우리와 유사한 내면 풍경을 접하게 되었다면 다시 한 번 생각해주길 바랐다. 평범한 아내들이 견뎌야 했을 특별한 삶의 짐을. 선비가 아내의 빈자리를 더듬으며 느끼는 슬픔은 바로 여기에서 비롯된다.

> 내가 술을 좋아하여 때로는 손님을 초청하기도 했는데 당신은 매번 미리 술자리를 잘 마련하여 부끄럽지 않게 해주었소. 서화書畫를 즐겨 때때로 사들이려고 하면 당신은 치마를 자르고 다리[髢, 가발]를 팔지라도 주머니가 비었다고 하지 않았소. 내가 매죽梅竹 감상을 즐기니 내가 집에 없더라도 당신은 매번 매죽을 손수 심고 가꾸어주었지요. 산수 유람을 좋아하니 당신은 명승 유람에 꼭 필요한 것들을 마련해주고 먼 데로 유람 간다 해서 말리지 않았소.

······ 나는 일찍이 당신을 의지하여 집안의 근심을 생각지 않고 날마다 시와 술로 즐겼지요. 그런데 이제 갑자기 당신이 16년간 했던 모든 일들이 죄다 내 한 몸에 맡겨져 일시에 몰리는구려. 자잘한 일들로 힘들고 어렵지만 그 답답하고 원통함을 토로하기 어려운 까닭은 당신이 겪은 일이기 때문만이 아니오. 내가 살아 있음을 슬퍼하고, 당신의 죽음을 애도하는 마음이 더해져 있기 때문이오. 이것이 내가 당신에게 지각이 없음을 부러워하고, 그러면서도 당신이 혹이라도 알까봐 슬퍼하는 까닭이오.

아아! 인생이 그 얼마나 되겠소. 이제부터 죽기 전까지 다시는 마음을 열어 보일 날이 없을 것이오. 숨어 자취를 감추고 술이나 마시며 세상 밖을 방랑하고, 불도佛道를 배워서 슬픔을 막는다면 이것으로도 나의 슬픔을 풀 수 있을 듯하오.

아아! 나는 지금 이럴 뿐이오. 지난날 당신이 나를 먹였다면 이제 내가 음식을 차려 당신에게 바치오. 당신이 나를 받들던 정성으로 내가 오늘 당신에게 바치는 마음을 헤아리고 이 술잔을 마다하지 마시오.[2]

손님과 서화와 매죽과 유람을 좋아하던 남편, 그 호사스러운 취미를 만족시켜주기 위해 아내는 묵묵히 일한다. 아내가 죽고 나서 그간 아내가 했던 모든 자잘한 일들이 남편에게 맡겨진다. 아이들은 앙앙

---

2) 이해조, 〈아내의 소상에 올리는 제문祭亡室小祥文〉, 김남이 역주, 앞의 책, 47~48쪽.

울고 남편은 탄식한다. 고단한 심경을 의지할 곳도 없다. 남편은 생각한다. 죽은 아내는 지금 이 사실을 알까, 모를까. 남겨진 삶의 고통을 모르는 상태라면, 아내의 처지가 부럽다. 그래도 아내는 몰랐으면 한다. 알고 있다면 슬플 것이다. 아내가 죽어서도 슬픈 것은 또한 내 슬픔이다.

남편들은 슬픔에 겨워한다. 이 슬픔 또한 지나가는 것일까 의심스럽기도 하다.

"함께 지내 온 30년이 차례로 펼쳐져 하나하나 다 떠오르고, 내 마음에 모여 들어 마디마디 슬픔이 솟아나오. 이 몸이 죽지 않아 이런 비통 속에 오래도록 살아야 한다면 나는 앞으로 어찌해야 하오."[3]

남편들은 슬픔 속에서 부인이 했던 일을 상기한다. 부인이 맡았던 사소하지만 버거운 일상과 평범하기에 비범한 마지막 모습이 상기되는 것은 모두 그런 슬픔 속에서다.

(김태중金台重) 공이 젊어서 호탕하여 생계를 돌보지 않고 밖에서 학문을 하느라 어떤 때는 몇 달이고 집에 돌아오지 않기도 했다. 공인이 어린 자식들을 데리고 냉방에서 살며 추위와 굶주림을 면치 못하였으니 사람으로서 견디지 못할 것이었다. 사람들이 위로라도 하면 공인은 매번 "대장부가 학문에 뜻을 두면 오직 부지런히 노력해야만 성취할 수 있습니다. 규방에 연연하는 안일한 마음

3) 이만부, 〈아내 유씨 제문祭亡室柳氏文〉, 김남이 역주, 앞의 책, 211쪽.

을 품고서야 어찌 학업을 도모할 수 있겠습니까?" 하였다. 공인이
젖병을 심하게 앓았는데 마침 김공은 산방山房에서 독서를 하고
있었다. 종기가 문드러졌다가 아물 때까지 공에게 알리지 않았다.
만년에 공과 이야기를 나누던 차에 그 일을 이야기하게 되었는데
공이 몹시 감동하며 더욱 공인을 공경하고 중하게 여겼다.[4]

이 부인 또한 남편의 부재를 견딘다. 어린 아이들을 데리고 냉방에
서 지내면서 굶주려야 했던 부인은 그녀만이 아니었다. 그렇다고 그
녀들이 가장으로서의 책임을 방기하는 남편, 그러한 가장을 선발하
는 과거 제도의 희생양은 아니다. 희생양의 이미지는 소극적이고 불
쌍하다. 그러나 선비의 아내들은 적극적으로 이 일들을 감당한다. 사
회 활동을 할 수 없던 부인들은 일상을 통해 자신들의 가치를 높이
고, 자존감과 자부심을 유지했다.

그렇다면 아내가 이웃에게 했던 말과 아내가 앓았던 젖몸살에 대
해 글을 쓰는 것이 어떻게 가능했을까. 남편은 자신이 공부하는 동안
아내에게 있었던 일은 안다. 만년에 아내와 나눈 이야기 덕이다. 어
떤 선비들에게 아내의 노고는 공공연한 비밀이다. 알고 있지만 모른
척하는 것이다.

나는 선비들이 모른 척한다는 것에 강조점을 두고 싶지는 않다. 모
른 척할 수밖에 없는 수백 가지 이유가 있을 것이다. 반대로 그들이

---

4) 조덕린, 〈공인 홍씨 묘갈명恭人洪氏墓碣銘〉, 김남이 역주, 앞의 책, 32쪽.

알고 있다는 데 초점을 두고 싶다. 선비들은 부인의 노고를 알기에 부인을 공경한다. 나는 앞에서 선비들이 아내에게 갖는 감정이 반쪽짜리인 것처럼 말하기도 했다. 첩에게는 사랑을 주고, 아내에게는 공경을 보였듯 말이다. 그러나 선비가 내보이는 아내에 대한 공경이 그리 가벼운 것은 아니다. 다만, 아내의 죽음을 계기로 비로소 발견되거나 증폭되는 공경은 안타깝다.

이 책은 '선비의 아내'에 대한 것이면서 또한 '독한 여성의 탄생'에 대한 것이기도 하다. 각 장의 '~까지'라는 제목은 그 과정에서 일어나는 우여곡절과 곤경을 강조하기 위한 것이다. 나는 한시도 가만히 있지 못하는 할머니를 알고 있다. 그분은 낮에는 일하고 밤에는 이불 바느질을 한다. 그렇게 자녀들을 다 키워 시집 장가보내고, 이제는 한글을 배운다. 그리고 손녀의 책받침에 있는 구구단을 외운다. 그런가 하면 사교육 정보를 꿰고 있거나, 옷장·신발장·냉장고 문짝까지 완벽하게 정리하거나, 하다못해 자신의 몸이라도 만들고 마는 이 시대의 극성스러운 엄마들도 알고 있다.

이들은 21세기 대한민국이 만들어낸 신인류인가? 조선시대 여성 관련 텍스트들을 읽고, 관련 논문들을 공부하면서 이 신인류가 어느 날 갑자기 대한민국을 활보하게 된 것은 아니라고 생각했다. 이들은 대한민국의 신인류라기보다는 조선시대의 어떤 여성의 유전자를 깊이 간직한 오래된 인류다. 평범하지만 특별한 짐 지기를 마다하지 않는 이상한 유전자를 가진 여성들이다.

참고문헌

자료

강재철 · 홍성남 · 최인학 엮음, 《퇴계선생 설화》, 노스보스, 2011.

《기문총화》, 김동욱 옮김, 《국역 기문총화》 1~5권, 아세아문화사, 1996~1999.

《기문》, 이가원 편역, 《골계잡록》, 민중서림, 1950.

김경미 외 역주, 《18세기 여성생활사 자료집》 1~8권, 보고사, 2010.

김만중, 《사씨남정기》, 이래종 옮김, 《사씨남정기》, 태학사, 1999.

김현룡, 《한국인 이야기》 5권, 자유문학사, 2001.

남평 조씨, 《병자일기》, 박경신, 전형대 역주, 《역주 병자일기》, 예전사, 1991.

《동상기찬》, 백두용 편저, 김동욱 옮김, 《국역 동상기찬》, 보고사, 2004.

백두현, 《현풍곽씨언간주해》, 태학사, 2003.

서거정, 《태평한화골계전》, 박경신 옮김, 《태평한화골계전》, 국학자료원, 1998.

서거정, 《필원잡기》, 《국역 대동야승》 1권, 민족문화추진회, 1974.

서유영, 《금계필담》, 송정민 외 옮김, 《금계필담》, 명문당, 1985.

성대중, 《청성잡기》, 김종태 옮김, 《국역 청성잡기》, 민족문화추진회, 2006.

《성수패설》, 이가원 편역, 《골계잡록》, 민중서림, 1950.

성현, 《용재총화》, 《국역 대동야승》 1권, 민족문화추진회, 1971.

소혜왕후, 이경하 주해, 《내훈》, 한길사, 2011.

송세림, 《어면순》, 이가원 편역, 《골계잡록》, 민중서림, 1950.

송시열 · 이인상, 유미림 외 역주, 《빈 방에 달빛 들면》, 학고재, 2005.

심재, 《송천필담》, 신익철 외 옮김, 《교감 역주 송천필담》, 보고사, 2009.

안대회, 《부족해도 넉넉하다》, 김영사, 2009.

〈완월회맹연〉, 김진세, 《완월회맹연》, 서울대학교출판부, 1989.

유의경, 유효표 주, 김장환 옮김, 《세상의 참신한 이야기: 세설신어》 1∼3권, 신서원, 2008.

유희춘, 《미암일기》, 담양향토문화연구회 옮김, 《미암일기》 1∼5권, 1991∼1996.

윤제홍, 〈정일당유고서〉, 이영춘, 《강정일당》, 가람기획, 2002.

의유당 남씨, 〈동명일기〉, 류준경, 《의유당관북유람일기》, 신구문화사, 2008.

이긍익, 《연려실기술》, 민족문화추진회 옮김, 《국역연려실기술》, 민족문화추진회, 1967.

이기, 《간옹우묵》, 신익철 외 옮김, 《간옹우묵》, 한국학중앙연구원, 2010.

이덕형, 《죽창한화》, 민족문화추진회 옮김, 《대동야승》 17권, 민족문화추진회, 1971∼1979.

이륙, 《청파극담》, 민족문화추진회 옮김, 《대동야승》 2권, 민족문화추진회, 1971∼1979.

이문건, 《묵재일기》, 국사편찬위원회, 1998.

이상구 역주, 《17세기 애정전기소설》, 월인, 1999.

이수광, 《지봉유설》, 누리미디어학술데이터베이스.

이숙인 역주, 《여사서》, 여성문화이론연구소, 2003.

이윤석 · 최기숙, 《남원고사》, 서해문집, 2008.

이익, 《성호사설》, 한국고전종합데이터베이스.

이혜순 · 정하영 편역, 《한국고전여성문학의 세계(산문편)》, 이화여자대학교출판부, 2003.

이훈석 편역, 《한국의 여훈》, 대원사, 1990.

이희준, 《계서야담》, 유화수 옮김, 《계서야담》, 국학자료원, 2003.

임방, 《천예록》, 김동욱 옮김, 《천예록》, 명문당, 2003.

정신문화연구원, 《한국민족문화대백과사전》, 국회도서관학술데이터베이스.

정약용, 박무영 편역, 《뜬세상의 아름다움》, 태학사, 2001.

정약용, 《다산시문집》, 한국고전종합데이터베이스.

정형지 외, 《17세기 여성생활사 자료집》 1권 · 4권, 보고사, 2006.

《조선왕조실록》, 국사편찬위원회, 1973, 동방미디어학술데이터베이스.

조항범, 《주해 순천김씨묘출토간찰》, 태학사, 1998.

최립, 《간이집》, 한국고전종합데이터베이스.

풍양 조씨, 《자기록》, 국립중앙도서관 소장본.

한국학중앙연구원 엮음, 《은진 송씨 송준길 가문 한글 간찰》, 태학사, 2009.

홍만종, 《명엽지해》, 정용수 옮김, 《고금소총 · 명엽지해》, 국학자료원, 1998.

황수연 외, 《18세기 여성생활사 자료집》 1~8권, 보고사, 2010.

단행본

〈국내서〉

고미숙, 《열하일기, 웃음과 역설의 유쾌한 시공간》, 그린비, 2004.

국사편찬위원회 엮음, 《혼인과 연애의 풍속도》, 두산동아, 2005.

국사편찬위원회, 《몸으로 본 한국여성사》, 국사편찬위원회, 2011.

규장각한국학연구원, 《조선 양반의 일생》, 글항아리, 2009.

김수환, 《사유하는 구조: 유리 로트만의 기호학 연구》, 문학과지성사, 2011.

김인걸 외, 《정조와 정조시대》, 서울대학교출판문화원, 2011.

김학수, 《끝내 세상에 고개를 숙이지 않는다》, 삼우반, 2005.

문순덕 · 박찬식, 《추모 200주년 기념, 김만덕 재조명》, 제주발전연구원, 2010.

박무영 · 김경미 · 조혜란, 《조선의 여성들, 부자유한 시대에 너무나 비범했던》, 돌베개, 2004.

박주, 《조선시대의 정표정책》, 일조각, 1992.

백두현, 《한글 편지로 본 조선시대 선비의 삶》, 역락, 2011.

서신혜, 《조선의 승부사들》, 역사의아침, 2008.

서윤영, 《우리가 살아온 집, 우리가 살아갈 집》, 역사비평사, 2007.

성기옥 외, 《조선 후기 지식인의 일상과 문화》, 이화여자대학교출판부, 2007.

안귀남, 《고성 이씨 이응태묘 출토 편지》, 문헌과해석사, 1999.

우석훈, 《1인분 인생》, 상상너머, 2012.

유기환, 《조르주 바타이유》, 살림, 2006.

이성무, 《조선시대 당쟁사》, 아름다운날, 2007.

이수건, 《영남학파의 형성과 전개》, 일조각, 1995.

이영춘 외, 《조선의 청백리》, 가람기획, 2003.

이종묵, 《부부》, 문학동네, 2011.

이종묵 편역, 《누워서 노니는 산수》, 태학사, 2002.

이혜순 · 김경미 , 《한국의 열녀전》, 월인, 2002.

정성희, 《조선의 섹슈얼리티(개정판)》, 가람기획, 2009.

정연식, 《일상으로 본 조선시대 이야기》 1~2, 청년사, 2001.

조혜란, 《고전서사와 젠더》, 보고사, 2011.

한국고문서학회, 《조선시대 생활사》 1~3권, 역사비평사, 1996~2006.

한국고전여성문학회, 《조선시대의 열녀담론》, 월인, 2002.

〈번역서〉

무라야마 지준, 김희경 옮김, 《조선의 점복과 예언》, 동문선, 1990.

미셸 푸코, 문경자 · 신은영 공역, 《성의 역사》, 나남출판, 1990.

이브리, 배숙희 옮김, 《송대 여성의 결혼과 생활》, 한국학술정보, 2009.

이사벨라 비숍, 이인화 옮김, 《한국과 그 이웃나라들》, 살림, 2004.

조셉 브리스토우, 이연정 · 공선희 옮김, 《섹슈얼리티》, 한나래, 2000.

크리스티안 슐트, 장혜경 옮김, 《낭만적이고 전략적인 사랑의 코드》, 푸른숲, 2008.

피터 싱어, 김성한 외 옮김, 《메타 윤리》, 철학과현실사, 2006.

논문

강혜선, 〈조선후기 사족 여성의 경제활동과 문학적 형상화 양상〉, 《한국고전여성문학연구》 24집, 2012.

김경미, 〈19세기 여성의 노동과 경제생활〉, 한국고전여성학회 2013년 동계학술대회 자료집, 2013.

김미영, 〈죽은 아내를 위한 선비의 제문祭文 연구〉, 《실천민속학》 제8호, 실천민속학회, 2006.

김언순, 〈조선 여성의 유교적 여성상 내면화 연구〉, 《페미니즘연구》 8권 1호, 2008.

_____, 〈조선시대 교화의 성격과 사대부의 수신서 보급〉, 《한국문화연구논총》 13호, 이화여자대학교 한국어문학연구소, 2007.

_____, 〈조선시대 여훈서에 나타난 여성의 정체성 연구〉, 한국학중앙연구원 박사학위논문, 2005.

_____, 〈조선후기 사대부 여훈서에 나타난 여성상 형성에 대한 연구〉, 《한국교육사학》 28권, 한국교육사학회, 2006.

김영인, 〈제갈량의 사후 대책〉, 《아시아투데이》, 2011년 7월 26일자.

김용철, 〈《묵재일기》 속의 여비女婢〉, 《한국고전여성문학연구》 20집, 한국고전여성문학회, 2010.

문희순, 〈남평 조씨 3년 9개월의 가정과 인간 경영-《병자일기》를 중심으로〉, 《한국언어문연구》 75집, 2010.

박동욱, 〈급제시及第詩와 하제시下第詩〉, 《문헌과 해석》 55권, 문헌과해석사, 2011.

손직수, 〈조선시대 여성교훈서에 관한 연구〉, 성균관대학교 박사학위논문, 1982.

유미림, 〈조선시대 사대부의 여성관 : '제망실문祭亡室文'을 중심으로〉, 《한국정치학회보》 제39집 5호, 한국정치학회, 2005.

유정선, 〈화전가에 나타난 여성의 놀이 공간과 놀이적 성격〉, 《한국고전연구》, 19집, 2009.

이규순, 〈규훈류 연구〉, 숙명여자대학교 박사학위논문, 1987.

이규훈, 〈조선후기 여성주도 고난극복 고소설 연구〉, 한국교원대학교 박사학위논문, 2009.

이승희, 〈조선후기 여성 기행문 연구〉, 인천대학교 석사학위논문, 2006.

이인경, 〈기혼여성의 삶, 타자 혹은 주체〉, 《한국고전여성문학연구》 16집, 한국고전여성문학회, 2008.

이종묵, 〈회혼을 기념을 하는 잔치, 중뢰연重牢宴〉, 《문헌과 해석》 46호, 문헌과해석사, 2001.

이지양, 〈조선조 후기 사대부가 기록한 아내의 일생〉, 《인간·환경·미래》 7호, 인제대학교 인간환경미래연구원, 2011.

정창권, 〈조선후기장편여성소설연구〉, 고려대학교 박사학위논문, 2000.

정치영, 〈'유산기'로 본 조선시대 사대부들의 여행〉, 《경남문화연구소보》 27호, 경상대학교 경남문화연구소, 2006.

조경원, 〈유교 여훈서의 교육원리에 관한 철학적 분석〉, 《여성학논집》 13집, 이화여자대학교 한국여성연구원, 1996.

조경원, 〈조선시대 여성 교육의 분석〉, 《여성학논집》 12집, 이화여자대학교한국여성연구원, 1995.

진재교, 〈조선조 후기 문예공간에서 성적 욕망의 빛과 그늘: 예교, 금기와 위반의 拮抗과 그 辨證法〉, 《한국한문학연구》 제42집, 한국한문학회, 2008.

최윤희, 〈16세기 한글 편지에 나타난 여성의 자의식〉, 《여성문학연구》 8집, 여성문학연구학회, 2002.

함영대, 〈인류의 시작 만복의 근원-결혼과 가정에 대한 퇴계의 생각〉, 《문헌과 해석》 44호, 문헌과해석사, 2008.

홍학희, 〈17~18세기 한글 편지에 나타난 송준길 가문 여성의 삶〉, 《한국고전여성연구》, 20집, 한국고전여성문학회, 2010.

황수연, 〈조선후기 첩과 아내─은폐된 갈등과 전략적 화해〉, 《한국고전여성연구》 12, 한국고전여성학회, 2006.

_____, 〈조선시대 규훈서에 나타난 여성에 대한 기대와 경계〉, 《열상고전연구》 제32집, 2010.

_____, 〈사화의 극복, 여성의 숨은 힘〉, 《한국고전여성문학연구》 22권, 한국고전여성문학회, 2011.

_____, 〈19~20세기 초 규훈서〉, 《한국고전여성문학연구》 24권, 한국고전여성문학회, 2012.

| 찾아보기 |